동아시아 풍수 사상

동아시아 풍수 사상

지은이/ 와타나베 요시오
옮긴이/ 이화
펴낸이/ 강동권
펴낸곳/ (주) 이학사

1판 1쇄 발행/ 2010년 11월 5일

등록/ 1996년 2월 2일 (등록번호 제03-948호)
주소/ 서울시 종로구 안국동 17-1 우110-240
전화/ 02-720-4572 · 팩스/ 02-720-4573
이메일/ ehaksa@korea.com

한국어판 ⓒ (주) 이학사, 2010. Printed in Seoul, Korea.
ISBN 978-89-6147-137-4-94980
      978-89-6147-136-7(세트)

FUSUI SHISO TO HIGASHI AJIA by Watanabe Yoshio
Copyright ⓒ Watanabe Yoshio, 1990
All rights reserved.
Original edition is published by Jimbun Shoin.

Korean translation copyright ⓒ 2010 by Ehak Publishing Co., Ltd.
All rights reserved.
Korean edition is published by arrangement with Jimbun Shoin, Japan
thorough The Sakai Agency and Gaon Agency.

이 책의 한국어판 저작권은 (주) 이학사가 가지고 있습니다.
저작권법에 의해 한국 내에서 보호를 받는 저작물이므로 무단 전재와 무단 복제를 금합니다.

*책값은 뒤표지에 표시되어 있습니다.

이 도서의 국립중앙도서관 출판시도서목록(CIP)은 e-CIP 홈페이지
(http://www.nl.go.kr/cip.php)에서 이용하실 수 있습니다.
(CIP제어번호: CIP2010003734)

이학 풍수

동아시아 풍수 사상

와타나베 요시오 지음 · 이화 옮김

이학사

일러두기

1. 이 책은 渡邊欣雄, 『風水思想と東アジア』(京都: 人文書院, 1994)를 우리말로 옮긴 것이다.
2. 지은이는 일본어 표현이 있음에도 불구하고 외래어를 많이 사용하고 있는데, 지은이가 사용한 외래어는 우리말로 풀어 옮기지 않고 외래어 그대로 옮기는 것을 원칙으로 했으며, 필요할 경우 〔 〕에 원어나 우리말 뜻을 병기했다.
3. 지은이가 본문의 한자어 단어에 외래어로 후리가나를 단 경우에는 〔 〕에 지은이가 후리가나를 단 외래어를 표기했다. 예: '精神性'이라고 하고 'メンタリティ'로 후리가나가 달려 있는 경우에는 '정신성〔멘탈리티〕'이라고 옮겼다.
4. 지은이가 본문에서 방점으로 강조한 단어는 고딕체로 표시했다. 원서의 표기에 따라 지은이가 한 ( )가 따옴표 안에 들어간 경우도 있고 밖에 있는 경우도 있다.
5. 지은이의 주석은 1) 2) 3)으로, 옮긴이의 주석은 *, **로 표기하였다.
6. 부호의 쓰임은 다음과 같다.
   『 』: 도서명
   「 」: 장 제목
   〈 〉: 강연, 그림, 사진 제목
   ( ): 지은이의 부연 설명
   〔 〕: 본문에서의 옮긴이의 부연 설명, 음이 다른 한자
   〔*〕: 인용문에서의 지은이의 부연 설명

머리말

 잊을 수 없다. 내가 '풍수風水' 연구를 본격적으로 시작한 것은 1985년 10월 12일부터이다. 그날은 내가 다녔던 무사시武藏대학에서 '풍수'에 대해 공개 강연을 한 첫날이다. 그 공기강좌에는 교내 학생뿐만 아니라 일반인도 참여했기 때문에 여러 주제를 다루기로 되어 있었다. 그날의 강연 제목은 공통 주제인 '자연과 인간' 시리즈의 한 부분으로서 〈풍수—운세의 경관 지리학〉이었다. 부제에서 알 수 있듯이, '지리학의 경관론'이라는 접근법이 그날 강연의 주목적이었는데, 비록 내가 평소 강의하는 '문화인류학'과 '사회인류학'의 관점은 아니었지만, 지금 생각해보면 그것은 연구 주제로서 탁월한 선택이었다. '풍수' 연구는 바로 오늘날의 학문 분야를 초월한 동양 사상에 대한 총체적인 연구이기 때문이다. 그날 공개 강연은 청중들의 열기로 가득 차 있었다. 강연 대상이 일반인이었기에, 나보다 강연 내용에 대해 훨씬 더 잘 알고 있는 청중이 있지 않을까 하고 불안한 마음으로 임했지만, 예상 밖으로 정해진 두 시간을 훌쩍 넘길 정도로 호응이 좋았다.

대부분의 평은 "이렇게 피부에 닿는 이야기를 들을 수 있을 것이라곤 생각지도 못했다!"였다. 당시 내가 오히려 놀란 것은 '풍수' 사상을 도쿄의 생활에서 밀접한 문제로 받아들이는 청중의 자세였다. '풍수'의 지리학과 '풍수'의 문화(사회)인류학, 아니 그것보다도 오히려 '풍수학'은 일본에서는 아직 확립되지 않은 분야였다. 그럼에도 불구하고 도쿄 사람들의 생활 속에 풍수는 '풍수학'이라는 학문 체계 이상으로 깊이 자리 잡고 있었다.

도쿄 사람뿐만 아니라 대부분의 일본인이 분명 '풍수'라는 말에 아직 그다지 친숙하지 않은 것은 틀림없다. 그러나 '풍수'라고 불리는 것의 내용과 천여 년의 오랜 경험이 빚어낸 [풍수의] 전통에 대해서는 일본인 전체가 친숙해하고 있다는 것을 충분히 짐작할 수 있다. 다시 말해서 '가상학家相學'* 혹은 '묘상학墓相學'**이라 불리며 지금까지도 서점에 즐비하게 놓여 있는 많은 실용 서적류는 이 '풍수 사상' 이상으로 원리·원칙을 만들어내고, 나름대로 분류되어 사람들의 미래 예지에 응용되어왔던 것이다. 그래서 '풍수'에 관한 내 강연은 틀림없이 청중의 '가상'·'묘상'에 관한 지식과 공명하면서 이해되었을 것이다.

다만 나를 시작으로 하여 이 세상의 수많은 '풍수' 연구자는 '풍수'를 단순히 '가상'·'묘상'으로만 이해하지 않기를 바란다. 왜냐하면

---

* 대부분의 풍수 문화권에서 양택풍수라 부르는 것을 일본에서는 가상이라고 한다. 양택풍수는 풍수이론에 따라 산 자의 공간인 주택, 마을, 도시 등을 판단하는 것이다.
** 대부분의 풍수 문화권에서 음택풍수라 부르는 것을 일본에서는 묘상이라고 한다. 음택풍수는 풍수이론에 따라 죽은 자의 공간인 묘지를 판단하고 선정하는 것이다.

소위 일본에서 알려진 '가상'이나 '묘상'은 '풍수' 지식의 일부에 지나지 않기 때문이다. 그리고 '풍수'는 '가상'과 '묘상'을 통합한 사상 체계이고, 또한 환경 평가로서의 '지상地相',* 도시계획으로서의 '입지론', 산수화의 '미학', 일본 정원의 '조경법', 게다가 집 안의 가구 배치나 사람의 자는 법까지도 설명할 수 있는 동태적 이론이기 때문이다. 그런데 왜 '가상'과 '묘상'만이 각각 독립적으로 형성된 것일까.

우리는 일본인의 지적 풍토를 되짚어볼 필요가 있다. 나를 비롯하여 '풍수' 연구자들이 연구를 꺼려하는 것은, '풍수' 연구자를 '풍수'의 실용주의자[술사]로 보는 경향이 있기 때문이다. '풍수'를 배우는 사람은 어쩌면 '풍수사風水師'와 같이 세상의 길흉을 판단하는 자라고 생각되기 때문일지도 모른다. 이 점은 정말로 미묘한데 샤머니즘, 요술, 사술 연구를 해온 문화(사회)인류학자도 마찬가지이다. 아직까지 일본의 학문 풍토가 샤머니즘 연구 등 이미 문화(사회)인류학 외에서 시민권을 얻은 분야에 대해서는 불감증을 보이지만, '풍수' 연구 등 신흥 연구에 대해서는 '과학'과 '미신'이라는 낡은 사고방식으로 연구 자체를 '미신시'하기 때문일까. 학문의 여명기 ― '풍수' 연구의 전통은 오래되었지만, 유감스럽게도 아직은 그렇게[풍수 연구가 여명기라고] 말할 수밖에 없다 ― 에는 '오해'가 많다. 물론 우리의 '풍수' 연구자 대부분은 풍수를 실용주의적으로 보는 입장이 아니라 풍수 사상의 원칙·사고의 원리만을 이해하려고 하는 '원리주의'의 입장에 서 있다.

원리주의의 입장으로 '풍수' 연구를 시작해보면, 학계에서도 이 사상을 대단히 '오해'하고 있다는 것에 놀라지 않을 수 없다. 나는 주로

---

* 풍수이론에 따라 땅의 좋고 나쁨을 판단하는 전반을 달한다.

유럽과 미국의 문헌을 통해 '풍수' 사상에 접근해왔지만, 지금 내가 사용하고 있는 문화(사회)인류학 『사전』에서는 풍수를 다음과 같이 정의하고 있다.

> Geomancy: 선 혹은 모양의 관찰에 의한 점占. 원래는 지형의 판단 혹은 한 줌의 모래를 지면에 던지면서 점을 쳤다. 중국에서 Geomancy는 주거 혹은 분묘墳墓의 위치 선정에 이용되었다. 아랍인은 모래땅에 생긴 지점地点 패턴으로 점을 친다(Winik, 1975: 229).

무엇을 얘기하고자 하는 것일까. 여기서 Geomancy를 풍수라 번역하면, 그것은 잘못된 것이다. 중국의 '풍수'를 Geomancy라 영역英譯하는 전통은 지금도 영미뿐만 아니라 유럽과 미국의 인류학 전통이지만, 이것은 고대 그리스에 있었던 Geomanteia(흙을 이용한 점)의 지식에 대한 '오해'가 구미 인류학을 통해 유입되어 생긴 오류이다. 중국에서 말하는 '풍수'는 눈에 보이지 않는 '기'의 움직임을 가시적인 지상의 현상(바람과 물 등)에 의해 판단하고, 인간 생활에 '기'가 가져오는 길복吉福이 미치도록 생활(조형)공간을 정리하는 것이다. 중국의 어딘가에는 "흙을 땅에 던져 점친다."는 풍속이 있기도 하다. 인류학의 보편주의로는 물론 [이를] 부정할 수도 없으나 보편화에 있어서 될수록 신중을 기해야 하는 좋은 사례를 '풍수'가 제시한다[즉 Geomancy와 풍수는 완전히 다른 것이다].

'풍수' 연구를 시작한 지 이제 5년밖에 되지 않았지만 그래도 이 책의 출판을 서두른 것은, 위에서 설명한 일련의 '오해' 때문이라고 해도 좋을 것이다. 나는 이 책을 내가 '이해'해온 동아시아의 '풍수 지식'을 소개하기 위해 간행한다. 이러한 목적에 따라 나는 각 장을 다음과 같이 구성하였다.

이 책은 주로 표현 형식에 따라 두 부분으로 나누어져 있다. 제1부는 '논문 형식', 제2부는 '대화 형식'으로 서술하였다. '논문 형식', '대화 형식'은 내가 처음으로 시도하는 것으로, 내 연구를 강연과 논문으로 발표한 이후 반응이 좋았다. 크게는 "'풍수'란 무엇인가?"란 의문부터 시작해서, "왜 '풍수' 연구를 하게 되었나?"라는 의문에 이르기까지 근본적인 여러 부분에서 의문점이 있었다. 그것에 대해 답을 하기에는 온갖 한계로 둘러싸인 논문만으로는 충분치 않았기 때문에 '대화 형식'을 도입한 것이다.

그저 친구 누가 물어본 질문이라 상정하고 그것에 대답하려 했다. 확실히 '대화 형식'보다는 '상정 문답집想定問答集'이라고 해야 맞을지도 모르겠다. 단 부록은 실제 대담을 모은 것으로, 인터뷰한 사람은 인도 연구의 대가인 인류학자, 다케무라 신이치竹村眞一(재단법인 아시아클럽 주임 연구원)이다. 이 책의 제목도 그와의 대담 테마에서 따왔다. 이제 이 책의 각 장의 내용을 간략하게 소개하도록 하겠다.

1장 「서론: 풍수 사상의 세계관 연구―상징 공간과 신비로운 힘의 측정법 소개」는, 확실히 나의 '풍수' 연구의 서론이기에, 중국에서는 '풍수설'이라 하고, 우리는 '풍수 사상' 혹은 '풍수 지식'이라고도 칭하는 지식 내용을 개략적으로 소개한 것이다. 이 지식을 이해하고 습득하려면, 먼저 '이념'을 알 필요가 있다. 그래서 이 장에서는 대부분 기존의 '풍수' 연구의 성과를 활용하여 '풍수'의 원리를 소개하고자 했다. 그리고 그 구체적인 예로서는, 타이완·하카〔客家〕*의 '양택陽宅

---

* 주로 중국의 광둥廣東 북부에 사는 한족의 일파. 한국에서는 객가로 통용된다.

풍수' 관념을 설명했다. 여기서 말하는 '양택풍수'란, '가옥·주택에 관한 풍수 지식'이다. 한족漢族의 관념에는 세계의 음·양 존재 가운데 '양계陽界'에 속하는 것에 인간의 '생生'의 세계가 있다. '생生'의 세계의 조형공간으로서는, 크게 나눠 도시·마을·가옥 등이 있지만, 그중에 '가옥'을 특별히 '양택'이라 부른다. 왜냐하면 '음계陰界'에 속하는 또 하나의 가옥, 즉 죽은 자가 사는 곳인 묘 곧 '음택陰宅'이 있기 때문이다. 이들 음양계의 모든 조형공간은, 모두 같은 '풍수 사상'에 의해 만들어진 것이지만, 그것을 가옥에 적용하면 독특한 공간이 구축되는 것을 1장에서 소개했다.

2장 「풍수의 비교 문화지—동아시아 속의 오키나와 풍수 지식 연구」는 오키나와沖繩를 비교의 원점으로 하여 동아시아 전체 '풍수 지식'의 특징을 소개하려고 노력한 것이다. 왜 오키나와를 비교의 원점에 놓았느냐 하면, 일본에서는 유일하게 오키나와만이 '풍수'를 '풍수'로서 이해해온 전통이 있기 때문이다. 오키나와 사람들이 지금까지도 주장하고 사용하는 '훈시(풍수)' 지식은, 일본에서 말하는 '가상'도 '묘상'도 아니다. 그저 '풍수'를 말한다. 그렇기에 일본인은 오키나와의 '풍수 지식'에 의해 동아시아의 공통어인 '풍수'를 '풍수'로 자각하고, 그것을 비교할 수 있다. 그래서 우리는 비록 역사는 깊지 않지만, 사면이 바다로 둘러싸여 외래문화의 흡수가 용이했던 오키나와 문화의 개성을 재인식해야 한다. 동시에 '풍수 지식'의 유입·흡수로 변화가 심했던 오키나와에 2~3세기 사이에 오키나와 독자의 '풍수 지식'이 형성된 것도 인정해야 한다. 중국에서 시작된 '풍수 지식'은 한국·일본·오키나와, 그리고 베트남을 시작으로 동남아시아에 널리 퍼졌지만 그 차이도 매우 분명하다는 것을 2장에서 다룰 것이다.

3장 「풍수 지식과 세계관—한족의 묘지 풍수에 관한 논의를 중심으로」에서는 오직 한족의 '풍수 지식'을 소개하고, 한족 연구에서 이제까지 논의가 많았던 '묘지 풍수'에 관한 사람들의 세계관의 차이를 소개했다. 논의 대상은 1장의 '양택론'과는 다르게 '음택론'이고, 한족 중에서는 하카인[客家人]이 아닌 민남인閩南人(타이완)*과 광둥인(홍콩)의 사례를 주로 소개했다. 그 밖에 3장에서는 모든 의미에서 1장과 대칭적인 논의를 소개하려고 노력했다. 즉 1장에서는 주로 '풍수'의 이념을 서술한 반면, 3장에서는 풍수사를 탄생시킨 풍수 전문가의 '풍수' 판단의 차이, 일반인의 '풍수'관의 차이 등을 사례를 통해 밝혔다. 그들의 차이를 크게 구별하면, '풍수'를 조상의 뼈를 매개로 한 환경 전체의 물적 영향력이라 본 '기계론적 세계관', 조상의 뼈를 조상의 인격적 상징으로 인정하는, '풍수'를 조상의 도덕·감정적 영향력으로 본 '인격론적 세계관'이다.

앞에서 얘기한 것처럼, 4장 이후는 [앞부분과] 연속된 '대화편'이다. 독자들은, 먼저 내가 문화(사회)인류학을 강의하고 있는 것부터 시작해서 '풍수'의 문화인류학적 연구의 의의에 대해서 의문이 생길 것이다. 그래서 여기에서는 지금까지의 풍수 연구와의 차이, 문화인류학적 '풍수' 연구의 실제, '풍수 사상'의 자연관 등에 대해서 다루고 이후 그 사례를 오키나와 문화권의 야에야마 군도八重山群島에서 찾았다. 이 장은 주로 2장의 내용을 보충한 것이다. 즉 2장의 지역별 역사를 비교하고, 2장의 오키나와 본섬[本島]의 예를 야에야마 군도의 예로 확대한다. 이러한 작업을 통해 '풍수' 연구의 시야를 넓히고, 논문에서 특정한 연구 대상으로 다루는 '풍수'를 일반적으로 풀어내려

* 민남인은 중국 푸젠성福建省에서 타이완으로 건너온 한족을 말한다.

했다. 4장의 제목을 「오키나와의 지상술Geomantik과 문화인류학 연구―대화 형식으로 풍수론을 전망하다」라 하고 굳이 Geomantik이라는 이름을 쓴 것도 앞에서 말한 것처럼 독자의 '오해'를 '이해'로 바꾸기 위한 의도에서이다.

5장 「동아시아의 풍수·조상·출생―대화 형식으로 풍수론을 전망하다(속)」는, 부제에서도 알 수 있듯이 4장의 논의의 연속선상에 있다. 계속해서 특히 2장에서 해결할 수 없었던, 제3, 4장에서도 서술하지 않았던 사회인류학적인 문제에 초점을 맞춰 논의를 전개하려고 했다. 이것이 5장의 주제이다. 문제는 '묘지 풍수론'에서 시작하는 조상 제사와 출생 집단이다. '풍수'는 동아시아에서의 제사의 양식이나 출생 집단의 형식에 깊은 영향을 미치고 있다. 동아시아에서 그것들이 대단히 유사한 특징을 가진 것은 위패位牌 제사*와 족보(가보家譜) 등이 갖는 통합의 상징 때문이다. 그러나 위패 제사와 분묘 제사** 모두 '풍수'의 영향이 있다는 것을 잊어서는 안 된다. 동아시아 사회는 '풍수 지식'을 공유하는 공통성이 있지만 서로 다른 점도 많다. 무엇보다도 그 차이점은 '풍수'에 대한 논쟁의 양식에 있다. 공유하는 '풍수 지식'을 기준으로 그 차이를 비교한 지역은 2장과 마찬가지로 오키나와·한국·중국이다.

6장에서는 내가 지금 가장 마음에 걸리는 '풍수'와 '문중門中'과의 관계를 논한다. 제목은 「근원(무투)과 풍수―대화 형식에 따른 오키

---

* 다음 문장에 나오는 분묘 제사와 대응하는 제사로, 위패에 조상의 혼령이 실려 있다는 관념에서 비롯된 조상숭배 의례이다. 중국, 일본, 한국 및 동남아시아에서 위패를 모신 사당이 주택 안에 있는 경우가 있다. 이러한 경우 양택풍수의 기준점이 되는 곳이 위패를 모신 건물이다.
** 부모의 시신이 안치된 물리적인 공간에서의 의례를 말하고, 특히 분묘를 조성하는 과정에서 풍수이론을 적용하고 실천하는 행위 전반이 의례라고 할 수 있다.

나와 문중 형성론」이다. 오키나와의 부계父系 출생 집단인 '문중'은 그 형성기가 매우 독특하다. 물론 일반 서민 사회에서는 '문중' 형성 이전에는 아마도 그것이 특정 '무투' 집단이었을 것이라고 가정해보지만, 반드시 그렇지는 않다. 이 '무투'란 것은 본本·원元·원源 등 '근원根源'을 나타내는 용어로, 현재 오키나와에서는 성지聖地·묘墓·사당(社祠) 등과 같이 집단 결합의 상징으로서 형성된 집단을 가리킨다. 대부분은 제사 집단으로 칭해야 하지만, 이 집단은 집단 통합의 상징을 가지고 있으며 '문중'에 가깝다. 나는 지금까지 상정된 것에서 한발 더 나아가, 왜 특정 '무투'가 집단 통합의 상징으로 충분할 수 있는지 생각했다. '무투'의 모든 것은 특정한 땅에 '입지'하는 것이다. 특정 지점이 숭배의 대상으로 충분해지기 위해서는 어느 정도 수혜가 있어야 하는데 그것이 바로 '풍수 사상'이다. 단 이 전제를 확실히 보여주는 사료가 없기 때문에 '풍수 사상'이 그 배후에 있다, 라고 확실히 단정하기는 어렵다. 그러나 이 풍수 사상과 대단히 유사한 '사상의 흐름'이 있다고 추정할 수는 있지 않을까 생각한다.

마지막은 부록으로「대담: 동아시아의 풍수 사상」이다. 이 대담에서는 어느 쪽이 질문자이고 어느 쪽이 응답자인지 알 수 없을 정도로, 다케무라 신이치 씨의 '풍수'에 대한 조예가 깊다는 것에 독자 여러분은 공감할 것이다. 유럽의 과학에 맞선 '풍수' 사상의 특징과 그 이해의 필요성, 도교·유교로부터 발전한 '풍수' 사상의 통합주의 특성, 인도 사상과도 서로 통하는, 신체와 대지를 넘나드는 '풍수' 사상의 일원론 등 '풍수' 연구가 지닌 통합주의적 특징과 방대한 이해 영역을 인식한다면 이 책이 장래에 해결해야 할 과제의 심각함 또한 알 수 있다. 사실 나는 이 책의 연구 대상 지역이 현재 '동아시아'에 지나지 않는 것이 불만족스럽다. 그러나 '풍수' 사상을 '동아시아' 이외의 지역에 적용해서 생각하고 싶은 것은 아니다. 물론 차후 '풍수' 사상을 심화시켜 연구하고 싶은 것은 당연하지만, 좀 더 심화시켜 '풍수' 그 자체를 초월한 연구를 시도하고 싶다. 중국의 '기' 관념과 같이, 만물의 원인으로서 인간 생활에 영향을 미치는 신비로운 힘에 대한 인식은 '동아시아'를 초월하여 매우 풍부하다. 그리고 사람들이 환경 인식이나 인간관계의 윤리로서 풍수를 설명하려고 할 때에도 풍수는 '사상사'의 맥락에서 말할 수 있지 않을까 생각한다. 다케무라와의 대담을 통해서 나는 그런 점을 느꼈다. 아직은 희망에 불과하지만, 결국에는 이 책을 통해 '풍수' 연구의 시작을 큰 목소리로 선언하고 싶다.

차례

머리말 5

1장 서론: 풍수 사상의 세계관 연구—상징 공간과 신비로운 힘의 측정법 소개 21
1. 시작하며: 동양으로의 회귀 21
2. 풍수의 원리와 신비로운 힘 25
3. 신비로운 힘의 판단과 지세 판단 28
4. 신비로운 힘의 작용과 상징적 원공간 34
5. 상징 공간으로서의 양택 41
6. 끝으로: 동양의 세계관 연구로서 47

2장 풍수의 비교 문화지—동아시아 속의 오키나와 풍수 지식 연구 50
1. 서론: 목적과 방법 50
2. 중국 풍수설의 발생과 주변 문화들의 수용 52
3. 오키나와의 풍수설 수용과 보급 59
4. 결론에 즈음하여: 오키나와 풍수설의 특징 66

3장 풍수 지식과 세계관—한족의 묘지 풍수에 관한 논의를 중심으로 76
1. 논의의 출발 76
2. 묘지 풍수의 이념과 지위 78
3. 묘지 풍수와 기계론적 세계관 82
4. 묘지 풍수와 인격론적 세계관 94
5. 요약과 결론 104

제2부

4장 오키나와의 지상술Geomantik과 문화인류학 연구—대화 형식으로 풍수론을 전망하다 113
  1. 문화인류학에서의 풍수론의 의의 113
  2. 오키나와의 게오만틱: 그 역사적 복원 121
  3. 게오만틱에의 접근: 그 연구의 전제 128
  4. 게오만틱의 현재: 야에야마의 예 134

5장 동아시아의 풍수·조상·출생—대화 형식으로 풍수론을 전망하다(속) 143
  1. 문제 제기: 오키나와 편 143
  2. 풍수·조상·출생: 중국 편 152
  3. 풍수·조상·출생: 한국 편 158
  4. 풍수·조상·출생: 다시 오키나와 편 168

6장 근원(무투)과 풍수—대화 형식에 따른 오키나와 문중 형성론 179
  1. 동아시아의 풍수·조상·출생(속) 179
  2. 오키나와의 무투와 '풍수'의 논리 188
  3. '풍수'에서 본 '무투'와 '문추' 193

덧붙이는 장_대담: 동아시아의 풍수 사상 206

1. 동아시아 '풍수' 문화권 206
2. 풍수 사상의 근저에 있는 것 209
3. 신체와 대지 — 동양의 '과학' 212
4. '유교 문화권'과 일본 218

지은이 후기 221
참고 문헌 225
각 장의 출처 235
옮긴이의 말 237
찾아보기 243

제1부

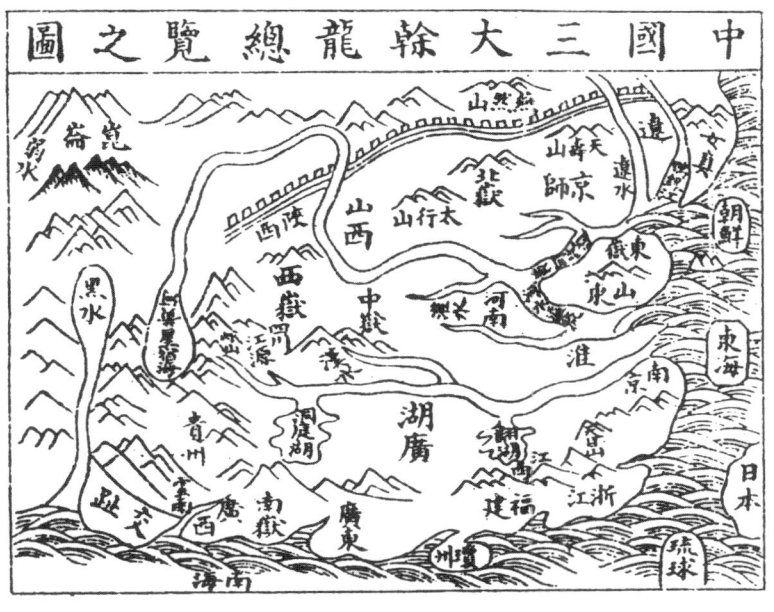

『地理入子須知』(臺灣: 武陵出版社, 1982, 復刻板)에서

1장 서론: 풍수 사상의 세계관 연구
―상징 공간과 신비로운 힘의 측정법 소개

> 지리학과 민족학이 역사적으로 보아도 가장 가까운 자매 과학의 관계라는 것은, 다시 언급할 필요가 없을 정도로 잘 알고 있을 것이다. 둘 모두 다른 풍토와 민족에 대한 호기심에서 출발했다. ……
> ―이시카와 에이키츠石川榮吉

1. 시작하며: 동양으로의 회귀

이시카와 에이키츠의 연구 발자취와 유사하게도 나 또한 서양 지리학을 깊이 연구하면서 결국 타향의 풍토와 민족과 뒤섞이는 것에 익숙해지게 되었다. 그에 따라 민족학, 그중에서도 사회인류학 본래의 흐름 속에서 유랑하는 한 사람이 되었다. 지리학이 과거부터 지인상관학地人相關學으로서의 '세계지世界誌Kosmographie'였던 것처럼, 사회인류학 또한 "너 자신을 알라…… 인간은 배워야만 하는 존재"(알렉산더 포프Alexander Pope)라는 말처럼 "인류 동포"라는 개념적 자각이 있었다. 이후 사회인류학은 엄연히 "인류 정신의 일체성"과 "민족 고유의 사고"를 요구하는 내재적 세계 인식의 학문인 세계관학世界觀學Kosmologie이 되었다(Malefijt, 1974: 111 외; 渡邊欣雄, 1978: 1~35). 서양에서 지리학과 사회인류학이 근본은 하나였으나 차츰 분화된 것처럼 내가 지리학 연구에서 사회인류학 연구로 전환한 것도 어쩌면 너무도 당연한 흐름이었다고 할 수 있다.

　유럽의 학문 풍토에서 두 학문은 공통의 모태에서 자랐지만, 과연 중국에서 동양〔동양 지리학〕이란 어떤 의미였을까에 대해서는 여전히 확실한 결론을 내릴 수가 없다. 그러나 나는 19세기 이후 서양에서 중국에 파견된 선교사 및 그 밖의 사람들이 중국의 지리적 세계관, 그중에서도 '풍수 사상'에 흥미를 가지고 이것을 민족지의 하나로서 서양에 소개해왔던 것에 주목한다. 그것은 일종의 동양 지리학[1]과 서양 사회인류학과의 만남이었다. 여기서 내가 '동양 지리학'이라고 바꾸어 명명한 것은, 중국에서 주창해왔던 '지리地理'이고, 오늘날 넓은

---

1) 내가 이런 명칭을 쓰는 것은 서양에서 유래된 지리학과 그 이름이 전적으로 똑같기 때문인데, 이 장에서는 서양 지리학을 상대화하여 서양 지리학의 시각을 채용하지 않기 위해서이다. 근대 동양 지리학의 원전이라고 불러야 할 대저서인 『조선의 풍수朝鮮の風水』(1931)를 저술한 무라야마 지준村山智順은 서양 지리학과 동양 지리학의 차이점에 대해서 다음과 같이 간략히 설명한다(村山智順, 1931: 1~2).
　'풍수'는 '감여堪輿', '지리地理' 혹은 '지술地術'이라고도 불린다. …… '지리'란 산수의 지세와 지형 및 그것의 동정動靜이라는 뜻이다. 근대의 〔서양〕 지리학과 비교했을 때 〔동양 지리학은〕 땅이 살아 있고 움직인다고 생각하여 땅과 사람의 관계를 직접적인 것으로 관찰하는 데 특징이 있다. 즉 〔서양〕 지리학은 땅을 광물이나 무생물로 취급하기 때문에, 땅과 그 땅에서 사는 사람들의 교섭을 사람들이 거주하는 지역을 제공하는 것, 인간의 생활에 필요한 재화가 생산되는 곳, 아니면 기후나 풍경을 만들어내는 것으로 이해한다. 그래서 땅과 사람의 관계는 사람이 이용하기에 달렸다고 하여 땅을 수동적인 위치에 놓는다. 하지만 이른바 〔동양〕 '지리'〔학〕에서는 땅을 능동적인 것으로 보며, 땅은 만물을 낳고 변화〔化生〕시키는 생활력을 가지고 있어서 이 활력의 많고 적음에 따라 인간에게 길흉화복을 주며, 땅에 존재하는 생기生氣는 인체에 지대한 영향을 미친다고 한다. 요컨대 〔서양〕 지리학에서는 땅을 물질적인 것으로 보고 인간 생활의 이용후생에 도움이 되어야 하는 것으로 취급하는 반면, 〔동양〕 '지리'〔학〕에서는 땅을 물활적物活的인 것으로 보고 인간 생활의 길흉화복을 좌우하는 동태적 요인이라고 본다. 따라서 어떻게 하면 재앙은 피하고 복을 얻을 것인가를 생각하는 것이 〔동양〕 '지리'〔학〕의 목적이다.

의미로 '풍수'라고 부르며 보급되고 있는 '주역周易 지리학'의 세계관을 말한다. 일본에도 서양 지리학이 유입되기 훨씬 이전부터 '지리'라는 이름의 중국 전래의 동양 지리학적 세계관이 보급되었음에 틀림없다. 나라와 도시를 세우기 위해서는 물론, 축성築城·분묘 조영造營·주거 건축 등 모든 조형공간의 측정을 위해서도 동양 지리학의 관점과 사고방식이 활용되었던 것이다.

내가 오키나와 연구를 시작한 지 이제 20년 이상 되었지만, 그간 계속 이상하게 생각해왔던 것은, 왜 오키나와 각지의 오래된 마을 경관이 교토京都처럼 바둑판 모양의 도로에 의해 정연하게 구획되어 있을까 하는 것이었다. 아니 도로뿐만이 아니었다. 마을은 교토와 마찬가지로 대부분 남향이었고, 북에는 교토의 후나오카 산船岡山처럼 산릉山陵〔왕이나 왕후의 무덤〕을 산과 언덕에 배치하고 마을의 동서 양 경계에는 하천을 배치하고, 남쪽 일대는 저지대나 해안이었다. 또한 정치적, 종교적 중심은 북쪽에 있고, 상징으로서의 생활공간을 교토와 마찬가지로 좌우·동서로 나누어 배치했다. 이러한 상징 공간에서 사람들은 예를 표하기 위한 여러 의례를 행했다(渡邊欣雄, 1987a: 37~83). 그뿐만이 아니었다. 이미 교토의 관아 배치가 세상의 우주 질서를 땅에 투영하였듯이, 오키나와 섬의 모든 마을의 집 배치 또한 집의 격식에 맞는 우주 질서를 땅에 투영한 것이었다. 즉 본가는 대부분 북쪽이나 마을의 중앙에 있고, 별채는 남쪽과 서쪽으로 나뉘어져 있었다. 그래서 마을 전체는 서로 독립된 땅의 질서를 형성하고 있었다(仲松弥秀, 1968; 渡邊欣雄, 1985 등). 교토와 오키나와의 조형공간의 세계관을 한 집안 단위에 투영시킨 사례는 아직 없다. 그러나 마을 공간의 조형만 보면, 〔쿄토와 오키나와는〕 예를 들어 주택의 방 배치와 가옥 배치, 마을의 모든 시설과 제사 공간 등의 조형물의 배치도 동일하고, 의례 집전자의 신좌神坐나 의례 순서에서도 '동일한 체계'가 발견된다(예를 들어 Mabuchi, 1968; 村武精一, 1984 등). 덧붙여 말하면 문중門中의 분절分節* 조직, 게다가 구갑묘龜甲墓**의 형식 및 납골당의 골단지〔骨壺〕의 위치까지도 상징 공간으로서 다루어진다. 나중에 내가 타이완에서 '전통적인' 벽돌식의 민가와 사묘寺廟 건축을 언뜻 보았을 때 나는 그곳에서 마치 교토의 도시 경관과 오키나와의 구갑묘를 보는듯했다.

 지역이나 문화를 넘어선 조형공간의 유사성, 같은 지역에서의 여러 조형공간의 유사성, 이것을 서양 지리학의 어떠한 이론으로 설명할 수 있겠는가. 이렇게 동양에서 조형공간이 갖는 유사성은 중국에서 시작된 '풍수 사상'의 전파·파급에 의한 것이다.

 오늘날 이 세계관이 전파·파급된 역사적 사실을 확인하는 것은 그렇게 어려운 일이 아니다. 이 세계관은 중국의 '문자 문화'에 의거한 체계를 가지고 있었기 때문이다. 그러나 '문자 문화'가 반드시 동양 세계의 '민속 문화'였던 것은 아니다. 그것은 '풍수 사상'의 여러 학파나 사상의 변화에 따라서, 시대나 학파에 따라서, 혹은 주변 여러 민족에 퍼진 중국적인 모델의 전파 내용에 따라서 서로 다르다. 또한 중국적인 모델은 주변 모든 민족의 응용·발전 정도와 체계에 따라

---

* 분절은 일본식 한자어로서 지은이가 한족의 묘지 풍수를 설명하기 위해 사용한다. 한족의 묘지 풍수에서는 하나의 분묘를 중심으로 큰 출생 집단이 있고 집단 내에 위계질서가 있는데 분절은 큰 출생 집단하의 작은 자손 집단을 말한다. 예를 들어 3형제가 있는 어떤 집안(출생 집단)이 조부 분묘를 중심으로 통합되어 있는 경우, 3형제 각 집안(분절)은 또 다른 위계질서와 제사권이 있을 것이다. 이에 대해서는 이 책 5장 2절을 참조하기 바란다.

** 오키나와 지역의 분묘 양식. 자손이 여러 차례의 의례 과정을 거치며 정성과 부富를 쏟아야 하는 납골묘이다. 자세한 내용은 이 책 5장 4절을 참조하기 바란다.

선택적으로 내용이 바뀌기도 했다(de Groot, 1897: 75~108; Feuchtwang, 1972: 224~230). 이처럼 '풍수 사상'에서 볼 수 있는 세계관의 세부적인 내용의 서로 다른 점과 그 사상사의 변천, 그리고 모든 민족이 가진 세계관이 서로 다른 것에 대해서는 다음 장에서 다시 얘기할 것이다. 단지 이 서론에서는 '풍수 사상'이 지닌 이념의 구체적 예로서, 타이완의 주택 설계 플랜만을 설명하겠다. 우리는 중국은 물론 베트남, 홍콩, 타이완, 오키나와, 일본, 한국에 보편적으로 보급되어 있는 이 상징 공간의 동태적 설계 플랜이 존재하고 있음을 쉽게 잊고 산다. 우리는 이 동양의 각 생활공간에 대한 서양 지리학의 추리·추측과, 각 상징 공간에 대한 개별적인 기호학적 해독을 즐기기 이전에 '풍수 사상'의 체계를 먼저 이해해야 할 것이다. 여기서 소개하려는 '풍수 사상'은 바로 신비로운 힘을 확보하기 위한 상징 공간의 체계이고 그 측정법이다. 이것을 동양 지리학의 한 분야인 '양택론', 즉 주택 설계 플랜을 중심으로 생각해보려고 한다.

2. 풍수의 원리와 신비로운 힘

'풍수'란 무라야마 지준(村山智順, 1931: 1~2)의 설명처럼 원래 '지리'와 같은 말이다. 즉 동양 지리학은 땅을 살아 있는 것, 동태적인 것, 인간 생활에 직접 영향을 전하는 것, 만물을 태어나게 하는 신비로운 힘을 가진, 인간 생활의 길흉화복의 근원이라 보았던 것이다. 동양 지리학의 '땅'은 서양 지리학에서처럼 단순히 '토지'만을 가리키는 개념이 아니다. 즉 그것은 자연환경 전체를 가리키는 개념임을 '풍수'라는 두 글자에서도 이해할 수 있다. '풍수'라는 것은 결국 '바람'과 '물'이고, 이것이 풍수 사상의 골격을 이루는, 눈으로 확인할 수 있는 항목이자 구체적 상징이다. '풍수'라는 것은 한족이 인식한 '기후'라고 말해도 좋을 것이다. 이 기후는 첫째 바람에 의해 좌우되고, 둘째 바람이 가져오는 구름의 양의 다소에 의해 비의 양(물)을 결정하는 것이다. 그러므로 '풍수'는 땅의 움직임을 포함한 대기나 환경 영향의 총체를 의미한다. 이 영향은 절대적으로 인간의 운명을 지배하고, 어떤 환경에서도 '풍조우순風調雨順', 즉 순조로운 자연의 순환 없이는 생겨남이란 있을 수 없다는 것을 의미한다. 달리 말하면 '풍수'란―인간에게, 아니 인간에게만―죽은 자와 신령이 자연의 적합한 영향력을 줄 수 있고 안녕하게 할 수 있는 묘·사원·주택을 어떤 식으로 만들어야만 하는가를 사람에게 가르쳐주는 사상의 실천 체계이다(de Groot, 1897: 2~3).

'풍수'는 천연 자연의 움직임을 통해 인간(및 죽은 자·신령)의 운명을 지배하지만, '풍수'의 존재 그 자체를 가능하게 한 것은 '기氣',[2] 다시 말해 신비로운 힘이다. 한대漢代의 유명한 풍수서의 하나인 『청오경青烏經』은 '음양부합陰陽符合, 천지교통天地交通, 내기맹생內氣萌生, 외기형성外氣形成, 내외상승內外相乘, 풍수자성風水自成'이라 했다(村山智順, 1931: 7). 이는 음과 양이 서로 합하고, 하늘[陽]과 땅[陰]이 상호 작용하면, 내면의 기가 싹트고, 외면의 기가 상승하기 시작하여 '풍수'가 저절로 생겨난다는 뜻이다. '풍수'란 인간과 그 밖의 운명에 직

---

[2] 한족의 관점에 의하면, 만상은 '음' '양'의 결합에 의해 생겨난다. 기는 그것들의 결합에 의해 생겨난 힘이자 에너지로서 그 외의 모든 역동적인 것의 근원이다. 이 장에서 기를 '신비로운 힘'의 하나로 풀이한 것은 독자를 위해 되도록 분석적인 시각을 유지하려고 하는 의도에서이지 결코 단순하게 기를 '신비로운 힘'으로만 풀이할 수 있다는 것은 아니다. 다만 기를 다양하게 변형된 것(예를 들면 생기, 활기, 천기, 음기 등)이나 기와 정반대의 개념인 '살煞' 등도 포함시켜서 '신비로운 힘'으로 부른다면 그것은 보다 추상적인 지시 개념으로서 유효할 것이다.

접 작용하는 '기'라는 신비로운 힘이 없이는 생겨날 수 없다. '풍수'가 '천지의 기'의 측정법이라는 것도 이 때문이다(吳瀛濤, 1977: 158; de Groot, 1897: 26). '풍수'는 확실히 천지의 호흡인 '기'에 의해서 움직이는 존재이고 현상이지만, 인간에게 적합한 영향을 미치는 '풍수'는 만물을 태어나게 만드는 '생기生氣'에 의해서 야기된다. '생기'는 기의 구체적이고 활발한 상태를 말하는데, 이 '생기'야말로 바람이 되고 구름이 되고 물이 된다. 이것은 뒤에 서술하려는 '살煞' 또는 '살기煞氣'와 상반되는 신비로운 힘이다. 인간이 구축하는 조형공간은, '생기'라는 신비로운 힘이 있는 곳을 탐색하고, 이 신비로운 힘에 감응하도록 처음부터 활기와 번영이 있는 공간이어야 한다. 따라서 인간은 일정한 형식을 가진 공간, 이 신비로운 힘을 모아두고 오래도록 상서로운 징조를 유지하며, 균형 잡힌 자연에 거스르지 않는 공간을 구축할 필요가 있다. 이러한 공간이야말로 이상적인 풍수 환경에 감응한 이상적인 조형공간이고, '명당明堂'의 기준에 근거한 상징 공간인 것이다.

'풍수'의 측정법*이란 이처럼 '생기'라는 신비로운 힘이 있는 곳을 탐색하고, 그 '생기'를 통해 인간 생활 전반에 좋은 영향력을 미칠 수 있는 땅을 판단하고, '생기'를 저장할 수 있는 조형공간을 구축하려는 일련의 판단과 플랜이다. 그러나 이러한 판단과 플랜에는 한 가지 중요한 요소가 있다. 그것은 '기' 내지 '생기'와 정반대의 작용을 하는 '살' 내지 '살기'도 탐색하여 그 영향이 미치는 것을 막고, 또 막을 수 있도록 하는 것이다. '살煞'이란 것은 '살殺'의 속자俗字이지만 보

---

* 우리나라에서는 주로 '감평'이라 하여 땅을 진단한다는 의미로 쓴다. 그러나 이 책에서 지은이는 같은 의미로 '측정'이라는 말을 줄곧 쓴다. 의미가 다르지 않아 지은이의 용어를 그대로 쓰기로 한다.

다 구체적으로는 '유해한 안개'의 의미로, 다른 이름으로 '살기' 혹은 '풍살風煞'이라고도 부른다. 이러한 악의 신비로운 힘도 대기나 대지로부터 발생한다. 예를 들면 가옥의 보호벽(울타리, 조경석, 방풍림 등이 보호벽의 역할을 한다)의 벌어진 틈으로부터 생기는 냉풍, 북방에서 불어오는 냉기, 물을 등지고 있는 좋지 않은 하층 토양, 습기가 많은 땅, 괴어 있는 물, 직선으로 흐르는 하천, 직선으로 난 도로·건물에서 발생한다. 그러므로 땅의 경관에 대한 풍수적 판단과 조형공간의 설계 플랜은 '살'의 발생을 예견하고, 직진하는 악의 신비로운 힘을 막기 위해 '살'이 생기는 방향과 같은 방향으로 미리 차폐물을 구축할 수 있어야 한다(Feuchtwang, 1972: 115~116). 그러므로 '풍수'란, 선악 쌍방의 신비로운 힘이 있는 곳을 판단하고 선한 것을 불러들이고 악한 것을 방지하는, 소위 '추길피흉追吉避凶(지은이는 영복제재迎福除災라 쓰고 있다)'으로 대표되는 한족의 종교 관념의 구체적인 사례라고 할 수 있다(渡邊欣雄, 1986a: 158 참조).

3. 신비로운 힘의 판단과 지세 판단

신비로운 힘을 읽는 것과 지세의 흐름을 판단하는 것은 예로부터 풍수 전문가가 하는 일이었다. '풍수사' '지리사' '음양사' 등으로 불려온 이들 전문가의 지식은 사람들이 가진 민속적 지식과는 아주 이질적인 복잡한 체계를 다루었고, 오늘날까지 동양 각지에서 영묘하게 받아들이는 고결한 지모智謀였다(Weller, 1987: 173~184 참조). 이러한 영묘한 지모에 의거하여 길지吉地를 판단하는 방법은 세 가지인데, 첫째는 산을, 둘째는 물을, 셋째는 방위를 판단한다(村山智順, 1931: 22). 풍수 판단에 적용해야 할 항목은 많지만, 기본적 판단은

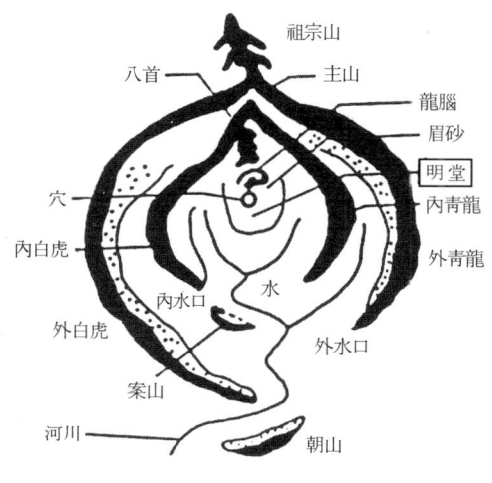

〈그림 1〉 이상적인 풍수도

이 세 가지이다. 이 판단의 좋고 나쁨에 대한 설계 플랜이 구체적인 삶을 살아가는 인간의 미래 운명을 결정한다. 그 때문에 풍수 판단에는 독특한 지세 인식과 전문 용어가 있는데, 여기에서는 매우 단순한 해설만 덧붙이겠다.

  동양 지리학에서는 산을 용으로 비유한다. 따라서 산맥을 '용맥龍脈'이라 부른다. 〈그림 1〉에서 '조종산祖宗山'으로부터 좌우로 흐르는 검은 능선이 용맥이다. '용맥'에서 돌출된 다소 높은 언덕, 이것을 '용뇌龍腦'라 한다. 이 '용뇌'는 용두龍頭의 이마 부분에 해당되어 그렇게 이름이 지어졌다. 맥이 나누어지는 것을 '분룡分龍', 맥이 일어나는 것을 '기룡起龍', 맥이 끝나는 곳을 '주룡注龍' 혹은 '용미龍尾'라고 한다. 그래서 길지가 어딘가에 있다면 그렇다고 판단할만한 것이 있어야 하는데 '용맥'이 있는 장소가 곧 길지이다. 그 좌우에 '분룡'이 있으면 최고의 길지이다. 반대로 '주룡'이나 '용맥'이 없는 땅은 흉지가 된다(吳瀛濤, 1977: 158).

용으로 비유한 지세 판단의 길흉이 왜 생겨났는지를 말하자면, 그것은 앞에서 서술한 신비로운 힘의 판단과 깊이 관련되어 있다. 비유하자면 신비로운 힘인 '생기'는 산꼭대기에서 출발해서 산맥을 타고 평지로 내려온다. 마치 용이 머리부터 기어가는 듯 평지를 내려가는 상태를 상상한 것이다. 사람이 〈그림 1〉의 '명당'에 있다면, 좌우에서부터 '생기'를 받을 뿐만 아니라, '용뇌'에 이르러 '생기'의 혜택을 입을 것이다. 다시 말해 용맥이 나누어지는 곳ㅡ'용뇌'가 있는 땅은 용이 하강하는듯한, 신비로운 힘에 둘러싸인 땅이다. 그러나 용의 움직임이 멈춘 곳, 또는 용의 움직임이 없는 곳은 '생기'가 없거나 '살'이 발생될 가능성이 있는 곳이다. 즉 주룡이나 용맥이 없는 땅은 흉지가 되는 것이다.

또 〈그림 1〉에 보면 '혈穴'이 있는데, 이곳은 최고의 '생기'가 집중적으로 모여 있는 곳이다. '혈'이란 완만하게 움푹 파인 땅으로, 이를테면 동물의 형태를 하고 있으면 가장 좋다. '혈'에는 용이 몸을 서리고 머무르고 있는 듯이 '생기'가 모여 있다. 풍수사의 가장 중요한 판단은, 이 '혈'을 탐색하는 데 있다. 이를 보면, 풍수사의 지세 판단은 용으로 비유된 것, 실제로는 용의 움직임에 비유된 것을 바람의 움직임을 통해 판단하고 있다는 것을 알 수 있다.* 지세의 완급 또한 바람의 강약과 관계된다. 산의 형태나 위치도 역시 바람의 방향과 관계있다. 나아가서 풍수사는 산의 형태나 위치·높낮이 등도 판단한다.

물도 중요한 풍수 판단의 항목이다. 물은 비가 되어 사람과 그 밖의 사물에게 천혜天惠를 제공한다. 또한 깊은 산에서 내려오는 물줄기는 인간(인간계)에 미치는 '생기'의 흐름 중 하나이다. 무엇보다

---

* 보이지 않는 생기를 산의 모양과 흐름을 통해 알 수 있다는 의미이다.

물은 호수, 연못, 해수가 되어 인간 생활에 영향력을 행사한다. 이처럼 물의 흐름은 묘나 주택이나 신전에 필수적인 것이다. 신비로운 힘의 흐름은 인조물 등에 의해 방해받아서는 안 된다. 물의 흐름을 방해하는 것이 있으면 '생기'는 '살'이 되어 악영향을 미치게 된다. 즉 범람하거나 결궤決潰[둑이 터져 무너짐]하는 것이다. 물이 건축물의 어떤 부분의 앞쪽이나 뒤쪽에서부터, 또는 오른쪽이나 왼쪽의 윗부분에서부터 흘러나와, 결국 건축물의 앞을 지나 옆 출구로 나가면, 그곳[그 건축물 자리]이 바로 길지이다(《그림 1》 참조). 이처럼 지세의 혜택을 입었거나 풍수가 좋은 땅을 최고의 길지라고 할 때는, 바람에 의한 신비로운 힘이 '혈'에 모이듯, 물에 의한 신비로운 힘은 저수지에 모인다. 풍수에서는 물을 건축물의 뒤가 아니라 앞에 머무르게 함으로써 물에 의한 신비로운 힘의 좋은 영향을 받게 할 뿐만 아니라 악조건도 교정할 수 있게 한다. 다만 물도 바람처럼 흐름이 완전히 정지하면 길지가 흉지로 변한다. 신비로운 힘은 급류가 되면 '살'로 변하고, 고여 있으면 악의 신비로운 힘이 되어버린다. '생기'가 '생기'일 수 있으려면 흐름이 동태적이고, 게다가 구불구불 미끄러지듯 완만해야 한다(de Groot, 1897: 19~23). 이렇게 지세뿐만 아니라 신비로운 힘의 움직임을 판단해야 비로소 풍수적으로 좋은 길지를 선택할 수 있다. '기'의 판단을 요약해보면, 〈그림 2〉와 같다.

〈그림 2〉 생기와 살기의 판단 규준 예

풍수 판단의 필수 요소 중 세 번째는 방위이다. 이 동양 지리학이 지금으로부터 4000년 전에 『낙서洛書』로부터 시작되었다고 말하는 구성설九星說, 『역경易經』의 팔괘설八卦說, 『서경書經』의 오행설五行說, 『좌전左傳』이나 『국어國語』의 음양설陰陽說 등의 모든 사상이 차츰 모이고 체계화되면서 3세기에 이르러서는 산수의 형세 판단을 중시하는 '형세학파形勢學派'의 기초가 구축될 수 있었다는 것을 많은 풍수 개론서가 말하고 있다(de Groot, 1897: 76~106; Feuchtwang, 1972: 1~13; Freedman, 1979: 313~333). 이러한 산수의 지세·동정動靜 판단 중에 '나경羅經'(컴퍼스)을 이용한 방위의 길흉 판단이 있었지만 그것은 어디까지나 형세 판단에 종속되는 것이었다. 송·명대에 이르러 번성하게 된 것이 나경 판단, 즉 방위를 중시하는 풍수 측정법이고, 오늘날 '복건학파福建學派'라 부르는 학파의 관법이다. 그들은 오로지 나경을 이용하여 신비로운 힘의 작용을 판단하는 것에 집중한다. 그러므로 나경은 모든 신비로운 힘의 작용을 판단할 수 있도록, 기호가 그려져 있고 여러 층으로 구성되어 있다. 나경의 원의 중심은 '천지

天池'라는 자침이다. 그다음 가장 안쪽 원이 '팔괘', 이하 빨강 검정으로 마구 칠해진 '정음淨陰' '정양淨陽'의 24방위. 24방위와 오행의 상관관계를 표시하는 '오행'의 '삼가三家', '구성九星'에 의거한 '좌가坐家', '육휘六輝'에 의한 '천성天星'의 순서로, 24방위의 '지반地盤', 24절기 판단을 위한 '기' 등의 다양한 방위 분할 체계를 표시하는 복잡한 컴퍼스가 곧 나경이다(〈그림 3〉 참조). 층은 많게는 38층까지 있다. 이렇게 나경은 시간과 장소, 그리고 판단을 존중하는 인간 성향 등의 '운행'을 고려하여, 신비로운 힘의 복잡한 작용을 읽는 도구로서 이용되어왔다.

이상의 측정법, 즉 신비로운 힘의 동정動靜 판단과 그 궤도로서의 지세 판단은, 동양 지리학의 방법론 중 가장 기본적인 관법이고 측정법이다. 이렇게 우주의 움직임이 파악된 이후에 상징 공간의 조형법이 결정되는 것이다.

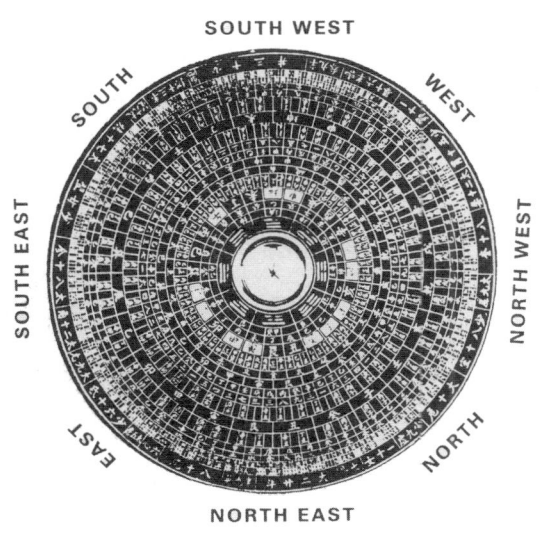

〈그림 3〉 풍수 나침반(de Kermadec, 1983: 53)

4. 신비로운 힘의 작용과 상징적 원공간

신비로운 힘의 흐름을 측정해서 생기가 충만한 땅을 발견한다면, 그 땅은 생기가 집중적으로 모여 있는 곳이고, 그 땅 앞에 있는 공간을 '명당'3)이라 하며, 이곳이 조형공간이 된다. 인간이 지상계에 조형공간을 구축하는 모델은 〈그림 4〉와 같다. 이 '명당 모델'은 〈그림 3〉의 풍수 나침반과 같이, 방위와 분할된 공간에 의미 있는 상징을 부여하는 상징적 원原공간을 나타내고 있다. 단 이 '명당 모델'이 풍수 나침반과 다른 점은 정방형의 공간이라는 점과 내부 공간이 아홉 개로 분할된 마방진魔方陣이라는 것이다. '명당 모델'의 기본이 되는 9분할은 전설적인 하나라 황제 우왕의 발명(발견)을 시작으로 구성설의 바탕이 된 『낙서』4) 체계를 따른 것이다(Feuchtwang, 1972: 10~11; Weller,

---

3) '혈穴' 앞에 있는 땅을 일컫는 개념이다. '음택'이라고 한다면 묘 앞이고 '양택'이라면 주 건축물 바로 앞에 있는 땅을 말한다. 즉 청룡과 백호에 둘러싸인 땅이다. '명당'에는 두 종류가 있는데 '양택'인 경우에는 주 건축물의 앞뜰을 '내명당內明堂'이라고 하고 그것보다 앞쪽에 있는 비교적 평탄한 땅을 '외명당外明堂'이라고 한다. 이 이름은 원래 천자가 군신의 배하拜賀를 받는 공간을 일컫던 것인데 이게 변하여 '혈'을 모시는 공간이라는 의미가 되었다(村山智順, 1931: 16~17). 그런데 이 개념은 굉장히 상대적이다. 본문의 〈그림 1〉을 보면 '명당'은 혈 앞에 있는 땅 전체를 가리킨다. 즉 주 건축물을 '혈'에 둔 조형공간 전체를 '명당'이라고 생각할 수 있는 것이다. 그러나 이상적인 풍수와 흡사하도록 좌우에 청룡과 백호를 배치하는 건축물을 만들었을 경우에는 그 건물의 가운데 뜰[中庭]이 '명당'이 된다. 따라서 연구자들 사이에서도 '명당'을 지칭하는 범위가 다른 경우가 있지만 이 장에서는 포이히트방의 지적을 따르고자 한다(Feuchtwang, 1972: 96).
4) 이 책에 관한 대표적인 신화는 다음과 같다.
지금으로부터 4000년 전에 중국에는 하나라가 있었다. 하나라의 최초의 황제인 우禹가 자리에 오르기 전에 대홍수가 있었는데, 9년 동안 물이 계속 범람하여 많은 백성을 근심시켰다. 물로 인한 피해를 방지하기 위한 공사를 하고 있을 때 뜻밖에도 거북이 한 마리가 낙천洛川에서 나왔다. 이 거북의 등껍질은 통상적인 육

1987: 179~180). 조형공간의 9분할이라는 상징적 원공간 모델의 기본은 『낙서』이지만, 이것이 '명당 모델'로 발전한 것은 기원후 1세기, 한대의 『예기禮記』에 이르러서이다(Feuchtwang, 1972: 12). 이 정방형의 상징적 원공간은 9개의 방을 균등하게 배치한 이상적인 '집'이었다. 1개의 방은 중앙에 있고, 이 방을 둘러싸고 8개의 방이 있고, 8개의 방은 각각 8방위를 나타냈다. 이것을 '명당'이라 부른다. 더욱이 '명당'의 외부는 세밀하게 분할되어 12방위와 1년의 12달을 나타냈다(〈그림 4〉 참조). 왜냐하면 '명당'의 상징적 원공간에서는 황제가 자연의 운행을 알고 월령月齡*을 인식함으로써 '국태민안國泰民安'[5]을 위한

각형 모양이 아니라 이상한 기복이 있어 알 수 없는 수리數理를 암시하는 것이었다. 우 황제는 이것을 '절문折文'으로 풀어서 이 문자가 나타내는 1부터 9까지의 수리에 의거하여 '홍범구주洪範九疇'를 만들었고, 이것을 『낙서洛書』라고 이름 붙였다. 『낙서』는 위로는 9를 이고 아래로는 1을 밟으며, 왼쪽은 3이고 오른쪽은 7이며, 2와 4는 어깨가 되고 6과 8은 다리가 되며, 5는 중앙에 있어서 5개의 홀수로 4개의 짝수를 통합하는데, 더하면 모두 15가 되는 마방진이다. 사우四隅는 모두 짝수(음수陰數)로서 음양 교합의 섭리를 표현하고 있다(觀象學人, 1969: 14~16). 이것이 후에 구성九星·칠색七色·오행五行으로 이루어진 천상 예지의 체계인 구성설九星說이 되고, 풍수설에도 채용되게 되는데, 이 장과 관련되는 것은 마방진을 포함하는 땅이라는 우주의 표현형으로서이다.

* 초승달에서 다음 초승달까지의 기간을 하루 단위로 세어서, 그 날수에 따라 달의 차고 이지러진 정도를 나타내는 말. 초승달을 0으로 하여 세어가면 보름달은 월령이 15가량 된다.

5) 이 말은 종종 '풍조우순風調雨順'이라는 표어와 대구를 이루면서 한족의 이상을 표현하는 표어가 된다. 즉 '풍조우순, 국태민안'은 '바람이 고르고 비가 적당하면 나라는 태평하고 백성은 편안하다.'는 것이다. 따라서 자연의 운행을 거스르지 않는 국정이 황제를 비롯한 국가 관료들의 사명이었다. 당시의 관료였던 역박사曆博士, 점성술사, 사서 서기관 등이 외교 의례나 국내의 제전의 시기나 장소를 관리했음은 말할 것도 없다. 그들에게 방형의 국도國都는 국가 운영을 위한 '제장祭場'이었다. 그러나 관료가 풍수점역風水占易을 전문으로 하는 풍수사였던 것은 아니다. 풍수사의 지위는 극히 애매해서 국정을 분담하는 것보다는 백성 개개인의 운명을 점치는 것이 그들의 첫 번째 임무였다. 적어도 한대의 국도는 풍수사의

그때그때의 공희供犧 의례를 할 필요가 있었기 때문이다. 그러므로 하늘의 뜻에 따라 백성을 통치하는 천자의 수도는 천지 교합의 접점이 되고 '명당'은 '우주의 거울'이고 '땅의 별자리'였던 셈이다(大室幹雄, 1981 참조).

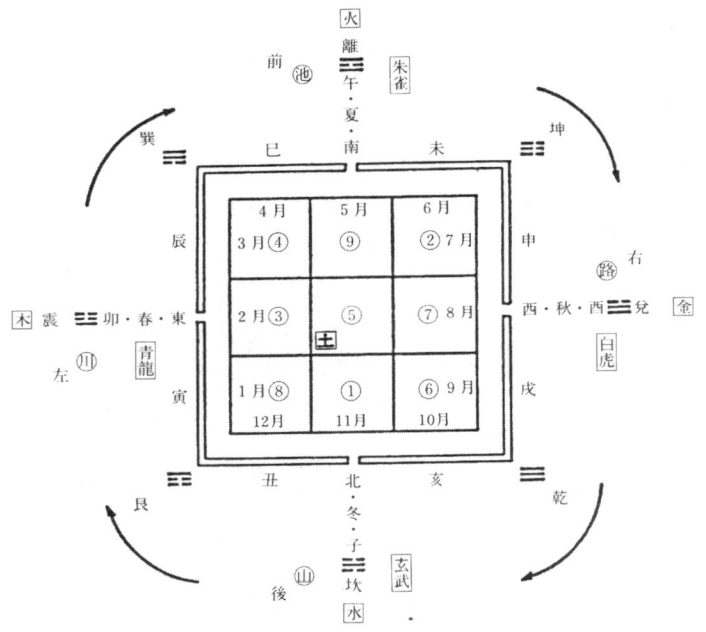

〈그림 4〉 상징적 원공간으로서의 '명당 모델'

우리는 '명당 모델'에서 상징적 원공간의 9분할이, 『낙서』에서 시작하여 『예기』에 그려진 이상적인 방 배치에서 유래하고 있다는 것을 알고 있다. 하지만 한 가지 의문이 드는데, 그것이 '정방형'인 이

점역占易과는 거의 관계가 없지만, 풍수 사상이 발전한 한대 이후의 삼국시대나 서진시대에 이르면 '명당 모델'은 풍수설에 채용된다(Feuchtwang, 1972: 12).

유는 무엇일까?

그것은 오래전부터 전해 내려오는 한족의 상반자相反者* 상징에서 유래한다. '음양부합陰陽符合, 천지교통天地交通, 만물화생萬物化生'의 동태적 세계관은 중국 전통 사상이 공통적으로 가지고 있는 고유한 세계관이다. 그 구체적인 관념 중에는 '천원지방天圓地方'[6]설이 있다. 예로부터 한족의 지식인들은 하늘은 원형을 이루고 땅은 방형을 이룬다고 생각해왔다. 또한 음양이라는 상반자가 있어 이들이 서로 작용하면서 세계가 조화·균형을 얻을 수 있으며, 천원天圓과 지방地方도 이와 같이 우주를 둘로 나누는 상반자 상징 중 하나라고 생각해왔다. 즉 하늘의 운행은 원주를 따라 본디의 모습으로 회복하는 움직임이지만, 땅의 활동은 만물이 유類를 나누어 형태를 이루는 기능을 분담하는 것이다. 하늘의 운행은 모든 원주 운동을 따라 하나로 돌아가지만, 땅은 끝없는 방형 위에 세분화되어가는 특성이 있다. 레비스

---

* 지은이는 '쌍분적雙分的'이라 쓰고 있는데 이것은 서로 반대되는 것끼리 짝을 이룬다는 의미로 '상반자'를 이른다.

[6] 이 관념의 유래는 이원론이나 세계관 연구의 자료로 귀중하므로, 리이위안(李亦園, 1981: 15~16)이 실었던 것을 다시 수록한다.
"單居離問於曾子曰 '天圓而地方誠有之乎' …… 曾子曰 '天地所生之上首, 地之所生之下首. 上首之謂圓, 下首之謂方. 如誠天圓而地方, 則是四角之揜也. 且來吾語汝, 參嘗聞夫子曰: 天道曰圓, 地道曰方, 方曰幽, 而圓曰明, 明者吐氣者也, 是故外景, 幽者含氣者也, 是故內景. …… 吐氣者施, 而含氣者化, 是以陽施陰化也.'"이 내용은 천원지방 관념의 유래가 아니라 상반자가 상징적 의미를 가지고 있다는 것을 말한다. 천원지방의 유래에 대한 설명은 『여씨춘추呂氏春秋』 '환통편圜通篇'에 있다고 한다. "天道圜, 地道方, 聖主法方, 所以立上下. 何以說天道之圜也. 精氣一上一下, 圜周複雜, 無所稽留, 故曰天道圜. 何以說地道之方也, 萬物殊類殊形, 皆有分職, 不能相爲, 故曰地道方. 主執圜, 臣處方, 方圜不易, 其國乃昌, 日夜一周, 圜道也."내용의 일부는 본문에서 다뤘다. 이처럼 하늘과 땅은 성질을 달리하는 운동체이다. 하지만 이것은 어디까지나 원칙이고 원환圓環의 도시나 원형의 주거가 현실에 존재하지 않을 리는 없다(周達生, 1982: 108~111, 堀込憲二, 1985: 45~46 참조).

트로스C. Lévi-Strauss의 말을 빌리자면, 한족에게 있어서는 '자연'이 둥근 원이면, '문화'는 정방형으로 인조 공간의 원형을 이룬다(Lévi-Strauss, 1962). 그 밖에 천지, 상하, 고저, 명암, 남녀, 온냉 등이 상반자 상징의 의미를 갖는다(李亦園, 1981: 15~17). 이렇게 한족에게 조형공간은 정방형의 상징 공간이다. 이 관념은 위의 공간 9분할처럼 풍수설로부터 생겨난 것은 아니다. 그러나 이후 풍수 사상은 '천원지방'설을 흡수하고, 도시·마을·주택·묘지 등 모든 조영물에 대한 기본 판단으로 채용된다. 9개로 구획된 사각형 '명당'은 〈그림 4〉에서처럼 각각 상징적인 의미를 가지고 있고, 최초 모델로서 원공간은 기본적으로 사방으로 나누어진 동서남북 풍수 방위의 의미를 가진다. 북쪽은 '용뇌'를 뒤로 하고 '혈'을 품고 있는 높은 위치에 있는 공간이고, 남쪽은 낮게 펼쳐진 공간이다. 따라서 동쪽은 좌左, 봄〔春〕, 청룡靑龍에 대응되고, 반대로 서쪽은 우右, 가을, 백호白虎에 대응된다. 풍수 나침반에서처럼 이렇게 상징 공간의 축소판이 형성되는 것이다(Feuchtwang, 1972: 113).

　이렇게 만들어진 '명당 모델'은 자연의 신비로운 힘의 작용을 거스르지 않는 인공적인 상징 공간 모델이 되었다. 이 신비로운 힘의 작용과 보다 구체적인 상징 공간과의 관계는 다음 절에서 예를 들어 증명하겠지만, 이념형으로서 '생기'와 '명당 모델'과의 관계, 즉 신비로운 힘과 상징적 원공간과의 관계를 먼저 서술하겠다.

　앞에서 말한 것처럼 인간과 그 밖의 것에 좋은 운을 가져다주는 신비로운 힘은 지세상의 '혈'에 모이고, 게다가 '용맥'을 통해 좌우에서 좋은 영향을 전한다. '명당'은 좋은 영향을 받은 가장 적절한 공간이다. 〈그림 5〉를 참조하기 바란다. 이상적인 풍수는 모든 조형 상징 공간의 '일정 체계'에 의거해서 서로 비슷한 형태를 이루는 것이다. 즉

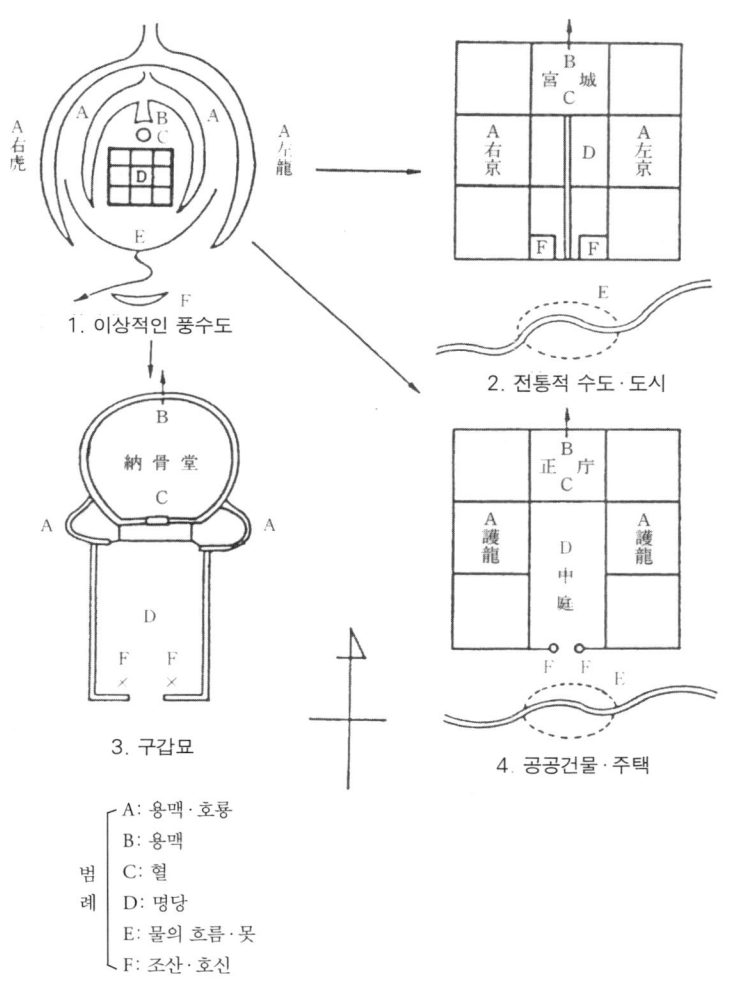

〈그림 5〉 이상적 풍수와 상징 공간의 상사성相似性(郭中端·堀込憲二, 1980 참조)

수도·도시의 궁성7)은 북쪽 중앙에 있어 '용뇌'를 뒤로 하고, '혈'을 궁성 안에 두고 에워싼다. 좌경左京·우경右京은 '용맥'이 흐르는 '분룡' 바로 그것이다. 수도는 이상적인 풍수도風水圖의 전형적인 '명당' 이지만, 수도 중에는 남북으로 달리는 중앙의 대로를 중심으로 사방으로 퍼지는 경우도 있다. 이상적인 풍수에서 동쪽이나 서쪽에서 시작되어 남쪽에 이르는 수맥이 있다면, 어떤 수도에는 동서로 혹은 남쪽으로 흐르는 강과 호수도 있다. 조산朝山의 상징적 의미는―아직 분명히 알 수는 없지만― '살'을 피하는 기능이라고도 한다. 또한 수도에는 좌조左祖 우사右社[일종의 비보 방법]도 설치하여 남쪽을 향하도록 한다. 이렇게 이상적인 풍수 모델은 민간의 주택·묘지에도 미친다. 조형적 상징 공간은 이처럼 신비로운 힘을 저장하기 위한 각각의 상징 장치로 이루어지고, 게다가 나쁜 기운을 막는 장치도 함께 갖추고 있음을 알 수 있다. 풍수법을 흔히 '장풍득수藏風得水'법이라고 하지만, 확실히 이들 상징 공간은 바람을 저장하고[피하고] 물을 얻는다는 풍수의 움직임을 통해 정체되지 않는 공간으로 구축되고 있다.

7) 고대 중국의 도시는 주대에 이르러 이미 방구리方九里·방삼문旁三門의 거의 정방형의 도시였는데, 당시의 황제가 사는 '궁성'은 '명당 모델' ⑤의 위치인 중앙에 있었다(본문의 〈그림 4〉참조). 그러나 '궁성'을 중앙에 둔 것은 『낙서』에 나오는 '명당 모델'이나 춘추전국시대의 '천원지방' 관념에는 맞아도, 나중에 나온 풍수설에는 맞지 않는다. 그 때문에 북위 시대(6세기)의 낙양은 서진西晉 시대(3세기)의 낙양과는 달리 '궁성'을 도성의 북쪽 벽에 붙이기 시작하여 결국은 서위西魏-당 시대의 국도인 장안의 도시계획에도 계승된다. 당시 세계 최대 규모를 자랑하던 장안은 자연환경도 좋고, 도시의 구획이나 여러 시설의 배치도 좋았으며, 수계와 호수 및 연못과 식수植樹의 위치도 좋은 '풍수 사상'에 합치되는 도시였다. 본문 〈그림 5〉의 수도·도시는 개수 이후의 낙양, 새로이 수도로 건립된 장안 이후의 모델이다. 그리고 이 도시계획이 일본의 고대 도시의 모델이 되었음을 말할 것도 없다(劉敦楨 編, 1983: 82~110; 董鑒泓 主編, 1984a: 28~37; 矢守一彦, 1974; 礪波護, 1976: 303~333).

5. 상징 공간으로서의 양택

'풍수 사상', 즉 동양 지리학에서는 인간이 거즈하는 공간을 '양기陽基'라 한다(村山智順, 1931: 640). '양기'에는 일국一國, 일주一州, 일군一郡, 일도一都, 일읍一邑, 일촌一村, 일택一宅 등이 함께 사는 공간이 있지만, 그중 최소의 '양기'가 민가인 '양택陽宅'이다. 이것은 죽은 자의 거처인 '음택陰宅'(분묘)과 대응된다. '경천존조敬天尊祖'의 민정民情을 보여주는 것인지는 몰라도, 옛날부터 동양 지리학의 실천 대상은 '양택'보다는 오히려 '음택'에 치우쳐 있었다. 즉 부모가 장수하며 편안해야 자식이 순조롭게 성장하고 번창한다고 여겼다. 이 공식은 '음택'이 신비로운 힘을 충분히 가지고 있어야 '양택'이 그것에 감응하여 발전한다는 의미이다. 이 '음택론', 즉 묘지 풍수론에 대해서는 3장에서 서술하겠다. 그러나 '양택'이 풍수상 항상 수동적인 대상이었던 것만은 아니다. '양택' 또한 독자적으로 이상적인 풍수 모델을 가지고 있어 신비로운 힘을 저장하면서 나쁜 기운을 막는 상징 공간으로 구성된다(關華山, 1981: 186~191).

여기서는 나의 조사 사례를 소개하면서 '양택풍수'에 대해서 생각해보도록 하자. 타이완 남부의 하카 촌[客家村]의 하나인, 두륜 촌頭崙村에 있는 '화방伙房'이라는 건물의 구도는 다음과 같다(이하 〈그림 6〉 참조).

건물을 세울 때에는 먼저 '지리사地理師'(문어체)나 '지리 선생地理先生'*(구어체)이라 불리는 풍수 전문가를 초대해서, 건물에 살 예정

---

* 현재 우리나라에서 쓰는 표현은 아니지만, 고려와 조선 시대에 국가에 채용된 풍수 전문가를 이렇게 불렀다.

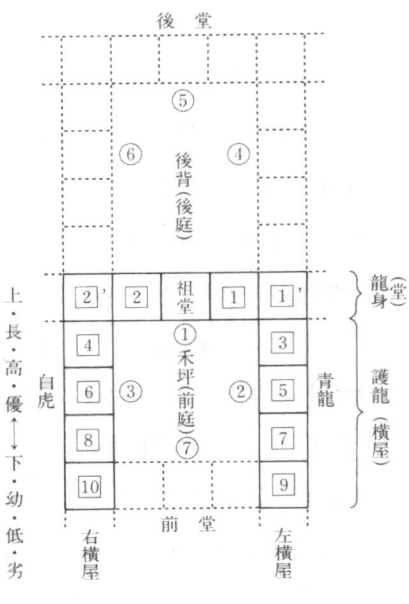

〈그림 6〉 타이완 남부 양택의 상징 공간

인 최고 연장자의 생년월일이나 생년, 방위 등을 '지리서'를 이용해서 감정을 받은 후에 건설 위치를 결정한다. 그때 지세 판단과 방위 측정이 가장 중요하고, 건물은 북쪽을 뒤로 하고 남쪽을 바라보도록 설계한다. 그러나 다른 건물이 가까이 있거나 지형상의 어려운 점이 있다면, 방향을 다양하게 바꿀 수 있으며, 북향만 아니면 건축은 가능하다. 호리고메 堀込에 따르면 방위는 지세 판단보다 중요하지 않다고 한다(堀込憲二, 1985: 45). 지세는 '북고남저北高南低'를 이상적이라고 보지만, 방위 판단을 차치하면 '배고면저背高面低'라고 한다. 물의 흐름도 문제인데 남북으로 흐르는 강 부근은 풍수상 흉하다. 물의 흐름은 좌에서 우로 곡류하고 용 모양을 이루는 것이 가장 좋다. 또 건설 예정지에는 남쪽에 높은 나무나 굴뚝이 있어서는 안 된다. 이와 같이 지세 판단이 끝나면, 조상을 모시는 방인 '조당祖堂'*을 포함한 '당堂'**(용신龍身)

---

* 조당은 우리나라의 사당에 해당하지만 본문에서는 우리나라의 사당보다 더 확대된 개념으로 사용하고 있기 때문에 원서의 용어인 '조당'을 그대로 사용한다. 이에 대한 자세한 내용은 이 장의 각주 9를 참조하기 바란다.
** 당堂은 원래 토지 위에 세워진 여러 채의 가옥 각각을 말하나 본문에서는 조당

을 세운다. '당'을 세울 때는 반드시 '용혈'이 있는 장소에 '조당'을 배치하고 위패를 안치한 제단 아래에 '용혈'이 있을 수 있도록 한다. 이렇게 해야 이후 '토지용신土地龍神'을 모실 수 있다. 이 신이야말로 신비로운 힘의 원천이다. 그리고 '조당' 대들보 중앙에는 방위를 헤아리는 기준점으로서 팔괘 마크를 표시한다. '당'의 앞, 특히 '조당' 앞에는 아무것도 세워서는 안 된다. 큰 나무를 심는 것도 삼가야 한다. 단 '당'의 뒤에는 꽃이나 나무를 심는 것이 좋다. 조형공간의 모든 것은 '배고면저'의 원칙을 따라야 한다.

이와 같이 '가옥'을 건축할 때, 풍수에 따르면 주된 '당'을 제일 먼저 세워야 한다. 건물의 전체 위치와 방향이 '당'에 의해 결정되기 때문이다. 이것을 '좌향坐向'[8]이라 한다. '당'의 건축이 완료된 다음은, '좌횡옥左橫屋', '우횡옥右橫屋'이 순서대로 세워진다. 이후 건물의 건축 공정은, 〈그림 6〉의 숫자에 표시된 순이 바람직하다고 여겨진다. 〈그림 6〉은 '오간기五間起', 즉 한 기둥에 5개의 부속 가옥을 구획한 예이다. 다른 예로는 '삼간기三間起'나 '칠간기七間起'와 같은 변형이 있지만, 모두 중앙에 한 개의 방을 두고 좌우로 균등하게 방을 배치

과 거의 같은 뜻으로 혼용하여 사용한다. 조당과 거의 같은 뜻으로 쓸 경우에는 '당'으로 옮기고, 그 외는 '가옥'으로 옮긴다.

8) '양택'이라면 주 건물〔主屋〕을 세운 '혈'의 중심을 '좌坐'라고 하고, 주 건물이 향하고 있는 방위를 '향向'이라고 한다(村山智順 1931: 20). 이렇듯 주 건물인 '당堂'의 건축은 풍수상 중요한 의미가 있는데, 실제로 풍수상 올바른 건축 절차에 따라 건물〔館〕을 세우는 일족은 부유한 계층에 한정됐다. '당'에 있는 일련의 방들은 너무나도 성스러운 장소여서 일상생활에서 현실적으로 필요한 방은 거의 만들 수 없었기 때문이다. '당'의 건축이 현실 생활에 지장을 초래했기 때문에 실제로는 거주할 수 있는 부분을 확보할 수 있는 '좌횡옥左橫屋'부터 세우는 경우가 많았다. 다만 자금이 여유가 있을 경우에는 실제로 거주할 수 있는 건물을 짓는 데 할애했던 것이다.

하는 것을 좋다고 여긴다(Wang, 1974: 183; 渡邊欣雄, 1976: 72). 각 방의 지붕의 높이는 같거나, 아니면 남측 곧 전면은 지붕을 낮게 한다(〈그림 7〉 참조). 그러나 어쨌든 '당'보다 높아서는 안 되는 것이 원칙이다. '배고면저'의 원칙이 있지만, 이 같은 원칙은 좌우의 건물에도 적용되어 당보다 좌우 건물의 지붕이 더 높아서는 안 되는 것이다. 결국 '중고변저中高边低'의 원칙이라 불러야 할까. 모든 높낮이의 차가 신비로운 힘의 흐름에 대응한다는 것은 어렵지 않게 상상할 수 있다. 이러한 원칙을 바탕으로, 〈그림 6〉에 점선으로 표시한 부분으로 집을 확대해갈 수 있다. 단 '횡옥'은 너무 길게 늘이지 말아야 한다. 거주 인구가 많아지면, 먼저 '후당後堂〔뒤채〕'을 중심으로 건물을 연결하고, 나중에 '전당前堂〔별채〕'의 마룻대를 연결할 수 있다. 이처럼 ㄷ자 도양의 건물(三合院)에서 ㅁ자 모양의 건물(四合院)로 확대할 수 있지만 '후당'이나 '전당'을 '당'[9])과 동일한 주거 공간으로 볼 수 없기 때문에, 〔후당이나 전당은〕 뒤에서 서술하겠지만 건물 내의 특별한 인물이나 방문객용의 방 등으로 쓰는 경우가 많다. 그중에서도 '전당'은 건물의 출입구에 있는 집으로 인간이 거주하는 공간이 아니다.

구획된 각 방은 남자의 세대世代·장유長幼의 순서에 따라서 배분하

---

9) 풍수상 '용신龍身'이라고 불리는 '당堂'은 본문에서 설명했다시피 일차적으로는 주거 공간으로 확보되는 것이 아니다. 왕송흥도 지적하고 있듯이(Wang 1974 186~189), 특히나 '조당祖堂(정청正廳)'은 관원館員이 조상 제사를 지내거나 내빈을 초대해서 연회를 벌이는 장소, 혹은 관원의 장례를 지내는 공간으로서 내부자 용도의 거룩한 건물(聖堂)이고 일족의 통합을 상징하는 공간이다. 그 때문인지 본문의 〈그림 6〉의 ①이나 ②는 내객용의 응접실이나 '객청客廳'으로 확보되는 경우가 많다. 이처럼 '조당' 근처가 성지인 것은 신비로운 힘의 원천이 '조당' 안에 있기 때문이다. 역으로 돼지우리·헛간·변소는 부정한 장소라고 여겨진다. 이것들은 '횡옥'의 바깥쪽이나 남서쪽 혹은 북서쪽 모퉁이 등에 있다. 이곳은 모두 신비로운 힘과의 관계로 보아 열등한 위치의 장소이다.

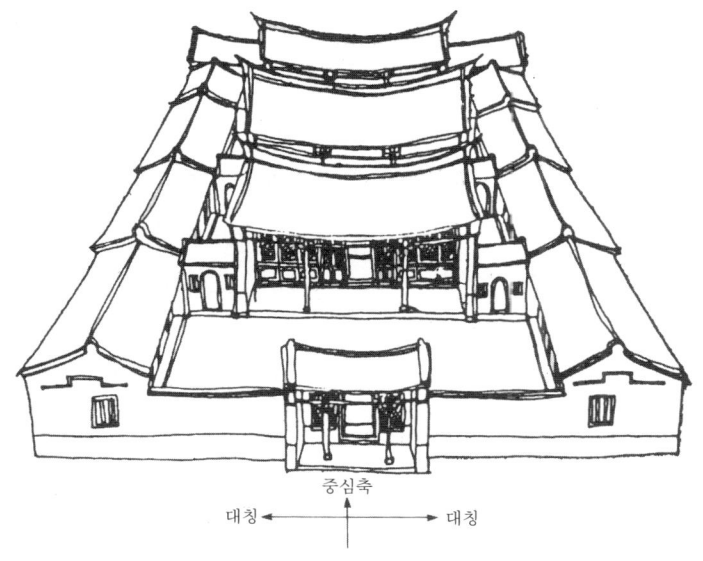

〈그림 7〉 하카의 전통 건축(陳運棟, 1978 : 342)

는 것이 원칙이다. 즉 〈그림 6〉에서 ①에 부모가 살면, ②에 아이들이 산다. 부모의 형제가 둘이 있다면, ①을 큰집 부부, ②를 그다음 차남 부부가 사용한다. 그림 중 ①'·②'는 각각의 주방이다. ①·② 이하의 숫자에는 주방의 장소를 표시하고 있지 않지만, 한 가구는 원칙적으로 침실과 주방을 각각 사용하는 것이 일반적이다. 즉 ③에 사는 가구는 ⑤에 주방을 가지는 것이 일반적이지만, ③과 ⑤를 각각의 가구가 사용하고, 주방은 바깥 측면에 새로 세운 사례도 결코 적지만은 않다. 거주하는 부계 일족의 인구가 늘어나면, 〈그림 6〉에서의 □의 번호에 따라서, 윗세대를 먼저 그리고 아랫세대를 나중에 거주시키고, 혹은 장유의 순에 따라서 그림 안의 번호순으로 살게 하는 것을 원칙으로 한다. 즉 여기서 보이는 이념상의 거주 원칙은 '좌우우열左優右劣' 및 '후우전열後優前劣'*의 두 가지이다. 예를 들면 ① 부부의 장남 부부는 ③에, ②의 장남 부부는 ④에 거주한다. 그러나 남자 한 명만 있는, 결혼하지 않은 경우는 거의 없기 때문에 '같은 혈통의 가족은 같은 집에'라는 당연한 원칙을 바탕으로, ① 부부의 장남 부부는 ③에, 차남 부부는 ⑤에, 삼남 부부는 ⑦에 거주하고, 동일하게 ②의 계통도 장유의 순을 바탕으로 ④→⑩으로 거주 공간이 배분된다. 이 원칙은 왕송흥王崧興S. H. Wang이 조사한 타이완 중부·션강神岡 마을의 예와 거의 같다(Wang, 1974: 184~185). 단 실제로 각 건물을 다녀보면, 이 같은 원칙을 확인할 수 있는 곳은 그다지 많지 않다. 4~5대 혹은 그 이상이 경과하여 각 가구의 세대수가 다르고 아이들 수도 다르고, 동거할 것인지 아닌지의 의사도 각각이고 이사를 간 가구도 많아서, '배고면저'가 풍수 모델이었다는 것은 사람들의 관념 속에만 자리 잡고 있을 가능성이 크다. 풍수 원칙을 계속 고수하기에는 여러 가구가 같은 건물에 살 수 없는 현실이 나타날 수도 있고, 직업 등의 이유로 이사를 하고 싶은 가구가 있을 수도 있기 대문이다. 그런데 이럴 경우 빈 방이 생기면 건물 전체가 흉하다는 관념도 있다. 그래서 풍수 원칙으로 보면 서열상 알맞지 않은 가구는 임시로 거주하기로 하고 들어오고, 이사할 가구는 빈 방[자신들이 살던 방]에 대한 권리나 자격을 확보하고 나갈 수 있는 방식으로 상황에 따라 풍수 원칙이 적용되고 있다. 이처럼 현실과 어디까지 타협할지를 고려하기는 하지만 큰 원칙으로서의 '풍수 사상'은 오늘날에도 타이완에서는 여전히 사람들의 관념 속에 깊이 뿌리박혀 있다.

＊ 주된 당을 중심으로 왼쪽과 오른쪽 중에서는 왼쪽이, 앞과 뒤 중에서는 뒤가 우월해서 장유에 따라 거주 공간이 배치되는 하카의 원칙을 말한다.

6. 끝으로: 동양의 세계관 연구로서

한족의 지리적 세계관 연구는 19세기에 동양 지리학과 서양 사회인류학과의 우연한 만남에서 시작되었다. 중국에서 잠자고 있던 동양 지리학을 서양에 소개한 당시의 선교사나 여행가, 또는 연구자들로는 에드킨스J. Edkins, 아이텔E. J. Eitel, 슐레겔G. Schlegel, 둘리틀J. Doolittle 등이 있는데, 그들은 복각覆刻본에만 이름이 보일 뿐이다. 그래서 역시 동양 지리학 연구의 효시는 드 그룻J. J. M. de Groot이 쓴 방대한 『중국의 종교 시스템』(1892~1910)이라고 보아야 할 것이다. 그는 타고난 어학 능력과 상세한 조사 자료를 가지고 분명히 '한족 종교 민족지'를 완벽히 서술하고자 했고, 오늘날에도 영향을 주는 적잖은 연구물을 세상에 남겼다. 20세기 초에 사회인류학적 연구의 일환으로 뒤르케임E. Durkheim과 모스M. Mauss가 한 한족의 우주 분류 체계를 상세히 소개한 연구가 있었지만, 오늘날에도 지속되는 동양 지리학의 사회인류학적 연구는 사회학자이자 사회인류학자였던 프리드먼M. Freedman의 '풍수' 연구일 것이다(Freedman, 1979). 이후 특히 홍콩에서 오늘날까지 상당히 많은 사회인류학적 '풍수' 연구가 있어왔다. 홍콩에서의 사회인류학 연구는 '풍수'를 중심으로 하는 세계관 연구를 하지 않고는 거의 얘기가 통하지 않는다는 느낌마저 든다. 여기서 상세히 소개할 수는 없지만, 타이완에서도 사회인류학자의 대다수가 '풍수'의 세계관 연구라는 어려운 문제에 도전해왔다. 중국의 지리적 세계관이 '풍수' 모델을 플랜으로 삼는 이상, 동양 지리학으로서의 이 '풍수 사상'에 대한 이해는 비록 그 연구 대상이 민중 생활사라 하더라도 반드시 필요하다.

그러나 동양 지리학이란 것이, 유럽인이 한 권의 책으로 세상에 소개할 수 있을 만큼 그렇게 간단한 영역은 아니다. 드 그릇과 몇몇 유럽인을 제외하고는. 많은 유럽인이 동양 지리학을 '준과학', '유사 과학' 혹은 '중국적 과학' 등으로 낙인찍으려 했지만, 그것은 자민족 중심주의의 발로일 뿐 아니라, 동양 지리학을 완전히 이해하지 못했기 때문이다. '풍수'는 '풍수'이고 서양의 '과학'과는 다르다는 것은 결국 제대로 풍수를 이해하지 못했다는 것이다. 〔풍수를 제대로 이해한 책으로는〕 전쟁 전에는 이 책에서도 많이 인용하고 있는 무라야마 지준의 『조선의 풍수』(1931)가 있었다. 그리고 '풍수'를 사회인류학적 과제로 내세운 사람은 오늘날 서양에서는 아주 드문 사회인류학자인 포이히트방 S. D. R Feuchtwang이었다. 그의 『중국 풍수의 인류학적 분석』(1972)이야말로 동양 지리학과 서양 사회인류학의 만남의 결정체이다. 내 관점의 기본은 그의 저서에 있지만, 그러나 그의 책도 동양 지리학의 전모를 담아내지는 못한다. 정원의 조경법, 산수화의 미학 모두 동양 지리학에서 근원을 찾으려 하는데, 나는 동양 미학에 대한 지식이 부족한 탓에 동양 지리학에 접근하기 힘들었다. 이처럼 다른 나라의 풍토와 민족에 대한 호기심에서 출발한 지리학과 사회인류학은 이제는 자민족에 대한 반성에서부터 시작해야 되지 않을까. 내가 생각하는 자민족에 대한 반성은 야나기타 구니오柳田國男가 말한 것*과는 시대와 관점이 다르다. 다시 말해서 나는 타민족 연구를 통해 축적된 사회인류학적 유산을 가지고 자민족에 대한 반성에 눈을 돌려야 한다고 생각한다.

* 야나기타는 일본의 대표적인 민속학자로서 일본 고유의 것, 특유의 무엇을 강조하곤 했다. 다시 말해서 일본 내에서 일본적인 것을 찾아야 하며, 자민족에 대한 반성도 안으로부터 하자는 입장이었다. 이에 비해 이 책의 지은이 와타나베는 밖으로부터 안을 반성하자는 입장으로 야나기타의 입장에 반대한다.

반성의 결과, 과연 나 자신은 무엇을 이해하게 된 것일까. 나는 일단 동양에는 공통적으로 동양 지리학적 세계관이 있다는 것을 이해할 수 있었다. 내가 일본, 오키나와, 타이완에서 본 도시 경관·마을 경관 그리고 건축 공간은 모두 동일한 환경 측정법과 조형 플랜을 바탕으로 한 것이었다. 그곳에는 신비로운 힘의 확보를 위한 상징 공간이 있었고 또한 그 신비로운 힘은 극히 활기 있고 동태적이었다. 이 신비로운 힘을 어떻게 탐색하고, 어떻게 위치시키고, 어떻게 확보하는가에 대한 답으로는 상징적 원原공간으로서의 모델이 준비되어 있었다. 풍수사는 이 신비로운 힘이 있는지 여부와 그 움직임을 측정하여 그것에 감응할 수 있도록 상징적 원공간을 땅에 투영함으로써 국가, 도읍, 민간 주택, 묘지의 상징 공간을 창조해냈다. 내가 설명한 타이완 양택론의 일례는 망막한 지식 내용을 가진 동양 지리학이 만들어낸 상징 공간에 대한 아주 부족한 소개에 지나지 않는다. 신비로운 힘이 쇠약해지면, 세상은 병에 걸리고, 기근에 시달리고, 내란이 생기고, 사회의 생기는 쇠약해져간다. 일본 고대의 천도遷都는 물론이고, 오키나와 근대의 마을 이전 현상도 '풍수' 때문에 일어났다. 다음 장에서는 요즘 들어 갑자기 성행하게 된 오키나와 풍수 연구를 소개하겠다.

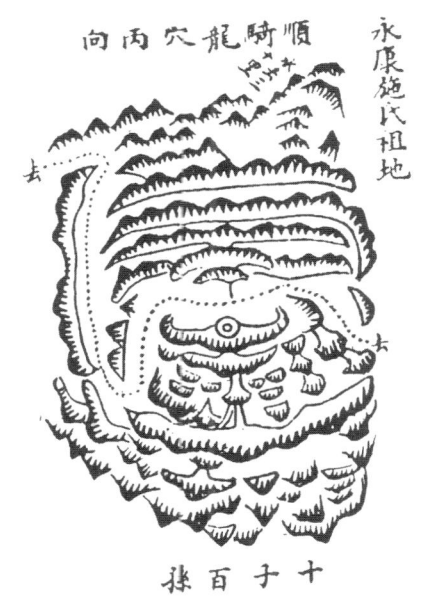

2장 풍수의 비교 문화지
─동아시아 속의 오키나와 풍수 지식 연구

> 원래 나는 다른 두 문화가 접촉했을 때 일어나는 변용과 수용이란 문제에 큰 관심을 가지고 있었다. 오키나와 지방에서 현재 일어나고 있는 중국적인 신앙과 습속에 대해 연구해오고 있는 것도 그 때문이다.
> ─구보 노리타다 窪德忠(1983, 1)

1. 서론: 목적과 방법

문화 간의 접촉과 그후에 생겨나는 한 방면 혹은 쌍방의 문화 변화(수용과 변용), 이것을 문화인류학에서는 일반적으로 '문화변용'이라 말한다. 나는 이러한 연구가 구보 노리타다에 의해서 꾸준히 지속되어 최근 오키나와 연구에 있어서 새로운 흐름이 된 것을 줄곧 소개해왔다(渡邊欣雄, 1985: 281~282; 伊藤幹治·渡邊欣雄, 1986: 180~185). 구보가 오키나와 지역에서 과제로 삼은 것은 앞에서 말한 것처럼, '중국적인 신앙·습속'이 오키나와 문화에 파급되어 오키나와 문화가 그것을 수용하는 '문화변용'의 문제였다. 오키나와를 연구하는 학자들은 이런 문제들을 적지 않게 연구해왔지만, 그들의 가장 큰 약점은 한족 문화의 내용을 잘 모르고 있다는 것이었다. 오랑캐인들의 도래, 오키나와인의 유학, 중국과 오키나와 쌍방의 교통 교역 등의 역사적 사실은 충분히 연구되었다. 그러나 중국과 오키나와 간의 관계 연구만으로는 한족 문화의 수용·변용이 결코 완벽하게 해명되지 않는다.

여기서 도교 연구 권위자인 구보 노리타다의 오키나와 연구는 종래의 잘못된 견해를 바로잡는 중요한 계기가 되었다. 구보는 중국에서 전래한 종교를 모두 도교의 영향으로 본 오키나와 연구자들의 견해를 바로잡은 것은 물론이고, 중국 기원의 외래 종교의 연원을 명확히 하고, 종래에는 주목받지 않았던 오키나와 민속 종교 전반을 밝혀냄으로써 지금까지 그의 연구 흐름이 이어지고 있다(窪德忠, 1981 참조). 구보가 오키나와의 고유문화로 여겨진 오키나와인들의 신앙생활이 상당 부분 중국의 영향을 받았다는 것을 주장할 수 있는 것은, 중국 서적에 통달한 구보의 깊은 학식 때문이기도 하지만, 그가 문헌 사학자로서 드문 현지 조사자이기도 하고 오랜 시간에 걸쳐서 서태평양 일대의 중국인 사회의 종교 조사 연구를 했기 때문이라는 것을 잊어서는 안 된다.

이 장의 목적은 중국에서 기원해서 오키나와에도 영향을 미친 전문적인 생활 지식의 일부를 제재로 선택하여, 동일한 기원을 가진 지식의 같고 다름을 동아시아, 혹은 서태평양 일대의 여러 문화와의 비교를 통해서 밝히는 것이다. 대상은 오키나와 풍수설을 중심으로 한 주변 모든 문화의 풍수설이고 풍수 지식이다. 동아시아 등 주변 문화들 간의 비교는 구보의 오래된 종교 연구와 마찬가지로 그 역사가 아니라 풍수의 수용사에 관심을 둔다. 다만 나의 연구가 풍수의 역사적 수용 과정을 복원하는 데만 매달리는 것은 아니다. 오히려 수용사의 복원은 뒤에서 서술할 비교 연구의 이해를 돕기 위한 것이다. 따라서 유감스럽게도 이 장은 풍수의 '문화변용론'이 아니라 제목에서 말한 것처럼 〔풍수의〕 '비교 문화지'를 정리한 것이다. 비교의 대상은 오키나와의 중국 풍수설 수용과 그 활용법, 현재 행해지고 있는 민간 풍수설의 특징까지이다. 이 때문에 현지 조사 자료도 쓰이지만[1] 조사 자료를 바탕으로 한 상세한 풍수 지식 연구는 앞으로 발표를 통해 하기로 하고, 여기서는 다른 학자들의 견해를 활용하고 사례를 보다 일반화하는 것에 집중했다.

나는 수년에 걸쳐 풍수를 연구해왔다. 이미 풍수설의 일반론은 모두 알려졌고(渡邊欣雄, 1988a), 이 책의 1장에서도 정리했다. 이 장에서는 앞 장의 일반론에 이어서 특히 풍수사風水史와 풍수지風水誌의 비교 연구에 중점을 두고자 한다. 또한 이 장은 나의 지식론(渡邊欣雄, 1986b)의 일환이기도 하다.

2. 중국 풍수설의 발생과 주변 문화들의 수용

"풍수설은 산형, 지형, 방위, 풍향 등으로 집, 땅, 분묘를 살펴 길흉을 판단하는, 중국 고대부터 있었던 일종의 원시 지리학이다."(窪德忠, 1981: 20) '원시 지리학'이라고 말하면 현대 중국에서 크게 유행하고 있는 풍수설을 잘못 이해할 수 있다. 그러므로 앞 장에서 서술한 것처럼, 나는 '동양 지리학'이란 대명사를 통해 설명하겠다(渡邊欣雄, 1987b). 중국인들이 '풍수'라 부르고 있는 풍수설이 체계화된 시대는 사실 그다지 오래되지 않았고 지식의 내용을 봐도 풍수설은 하나의

---

1) 나는 지금까지 오키나와의 민속 지식에 대한 조사를 계속해왔는데, '풍수'에 대해서는 의식적으로 조사한 적이 없다. 하지만 풍수 조사는 진작부터 목표로 했던 것 중 하나라서 장래에 본격적으로 현지 조사를 실시해서 발표하고 싶다. 따라서 이 장에서 참조하고 있는 현지 조사는 특별한 단서가 없는 한 내가 지도한 학생이었던 다카하시 아키라高橋明의 조사 자료이다.

원리와 관점만을 가진 단순 명료한 것이 아니다. 더구나 이 지식이 현재 동아시아 세계 밖에서도 사람들이 의존하고 있는 생활 지식이라면 이 지식은 결코 과거의 유물만은 아닐 것이다.

어쨌든 풍수설의 역사적 성립과 주변 여러 문화로의 풍수설의 전파―여전히 추측 상태이기는 하지만―, 그리고 주변 여러 문화의 풍수에 대하여 살펴보고자 한다.

중국 문화에서 비롯된 이 풍수설은 다른 많은 중국 사상이 그렇듯이, 이 설의 성립 이전에 있었던 온갖 설을 취합한 지식의 복합물이다. 즉 구성설, 팔괘설, 음양설, 오행설 등을 풍수설의 운용 체계로 취합하였기 때문에 기학氣學, 역학易學, 혹은 음양도陰陽道 등과 동일시되기 쉽지만 풍수설은 그 자체로 독자적인 목적과 방법을 가진 지식 체계이다. 그 독특한 지식의 목적과 방법은 자연환경을 평가하고, 환경과 인간의 상관관계부터 인간의 운명까지 감정하고, 유럽 지리학과는 다른 소위 '동양 지리학'이라고 부를만한 내용을 가지고 있다. 다른 이름으로는 '지리', '감여堪輿', '지술地術' 등으로도 불리는 풍수설이 체계화된 것은, 3세기에 지상가地相家* 관로管輅(209~256) 및 곽박郭璞(276~324)을 통해서였다(Feuchtwang, 1972: 17; de Groot, 1897: 96). 두 사람을 시작으로 오늘날 알려진 저명한 풍수서가 세상에 나오고 이후 중국에서는 풍수설이 풍수사에 의해 환경 평가의 도구가 되거나 조형공간의 설계 플랜에 반영되었지만, 풍수설의 특징인 운명의 경관 지리학적 감정이 3세기부터 발생되었다기보다는 정확히 그 이전부터 중국 민족의 자연관과 환경 측정법이 있었고 이 시

---

* 땅을 살피는 풍수 전문가라는 뜻으로 요즘에는 쓰지 않지만 문헌에는 많이 등장한다.

기에 이르러 체계화된 보급이 이루어졌다고 볼 수 있다. 이렇게 풍수설이 완성되었지만, 풍수를 묻고 듣는 사람이 많아지자 또한 설명하는 사람도 많아지게 되었다. 7세기에 풍수설은 모든 계층에 만연해서 심지어 당시 왕실에서는 문헌을 선별하여 속설이 무제한 확대되는 것을 방지하고자 했다(de Groot, 1897 : 101~102).

동일한 기원을 가지면서 다른 판단을 행한 그룹 간의 서로 다른 발전, 즉 학파 형성의 단서는 9세기의 양균송楊筠松의 형세학파*부터이다. 이 학파는 강서학파江西學派(정주법贛州法)라고도 불리는데, 산세, 물의 흐름 등 지세 판단을 중시했다. 반면 11세기 송대에 형성된, 괘卦 · 십이지支 · 십간干 · 별자리 등의 규칙적인 세상의 운행 판단, 즉 풍수 나침반 판단을 중시한 학파가 있었다. 이 학파의 대표는 왕급王伋인데, 이 학파는 천지의 운행 원리를 판단의 제1원인으로 삼았기 때문에 원리학파라고도 하고 훗날에는 지역의 이름을 따서 복건학파(복주법福州法)라고도 한다. 중국인의 풍수설은 오늘날까지 이 양대 학파로 분류되고 새로운 학파의 형성은 이루어지지 않았다(Feuchtwang, 1972 : 16~18 ; Freedman, 1979 : 322~323 ; de Groot, 1897 : 102~104 ; 都築晶子, 1986 : 38~39 ; Weller, 1987 : 174~177). 단 이들 양대 학파가 풍수설을 발전시킨 지방은 모두 중국 화난華南 지방으로 우리는 여기서 오키나와로의 영향 관계를 짐작할 수 있다.

중국의 풍수 지식이 언제 주변 문화에 영향을 미쳤는지는 분명히 알 수 없다. 주변의 여러 문화에서도 그 수용의 기원이 불명확하다. 그러나 주변 나라인 한국을 시작으로 일본, 라오스, 타이, 필리핀, 베

---

* 사실 풍수가 언제부터 시작되었는지는 분명치 않은데 적어도 당나라 양균송이 쓴 풍수서들은 지금의 풍수이론 분류에서 확연히 형세학이라 할 수 있다.

트남, 말레이시아, 싱가폴 등의 각지에서 중국의 풍수 지식이 수용되어 독자적으로 발전을 해왔다(Rossbach, 1983: 58). 각 민족이 풍수설을 수용은 했지만, 현재까지 각 민족에 전달된 풍수 지식은 각양각색이고 게다가 '문화변용'까지 이루어졌다고 볼 수 있다. 수용하는 측에서는 풍수설을 우연히 유입한 것이 아니고 수용 당시의 문화 상황과 사회 상황에 수용의 이유가 있었을 것이다. 예를 들어 풍수설에서는 5세기에 나온 『황제택경黃帝宅經』 이래 음택풍수(묘상)와 양택풍수(가상)의 구별이 생겨났다(Feuchtwang, 1972: 17). 프리드먼은 한국과 베트남에서는 이 양자가 현존하지만 일본에서는 전자가 현존하지 않는다고 보았다(Freedman, 1979: 299). 이 지적은 그리 정확한 것은 아니다.[2] 일본에서는 사실 묘상보다 오히려 가상이 중요시된 것이 사실이다. 중국과 한국 또는 베트남에서는 풍수라고 하면 먼저 음택부터 떠올리지만 일본에서는 양택을 먼저 떠올리는 것은 일본의 가족 제도와 깊은 관계가 있다는 프리드먼의 가설이 틀림없을 것 같다(예를 들어 Freedman, 1979: 300). 일본의 친족 관계는 본가·분가 관계에 준거하고 있기 때문에 조상 대대로 남계 결속이 반드시 필요하지는 않았다. 일본에서는 누가 조상의 부계 자손인가 하는 것보다 현재 사는 가옥 전체를 상징하는 가계家系가 더 중요하다. 따라서 직계 조상의 묘를 판단하는 묘상이 아니라 가옥 전체를 판단하는 가상이 더 중시된 것이다. 중국에서는 친족 관계에 대해 특정 부계 조상의 자손이라는 것이 중요하고 그중에서도 푸젠성, 광둥성에서는 조상이 같은 대규모 혈통 시스템이 각별히 중시되었다. 중국에서 이처럼 대규모 혈통 시스템이 발달한 지역에 음택풍수를 중시하는 풍수 지식이 발

---

2) 현대 일본(본토)에 묘상학이 없다는 것은 명백한 착오이다(志賀龍介, 1985 참조).

달한 것 또한 결코 우연이 아니다. 이처럼 풍수 지식의 수용은 문화 상황, 사회 상황을 반영하여 여러 차이를 유발한다. 예를 들어 누가 풍수사가 되었는지를 각 지역별로 살펴보면 그 차이를 알 수 있다. 말레이시아의 말라카에 있는 한 마을에서는 지식인이 풍수사가 되고 싱가폴에서는 평판 높은 상인이 풍수사가 된다. 홍콩에는 풍수를 전업으로 삼는 전문 풍수사가 있고 그는 자산가이기도 하다(Rossbach, 1983: 58). 높은 학식을 가진 곽박, 왕실에 영향을 끼친 풍수사 양균송 등 일찍이 풍수 지식을 다룬 사람들은 상당한 수준의 전문 학자였다. 그들이 현대 중국에서는 미신가라는 레테르가 붙은 일반인 풍수사이다. 그러나 주변 민족들의 경우 풍수사가 지식인인 것은 물론이고, 현재까지도 풍수설이 미신으로 여겨지지 않고 신봉되고 있다.

한국은 부계 출계가 고정된 사회였기 때문에 중국 문화의 풍수 지식을 충실히 수용하여 발전시킨 나라이다. 중국으로부터 풍수 지식을 수용한 것은 십 수 세기 전인 신라 시대부터였다(村山智順, 1931: 2, 359). 풍수 지식을 한국에 전한 이들은 한학을 배운 상류계급 출신의 지관地官이었다. 그중에서도 국가가 임용한 지관은 대부분 호국 불교의 승려였기 때문에 풍수사가 민간·평민 중에서 나왔다고는 할 수 없다. 그러나 당시의 풍수사 중에는 풍수 지식의 여부와는 상관없이 풍수사에 준하는 사람으로 여겨진 무녀巫女도 포함되어 있다는 것은 매우 흥미로운 사실이다(村山智順, 1931: 345~353). 이렇게 한국은 중국으로부터 풍수설을 수용하여 그것을 발전시키고 세련되게 만들었다. 한국에 수용된 풍수 지식은 중국의 그것과 거의 유사한데, 묘와 주택 입지의 풍과 수, 나경 방위, 그리고 지세상의 특징이 서로 맞으면 자연스럽게 좋은 운과 번영이 온다는 신앙을 기초로 한다. 지금 신앙이라고 썼지만 한국에서는 풍수를 결코 종교로 생각하지 않는다. 한국 농촌의 많은 노인은 풍수가 서구의 관념과는 다른 의미로 진정한 '과학'이라고 생각한다. 또한 일반 사람들도 풍수는 '미신'이 아니라고 생각한다. 한국에서는 많은 사람이 풍수 지식을 좋아하기도 하지만, 미신과 같은 샤머니즘적인 각종 행위, 관념을 철저히 거부하는 사람들도 있다(Brandt, 1971: 84, 179). 음택풍수 관념이 중요시되어 묘의 축조에 세심한 주의를 기울인다는 점에서 오키나와의 풍수관은 한국의 풍수관과 극히 유사하다고 할 수 있다(村山智順, 1931: 379~381; 竹田旦, 1983: 253~254). (이 점에서 대해서는 후술하겠다.)

일본으로 풍수 지식이 전래된 것은 9세기 이전(Feuchtwang, 1972: 226)이라는 설이 있지만, 나니와쿄難波京〔현재의 오사카〕의 축조(744년), 덴무天武 천황 10년의 수도 건설에 관한 음양사의 지상地相 감정(681년), 겐메이元明 천황의 헤이조쿄平城京〔나라奈良 시대(710~794년)의 일본의 수도〕 건립(710년) 등 수도 건설·천도 시 지상 감정 사실이 이미 알려져 있었기 때문에(金孝敬, 1938: 155), 7세기 이전이라고도 생각할 수 있다. 그러나 김효경金孝敬도 말한 바 있는 『도연초徒然草』에 묘사된 쇼토쿠聖德 태자의 음택풍수관을 보면 위에서 말한 국도國都 풍수 판단보다 더 이른 시기로 소급될 수 있다.3) 즉 일본에 6세기 후반에 중국 풍수가 전래되었다는 추측도 충분히 가능한 것이다.* 일본이 풍

---

3) 요시다 겐코吉田兼好의 『도연초』 6단에는 쇼토쿠 태자가 했다는 다음과 같은 말이 적혀 있다.
   "쇼토쿠 태자가 생전에 자신의 능을 짓게 했을 때에도, '여기를 잘라서 줄이고, 저기를 잘라서 짧게 해라. 나는 자손이 없도록 할 생각이다.'라는 분부 말씀이 있으셨던 것이다."(松尾聰, 1966: 24) 묘의 규모가 자손의 번영 여부와 관계가 있다는 관념이 없고서야 이런 주장은 가능하지 않을 것이다. 결국 묘상의 관념이 있었다는 예일 것이다.

* 이것은 지은이의 추측일 뿐이다. 일본에 6세기경 풍수가 전래되었다는 자료상의 전거는 없다. 이렇게 연구자의 관심에서 역사를 거슬러 가설을 세우는 것은 당

수 지식을 수용한 이후 헤이안平安 시대의 중상류 계급 자녀들은 중국 풍수의 상세한 내용을 때때로 재현할 수 있을 정도였지만, 음택에 대해서는 자세한 정보를 가지고 있지 않았다(Feuchtwang, 1972: 226). 한편 일본에서 중국보다 널리 유행한 것은 여행의 길흉 판단이었다. 여행자가 여행길에 오를 때 길일과 길한 방위를 선택하지만 갈 곳의 방위가 좋지 않으면 길흉이 없는 쪽으로 가서 머무르고 난 뒤 다시 가야 하는 이른바 '가타타가에方違え'*가 유행한 것이다. '가타타가에'의 습속에 풍수사가 개입하지는 않지만 집의 규모와 가옥 배치에는 여러 차례 풍수사가 개입한다. 상담을 하려는 사람이 있으면 적당한 땅을 선정하고 건축 날짜를 잡는다. 적당한 땅을 정화하고 집의 신을 부르는 것은 신주神主이고, 풍수사는 감정가이지 종교인으로 생각되지는 않는다. 감정가는 좋은 운을 부르고 나쁜 운을 피하도록 주택 설계 플랜을 하고 주택 구조의 길흉 판단을 하는 것이 중요하지 결코 묘에 대한 감정을 하지는 않는다. 이것은 현재까지도 행해지고 있는 일본의 습속이다(Feuchtwang, 1972: 226~227). 불운이 사람을 덮쳤을 때 중국에서는 상묘相墓[묏자리의 길흉을 살피는 일]로 판단하고 일본에서는 집의 건축 방향으로 판단하는 경우가 많다. 이런 경우, 풍수사를 부르고 방위의 신에게 불경을 행했는지 어땠는지의 판단을 의뢰한다. 단 조상이 불운의 원인이라는 판단은 좀처럼 나타나지 않

시의 경험 맥락을 무시하는 태도이다. 비록 그것이 연구자의 관점에서 '풍수'라고 보이더라도 당시에 경험된 역사와는 완전히 다를 수 있다. 우리나라의 경우에도 백제의 무령왕릉이, 신라의 고분군이 지금 입장에서 대단히 풍수이론과 맞아 보일지라도, 당시 분묘를 조성할 때 사람들이 정말 풍수이론을 알고 했는지 그저 좋은 자리를 찾고자 하는 본능에서 그렇게 했는지는 알 수 없는 것이다.
* 여행지의 방위가 좋지 않으면 일단 좋은 방위에서 하룻밤 자고 다음 날 목적지로 가는 것을 말한다.

는다(Smith, 1974: 125).

가상[양택] 판단을 중시하는 것은 현대 일본의 전형적인 특성이지만, 중국의 풍수설과는 가상 판단의 내용이 다르다. 일본에서의 가상에 대한 길흉 판단은, 중국처럼 남북축을 기준으로 하지 않고 간艮(북동, 귀문)-곤坤(남서, 다른 쪽 귀문)을 기준으로 한다. 예를 들면 이 축선에 화장실 등의 부정한 공간, 혹은 문과 헛간이 있으면 주인에게 불행과 병을 초래한다는 것이다.[4] 그 밖에 이 축선에 대한 여러 판단이 있지만 간곤축에 의한 길흉 판단은 중국의 그것과 다르다. 이뿐만 아니라 중국의 양택론에는 없는 부엌과 신단神壇* 등 가옥 내의 일정 공간의 위치, 방향의 지정은 일본이 독특한 풍수설을 발달시켰다는 증거이다(Feuchtwang, 1972: 227).

그럼, 오키나와 풍수 지식은 어떨까?

3. 오키나와의 풍수설 수용과 보급

오키나와의 풍수 연구는 최근에야 정리한 서른 수준에 불과하지만 그럼에도 중국으로부터 전래된 풍수 지식에 대해 연구자들이 수집한 사료와 추정은 거의 일치하고 오키나와 풍수사의 개요도 점차 분명

---

4) 그 외에 간艮 방향에 지로地爐[마룻바닥을 사각형으로 도려 파고 취사용 불을 피우는 장치]를 파면 자식이 병에 걸린다든가, 간艮의 방위에 가옥을 증축하면 집이 무너지게 된다든가 하여 '귀문鬼門'의 방위는 가운의 쇠퇴와 관계된다. 하지만 간艮 방향에 언덕이 있으면 귀신으로부터의 피해[厄害]를 막을 수 있어서 좋고, 곤坤 방위에 우물이 있으면 재물이 들어온다고 한다. 요컨대 중국 풍수설에서는 단지 변환점에 지나지 않는 방위가 일본에서는 풍수 판단의 주요한 방위가 되는 것이다(Feuchtwang, 1972: 227).

* 원문에는 신붕神棚이라 되어 있다. 여기서는 흔히 쓰이는 단어인 신단神壇(신령에게 제사 지내는 단)으로 바꾼다.

해지고 있다.

오키나와의 훈시미風水看(풍수 판단)*를 처음으로 언급한 자료는 『유구국유래기琉球國由來記』 권4이다. 여기에는 강희康熙 6년(1667년) 슈코쿠슌(周國俊[중국 이름] 國吉[오키나와 이름]) 통역사가 공물 사신 통역사로 중국으로 건너가 '지리'를 공부하고 돌아온 것이 유구국의 '훈시미'의 시작인가, 라는 기사記事5)가 있다(島尻勝太郎, 1983: 31; 目崎茂和, 1984: 22; 赤田光南, 1985: 141; 都築晶子, 1986: 34). 『유래기』는 슈코쿠슌이 푸젠에서 풍수설을 공부한 것이 오키나와 최초의 훈시미, 즉 풍수 감정風水鑑定이었다고 추측하고 있지만, 중국에서 건너와 귀화한 당영唐營 사람이 쇼시쓰 왕尙質王 3년(1650년)에 이미 오키나와에 풍수 지식을 들여왔다고 본 기사6)도 있다(島尻勝太郎, 1983: 31;

* 오키나와에서는 풍수 판단을 하는 것을 훈시미라 하고, 풍수를 '훈시'라고 한다.
5) "우리나라에도 전에 훈시미[풍수 판단]가 있었는지는 알 수 없다. 강희 6년 정미丁未에 접공사接貢事가 된 슈코쿠슌周國俊國吉 통역사(후에 메도루마目取眞[메도루마는 오키나와의 한 씨족명] 태부)가 통역사로 머물면서 중국의 풍수학을 접한 것이 우리나라 훈시미의 시작이다."(伊波普猷·東恩納寬惇·橫山重 編, 1972: 129) 이와 동일한 내용의 기사가 『구양球陽』 권6에도 있다.
  쇼시쓰 왕尙質王[琉球王國의 왕] 20년(1667년) "슈코쿠슌이 이미 지리를 공부했다. 우리나라에 지리를 아는 자가 있어도 자세히 알지는 못했다. 올해 슈코쿠슌이 관리로서 중국에 들어가 지리를 공부하고 돌아왔다."(球陽硏究會 編, 1974: 200).
6) "당영지리기唐榮地理記에 의하면, 당영읍 앞에 강이 하나 있었다. 조수 간만이 있는 곳이라서 명당이라 한다. 남쪽으로는 갈지자[之: 풍수에서 산을 형상화한 말이기도 하다. 그래서 남쪽으로 안산에 해당하는 산이 있다고 이해할 수 있다]를 바라보고, 산봉우리들로 둘러싸여 있어 금당錦幢[금당은 궁궐에서 왕이 참여하는 의례에 등장하는 길게 늘어뜨린 깃발인데, 풍수에서는 그 모양을 빗대어 좋은 산을 일컬을 때 쓰곤 한다]이라고 한다. 깊은 산중에는 산들이 우뚝우뚝 솟아 있어서 문안文案[풍수에서 주산에 이르기까지 내맥을 이루는 안정된 산의 흐름을 표현하는 말이다]이라고 한다. 뒤와 좌우에는 나무숲이 빽빽하여 이를 옥병玉屛[풍수에서 주산을 주밀하게 감싸고 있는 주변 산들을 표현하는 말이다]이라고 한다. 또 중도中島의 서쪽에 큰 돌덩어리가 있었다(이 돌은 천기泉崎의 서쪽에 있는데 당영의 풍수와 관련되어 있다. 그래서 강희 계축癸丑(주: 1673년)에 자금대부紫金大夫 김정춘金正春이 이 돌 때문에 지

目崎茂和, 1984: 22). 그래서 오키나와로 풍수 지식이 전래된 것은 1650년 이전이 아닐 수 없지만(窪德忠, 1986: 570), 전래 시기에 대한 추측은 더 거슬러 올라간다. 15세기 중엽에는 일본으로부터 불교가 들어오고 양국을 왕래하는 승려들 사이에 풍수와 관련 깊은 복지술卜地術*이 많이 행해졌다(都築晶子, 1986: 43). 한국에서와 마찬가지로 중국과 일본에서도 승려가 풍수 지식의 보급자였다면, 오키나와 풍수의 연원은 15세기 중엽 이후이거나, 홍무洪武 25년(1392년)에 중국인 36개 성씨가 넘어온 이후라고 추측하는 설도 적지 않다(目崎茂和, 1984: 2; 赤田光南, 1985: 143; 都築晶子, 1986: 33~34). 중국 남부 지방인 화난에서 많이 이용되는 풍수술이 중국 푸젠성으로부터 들어왔다는 풍수 지식에도 포함되어 있다는 점이 한 근거가 된다.

풍수설의 연원 소급은 이후에도 검토할 부분이 상당히 있다. 하지만 중국으로 유학 간 유학생을 통해 풍수가 보급된 것은 문헌상으로

나다니는 것이 오래 걸리고 사람이 다치는 것을 꺼려, 먼저 청하여 다행히 허락을 받아 비로소 당영에 속하게 된다). 이 돌덩어리가 남문을 바라보며 우뚝 솟아 있어서 용주龍珠라고 한다. 그래서 남문은 용의 머리가 되고, 한 쌍의 나무는 용의 뿔, 한 쌍의 돌은 용의 눈이 된다. 가운데로 난 길은 연반蜒蟠〔풍수에서는 산이 마치 용이 똬리를 틀고 있는 것처럼 꿈틀대고 있는 모양을 길한 산의 모습이라 표현하는데, 여기에서는 남문에서 가운데로 난 길을 풍수적으로 형국이 좋다고 하면서 이 표현을 쓴다〕의 모습으로 용의 몸이다. 서문은 용의 꼬리이다. 그리고 마을 중심에 작은 항구가 있는데 조수가 드나들고 있어 용의 위엄을 높여준다. 또한 천기 다리의 서쪽에는 두 개의 큰 돌이 있는데 강 가운데 솟아 있어 급류의 〔나쁜〕 기를 막을 수 있다. 그러므로 이곳은 풍수상 대단히 좋은 곳이다〔본문에는 '정유情有'라는 표현을 썼는데 대개 풍수 문헌에서는 '유정'이라 하여 '보기에 좋다. 그래서 길한 곳이다.'라는 맥락으로 쓴다〕. 요즘 젊은이들은 굳이 이러한 풍수 이치에 매이지 않는데 〔풍수 이치가 그렇게〕 가벼운 것은 아니다."(球陽研究會 編, 1974: 191) 이것이 마을 풍수(양택풍수)의 한 예이다.

* 여러 점치는 방법을 이용하여 땅을 가려 정하는 술법으로 밀교계 승려들이 주로 행했다.

는 확실히 모든 학자가 지적하는 것처럼 17~18세기 이후이다. 그리고 그것은 지도층〔唐榮士族〕의 거듭되는 중국 유학이 계기가 되었다(都築晶子, 1986: 34~38, 그 외). 이후 오키나와에서는 이 지도층이 풍수사로서 활약했다고도 한다(都築晶子, 1986: 46). 단 현재 오키나와 풍수 감정鑑定에서 점치는 사람〔易者〕, 유타〔巫女〕*, 지관〔墓大工〕등 민간 지식인의 활약을 간과할 수 없는 것(Lebra, 1960: 83; 赤田光南, 1986: 186)은 틀림없이 중국, 한국을 비롯한 서태평양 문화들의 일반적 경향일 것이다.

이렇게 중국 유학생이 들여온 풍수는 지도층부터 시작하여 민간 지식인들에 의해 오키나와 각지에 보급되면서 오늘날과 같은 생활 지식의 비결이 된다. 오키나와 속담에 "자기 안에 풍수가 있다(풍수의 길흉 판단처럼, 이 세상의 삶의 좋고 나쁨은 자신의 마음가짐에 달려 있다)."라는 말이 있는 것에서도 볼 수 있듯이, 확실히 오키나와 사람들에게 풍수는 자신의 인생 판단을 위한 고도의 지식을 일컫는 대명사가 되었다. 오키나와 사람들의 정신을 구성한 풍수는 2~3세기 동안 도읍 풍수, 마을 풍수, 묘지 풍수, 식수 풍수, 주택 풍수 등 광범위한 응용 분야에 영향을 미쳐왔다(Lebra, 1966: 84; 島尻勝太郎, 1983; 赤田光南, 1985; 都築晶子, 1986 등). 이러한 풍수의 응용 범위는 거의 중국에 필적할 뿐만 아니라 오키나와만의 독특한 풍수설도 생겨나기 시작했다(이 점은 후술하기로 한다). 그중에서도 그 지식이 민간에 깊이 침투하게 된 것은 츠즈키 아키코都築晶子(1986: 46)가 지적한 것처럼 마을의 이전 때문이었을지도 모른다. 『구양球陽』은 그 마을 풍수를 예증하는 귀중한 원자료이다.

* 오키나와에서 공수를 하는 무당. 남녀불문하고 쓰인다.

그래서 내가 오랜 기간 조사한 히가시손東村의 미야기宮城의 마을 이전을 예로 들어 문헌 기록을 통해 알 수 있는 마을 풍수를 설명하도록 하겠다(渡邊欣雄, 1987b).

지금부터 약 250년 전, 오키나와 본섬의 태평양 연안은 야마하라山原 지역의 배들이 주로 이용하는 교통·교역의 중심지였다. 히가시손의 야마하라 일대는 당시 이미 풍부한 목재 산지였고 중남부로 원료를 공급하는 곳이었지만 임산 자원을 확보하고 안정되게 공급하기 위한 충분한 원료 출하 항구 및 중계지를 아직 확보하지 못하고 있었다. 그래서 당시 사이온蔡溫(蔡法司)*은 산야山野를 정비하고 교통의 요충지를 확보하기 위해 마을 이전과 마을 조성을 추진했다. 쇼케이尙敬 24년(1736년) "사이온은 여러 지방의 산림을 돌아다니면서 마을을 여기저기로 옮겼다. …… 아와 촌安波村부터 구시 현久志縣 가와다 촌川田村까지 이어져 있는 7리 길은 모두 산림과는 거리가 있는 곳이어서 왕래가 많은 곳이다. …… 아와 촌과 가와다 촌 사이에 마을을 하나 세워 데쿠 촌大鼓村이라 이름을 붙이고, 이를 구시 현에 속하게 하고 왕래를 편리하게 하였다."(『球陽』권13)

교통의 편리함을 위해 만든 '데쿠 촌'은 '가와다 촌의 일부분을 나누어'(國頭郡敎育會 編, 1919) 주민을 강제 이주시킨 새로운 마을이었다(東小中學校 編, 1968). 당시에 강제 이주당하여 살게 된 사람들의 후손인 주민들은 미야기의 '구라야 문중庫良屋門中'의 자손들이라는 전승이 지금도 남아 있다. 그런데 교통의 편의를 위해 설계하여 만든 마을은 불편한 생활환경 때문에 병자와 사망자가 끊이지 않았다. 그래

* 중국에 유학, 귀국 후 농림업, 치수의 식산흥업과 행정제도의 정비 등 국정 전반에 관여하여 신체제를 완성시킨 류큐琉球 왕국의 정치가.

서 처음으로 마을 이전을 풍수적 판단에 의존하게 된다.

쇼보쿠尙穆 30년(1781년) "6월 6일 구시 군久志郡 데마마 촌大敝村〔데쿠 촌〕을 가네쿠바루兼久原로 옮기는 것을 허가한다. 데마마 촌은 원래 우물이 없고 산에서 나오는 물을 이용했다. 이 때문에 주민들 중 병자와 사망자가 많아지고 아이를 낳는 자도 적어지면서 점차 주민 수가 줄기 시작했다. 다행히 가와다 촌의 동쪽에 있는 샘물을 발견하여 그 물을 이용한 후 병자가 줄어들었다. 그렇지만 그 물은 너무 멀리 있었고, 경작하는 밭도 여전히 마을을 벗어나 멀리 있었다. 그러나 그 외의 일상적인 일을 보는 데는 편리했다. 가와다 촌 동쪽의 가네쿠바루 지방은 농업용수를 쓰는 데 편리할 뿐만 아니라 교통 왕래도 매우 편리해서 **풍수적으로도 역시 좋다**. 다만 마을의 이름과 마을 이전의 의도가 맞지 않고, 그 이름이 좋지 않아 마을 사람 모두 평안하지 않다고 생각한다. 이에 마을을 가네쿠바루로 옮기고 이름을 후쿠지 촌富久地村〔부유함이 오래가는 땅이라는 의미〕으로 바꾸기를 요청해왔다. 그러므로 마을 이전과 이름 바꾸기에 대해 요청한 것을 허가한다."(『球陽』 권16. 고딕체는 내가 했다)

마을에서 우물물을 얻을 수 없어 산에서 흘러나오는 물을 마시면서 병으로 죽는 사람까지 나왔다. 그러나 가와다 촌 동쪽에서 샘물을 발견하면서 병자가 줄어들었다. 하지만 여전히 밭은 멀리 있어 생활상의 불편은 아직 해소되지 않았다. 교통의 요충지가 생활하기에 반드시 적합한 것은 아니었던 것이다. 그래서 가와다 촌의 동쪽, 가네쿠바루로 마을을 옮기고 마을 이름도 '후쿠지 촌'이라 고쳤다. 그곳은 농업용수를 이용하기에도 좋고 교통도 편리했으며 더구나 풍수적으로도 좋았다. 이러한 과정을 거친 풍수 판단은 좋은 땅을 얻고 민심이 안정되는 것보다 왕부〔관청〕 관리들이 행정을 안정적으로 할 수 있도록 기여하였다. 그러나 그 풍수 판단은 결과적으로는 잘못된 것이었다. 이전한 마을조차 나쁜 환경조건의 영향을 받고 있었다. 그래서 또다시 두 번째 마을 이전이 시행되고 풍수조 판단이 재차 신중히 행해졌다.

쇼코尙灝 14년(1817년) "14년 정축丁丑, 구시 군 후쿠지 촌을 사지바루佐安佐原로 이전하는 것을 허가했다. 구시 군 후쿠지 촌은 궁핍하고 공물을 체납하며 많은 사채를 빚지고 있었다. 한편 죽은 자는 많은데 산 자는 그에 비해 적었다. 현재 마을 인구는 겨우 10여 명이며 더구나 농장·샘물·마을과 격리되어 생활이 곤란하고 쓸데없이 힘을 낭비했다. 이 같은 힘으로는 농업에 힘쓰기 곤란했다. 이미 해마다 피해가 증가하고 있었다. 이 때문에 백성 모두가 가와다 촌 동쪽 사지바루로 이주하기를 원했다. 이곳은 특히 주변에 수목이 많을 뿐만 아니라, 들에 흐르는 물을 길어올 수 있는 편리함도 있었다. 또한 정박할 수 있는 항구가 있고 업무에도 용이했다. 그러므로 **지리사를 임용해서 풍수 판단을 하게 하니 바로 지리가 매우 좋다**라고 한다. 이러한 이유로 호적을 사지바루로 옮기기를 요청했다. 또한 해당 군의 사람은 척박한 땅을 오히려 후쿠지富久地라고 부른다고 말했다. 백성들은 그 이름이 비슷한 것을 좋아해서 후쿠지 촌을 미야기 촌宮城村으로 바꾸어 부르기를 원했고, 각 관리가 요청하는 대로, 백성이 검증하여, 전지봉행田地奉行·총지두惣地頭·검자檢者·존장尊長 등의 서명을 갖추어 조정에 그[마을 이전과 이름 바꾸기] 허가를 요청했다. 곧 허가가 떨어졌다."(『球陽』 권20. 고딕체는 내가 했다)

마을을 옮긴 후 36년이 지나서 또다시 마을을 옮겨야 하는 주민들의 기분은 어떠했을까. 무엇보다 후쿠지 촌은 농업생산력이 열악했을 뿐만 아니라, 죽은 자가 늘어나고 살아 있는 자는 10여 명에 불과

한 참담한 상태였다. 그래서 주민들은 이주를 결심하고 자연환경, 용수 확보, 교통 편의를 충족시키는 가와다 촌 동쪽의 사지바루를 발견하게 된다. 이때 지리사를 불러와서 종합 환경 평가를 받고 '지리상 매우 좋다.'라는 진단을 받는다. 이후 공무원, 감독자, 촌민 대표들이 모두 모여 이주를 구체적으로 논의하게 된다. 이때 자주 등장한 풍수 감정은 주민 생활의 편의와 안전한 환경을 예견한 최후의 판정 수단이었다. 그것은 지금으로 말하자면 기상의 장기 예보나 지진 예고에 필적하지만, 장래 생활 전체가 예견에 맡겨진다는 점에서 오늘날의 예보 혹은 예지보다 더 중요한 지식이었고, 단순한 길지 판단보다 훨씬 심각하게 여겨졌다.[7]

이제 풍수 지식에 의존한 국가 통치의 시대는 끝나가고 풍수는 그저 민속으로 스며 들어가게 된다.

4. 결론에 즈음하여: 오키나와 풍수설의 특징

지금까지 여러 학자의 언급이 있었지만, 중국 풍수설의 수용과 그 활용에 있어서 서로 다른 점을 간결하게 서술하겠다. 오키나와는 중국 풍수설의 수용이 타 지역에 비해서는 다소 늦었지만, 풍수설을 수

---

[7] 그럼에도 불구하고 미야기 촌은 그후에 다시 어쩔 수 없이 이전을 하게 되는데, 그 사실은 이제 『구양』에는 나오지 않는다. 『오키나와 현 구니가미군지沖繩縣國頭郡志』는 그후의 이전을 전하고 있는데(國頭郡敎育會 編, 1919), 미야기 촌은 역시나 번영하지 못하고 사지바루 서쪽의 후루지마바루古島原로 옮겼다. 하지만 그 땅도 환경이 좋지 않아 상피병 환자가 많이 나와서 메이지 십 몇 년에 다시 옛 땅(사지바루)으로 돌아와 마을을 세웠다고 한다. 마을을 옮기기를 네 번 하는 등 미야기 촌의 250여 년의 역사는 결코 안정되지 않았지만 그후 현재까지 마을을 이전하지 않은 것은 생활환경을 인위적으로 좋은 풍수로 개선시키려는 적극적인 노력이 있었기 때문이다(渡邊欣雄, 1987b).

용한 이후 2~3세기 사이에 풍수설이 민간에 스며들어 고상한 생활 지식으로 자리 잡았다. 그 계기는 마을 이전에 끼친 풍수 판단의 영향이 가장 결정적이었던 것 같다. 그러나 메이지 시대 이후에는 예전부터 존재한 오래된 마을은 옮기지 않고 안정시키고, 이주자들이 새로운 마을을 개척할 때는 이전과 같은 조직적인 풍수 판단을 하지 않게 되었다. 따라서 이때 개척한 새로운 마을은 몇몇 경우를 제외하고는 여기저기 흩어져 형성된 경우가 많다.

처음에는 풍수 판단이나 감정이 장래의 생활 안정을 예측하고 보장받고 싶은 주민들에게 가장 큰 도움이 되었다. 그러므로 도시와 마을이 이전을 하지 않고 안정되면 다시는 풍수 판단을 하지 않았다. 오늘날에도 소위 도시 풍수, 마을 풍수의 예가 거의 없다. 현대에 오키나와 풍수설의 활용 예가 운위되는 것은 가정에서 생활의 위기를 모면하기 위한 차원에서이다. 오늘날 점치는 사람, 유타, 지관 등이 풍수사가 되어 활동하는 것은 국가 차원에서가 아니라 사람들의 일상생활 지식 혹은 민속 차원에서이다.[8]

지금부터는 민간에 전해져 내려오는 오키나와의 풍수의 예를 간단히 서술하고자 한다.

1) 마을 풍수

현대의 오키나와는 마을 이전의 위기[크라이시스]를 경험한 일이 없기 때문에 풍수의 예견 판단을 눈으로 확인할 수는 없다. 그러나 지

---

[8] 민간에서 유포된 가전서家傳書로서의 풍수서나 풍수 판단에 대한 기록 등이 지금도 계속 발견 및 해독되고 있다고 한다. 그런데 오키나와에는 그 외에도 '묘중부墓中符'(窪德忠, 1986)나 '당척당척唐尺'(山下欣一, 1987: 516) 등이 있어서 앞으로 오키나와의 풍수설을 탐구하는 데 유력한 단서를 제공하고 있다.

금까지 말한 것처럼, 건설과 개수改修에 있어서는 풍수 판단이 많이 이루어졌다는 것을 의심할 여지가 없다. 풍수 판단의 흔적은 각종 전설과 사람들의 세계관에 녹아 있는 이야기들을 통해 알 수 있다. 또한 지금까지 문화인류학자들에 의해 복원되어온 오키나와의 세계관 연구에 따르면 앞으로는 오키나와의 풍수설이 반드시 다시 고려되어야 한다.

히가시손의 예전부터 있었던 옛 마을들인 아리메有銘·게사시慶佐次·타이라平良·가와다川田·미야기宮城의 본촌(본 마을)은 거의 모두 배후와 주위가 산으로 둘러싸이고 남으로는 태평양을 바라보고 있는 북배남면北背南面 마을이다(渡邊欣雄, 1987a: 50~83). 이들 옛 마을들에는 우타키御嶽·쿠사티 삼림의 수목들이 풍부하다. 그것은 사이온 시대의 산림 정책(식수 풍수)에 따른 것이라 전해지고 있다. 또한 마을의 풍수 판단은 왕정의 관리가 행하고 마을의 우후무토總宗家나 아사기神祭場 등이 "풍수가 가장 좋은 곳"(길지)을 중심으로 경관과 방위 감정을 했다고 오늘날까지 전해진다. 사람들은 여전히 길한 곳을 중심에 두고 우타키의 소재, 강의 흐름과 위치, 묘지의 장소, 물의 흐름, 그리고 마을 내의 가옥 배치에 대해 '풍수'의 좋고 나쁨을 재평가한다.

마을이 좋은 풍수 환경을 갖추도록 처음부터 고려하기도 하지만 히가시손의 이제나伊是名에서는 다음과 같이 그것을 표현하고 있다.

〔*이제나 마을은〕 태양이 수평선으로 올라오는 정동쪽을 향하고 남북으로 산이 돌출하고 양측에 작은 강이 흐르고 정중앙에 조금 높은 산이 있으며 환경 위생 모든 조건이 갖추어져 있는, 앞으로도 무한히 번영하는 마을이 될 것이라고 한다. 마을 어른의 말씀

에 따르면 예를 들어 양측에 돌출한 산, 이지나 바로 앞, 마가야는 여자의 양발로 정중앙의 조금 높은 산은 여자의 음부와 같다 [*라고 한다]. 동쪽을 향하고 있는 곳부터 아이를 많이 낳아 번성할 것이라는 얘기가 전해져 왔다(桑江常盛, 1974: 4).

풍수가 좋은 마을 경관을 인간의 신체로 비유하는 것은 한국의 풍수관(村山智順, 1931: 219; 竹田旦, 1983: 241)과 타이완의 풍수 해석(關華山, 1981: 186)에서도 마찬가지이다. 여기서 중국 풍수설을 채용하여 여자의 양발은 용맥에 해당하고 음부는 용뇌 밑의 혈이라고 굳이 재해석할 필요는 없을 것이다. 풍수설이야말로 은유의 철학의 시초이기 때문이다. 그래서 일찍이 나카마츠 야슈仲松弥秀가 말한 "사랑과 신뢰의 마을"론 또한 오키나와 풍수설의 은유적 해석일 것이다. 우타키의 신은 마을의 수호신이고, 마을 사람을 수호하는 사랑의 동작이 '오소이生氣'이다. 이에 대해 마을 사람들은 우타키의 신을 '쿠사티'라 해석하는데, 쿠사티는 "아이가 부모의 무릎에 앉아 있는 것처럼, 마을 사람들이 우타키의 신에게 안기고, 무릎에 앉아 허리를 맞대고 있어 조금의 불안감도 없이 안심하는 상태"를 말한다(仲松弥秀, 1975: 15~19 등). 중국에서도 이와 같이 지형을 감정하고 도시와 마을을 조성해온 긴 역사를 가지고 있다(Freedman, 1966: 158~159; 堀込憲二, 1985: 42~45; 黃家騁 編, 1985 등). 그러나 우타키로부터 나오는 '생기'와 마을 사람들이 우타키에서 느끼는 '감응[쿠사티]'이 서로 상승해왔다는 나카마츠의 해석을 중국 풍수설로 재해석할 필요는 없을 것 같다.

이렇게 오키나와 사람들의 고도의 생활 지식인 풍수설은 이미 민속으로서 마을 풍수에서 두드러졌다.

2) 주택 풍수

르브라W. P. Lebra는 오키나와에서 매년 행하는 집안 행사 중에 '우물 어풍수御風水'와 '주택 어풍수'라 불리는 것에 대해 언급하고 있다 (Lebra, 1966: 84). 그의 말처럼 "풍수적으로 길하다고 하면 집의 건축이 시작된다." 따라서 가옥의 건축이 시작되기 전에 목수나 유타 또는 마을 유지들과 상담하여 먼저 '풍수미'라는 풍수 판단을 하는 것이 오늘날의 풍습이다. 풍수 판단은 먼저 주택의 네 귀퉁이로부터 대각선을 그어서 그 대각선이 만나는 지점에 나경을 놓고 방위의 길흉을 판단하는 것에서부터 시작된다. 방위는 말할 것도 없고, 도로의 위치·이웃집과의 관계, 우타키·쿠사티 삼림의 위치를 감안하는 것은 당연하다. 이렇게 길흉을 판단하여 가옥을 건축하고, 신축하는 집의 풍수 판단의 기준점이 되는 것은 불단佛壇에 인접한 집의 중심축, '중주中柱'이다. 신축 의례는 누루〔祝女〕를 시작으로 하는 신인神人을 불러오고 주택을 정화하는 집의 신에게 가호를 기원함으로써 시작한다. 마지막으로 기도하는 곳은 중주라는 가옥의 중심이다. 이후 주택의 길흉 판단은 중주를 기준점으로 한다. 이렇게 주택의 풍수 판단과 깊은 관련이 있는 관념이 방위관과 신불神佛 배치에 표현되는 것이다 (渡邊欣雄, 1975: 23~24; 1985: 329~358; 1987a: 37~49). 풍수설과 깊은 관련이 있는 주택 내 건축물, 그것은 르브라가 지적했던 것처럼, 우물 외에 앞마당의 '병풍' 혹은 '주택신' 역할을 하는 차폐 담이나 주택림* 등이다.

주변 문화들과 비교해서 오키나와 풍수의 특징이라고도 할 수 있는

---

* 풍수적으로 부족한 부분을 보충하는 의미의 비보 역할을 하도록 주택 뒤나 앞 혹은 사방에 친 나무 울타리를 말한다.

관념·방법이 주택 풍수에 현저하게 나타난다. '병풍'은 중국 풍수설에서는 원래 '대명당大明堂'(외명당外明堂이라고도 말하는 전면의 넓은 들)에 머무르는 '악한 기운 곧 살의 영향력'을 막기 위해 설계된 것이지만(Feuchtwang, 1972: 115~116 참조), 지금은 오키나와의 관념과 거의 같은 "악귀가 닥치는 것을 막기 위한 벽사"가 그 목적이다(Rossbach, 1983: 133). 가옥과 주택의 풍수 방위 기준은 원래는 혈 앞의 길지의 중앙이며, 타이완에서는 대개 '정청正廳'(불간佛間〔불상이나 위패를 모신 방〕)을 기준으로 한다(渡邊欣雄, 1988a). 그러나 오키나와 풍수설처럼 주택 중앙, 또는 가옥 중앙을 기준으로 하는 방위 기준도 현대 중국의 수많은 풍수설 중 하나의 설이다(王麗福, 1983: 25~27). 이렇게 비교해보면 오키나와 풍수설의 특징은 중국 풍수설의 모든 학맥과 일맥상통해 보이지만 사실 '주택신'이 중국 풍수설의 므엇에서 유래된 것인지는 분명하지 않다. '주택신'은 물론 오키나와에서는 주택 수호신인데, 예를 들면 히가시손의 게사시에서는 많은 집이 우타키 가까이에 위치하고 있으면서 우타키의 신을 숭앙하지만 동시에 우타키로부터의 강한 정기를 막고자 한다(渡邊欣雄, 1986b: 10) 앞에서 언급한 나카마츠의 지적을 수용하자면, '오소이'는 마을 사람을 수호하는 신비로운 힘의 원천이지만, 그것이 강하면 오히려 불행을 초래할 수 있는 것이다. 이것은 기의 완만한 흐름을 바라는 풍스설의 영향일지 모른다. 그 밖에 오키나와 풍수설의 특징이라고 할 수 있는 것은, 중국 풍수설에서는 그다지 신 관념과의 결합이 보이지 않는 반면(Feuchtwang, 1972: 182 참조), 오키나와에서는 주택신(풍수신)과 우물신 같은 신 관념에 익숙하다는 점이다. 풍수 판단도 『고도역高島易』에 의거한다는 점, 일본의 주택 풍수와 비슷하지만 중국의 주택 풍수와는 어느 정도 차이가 있다는 점도 오키나와 풍수의 특징이다.

3) 묘지 풍수

일본을 제외하고 서태평양 문화권의 풍수에서 중요시되어온 것은 바로 묘지 풍수이다. 오키나와도 묘지 풍수가 발전했으며 또한 독자적인 풍수설을 발달시켜 오늘날에 이르렀다. 즉 '풍수'라 하면 중국에서는 묘를 가리킨다는(Freedman, 1966: 157) 일반적인 통념처럼, 오키나와 히가시손 사람들의 통념에서도 풍수는 각각의 묘에 대한 호칭일 뿐만 아니라 일반적인 묘 자체로 여겨진다. 왜 오늘날 일본을 제외한 모든 지역의 풍수설에서 묘지 풍수가 중요시되고 있는지를 설명하기 위해서 중국 풍수설이 『장경葬經』, 즉 음택풍수에서 나왔다는 기원론을 여기서 내세울 필요는 없을 것이다. 중국인들은 죽은 양친이나 친족에게 올리는 경건한 존숭이자 효로서 풍수적으로 좋은 환경을 만든다. 또한 그들은 풍수적으로 좋은 환경에서 나오는 좋은 영향력이 살아 있는 자손의 주거에 미치기를 바라는 동시에 죽은 자에게도 동일하게 미치기를 바라면서 묘를 설계한다(de Groot, 1897: 4). 즉 풍수에 있어서 '생기'의 대응 관계는 그대로 조상숭배에 있어서 죽은 부모의 '양육'에 대한 '효도'·공양이라는 대응 관계와 유비되기 때문이다(胡小池, 1984: 156~161 참조). 그래서 중국인들은 묘지의 풍수가 좋으면 죽은 조상으로부터의 은혜가 자손의 번성에 직결된다고 생각한다.

이와 같이 풍수설과 조상숭배를 동일시하는 것은 한국에도 있다(村山智順, 1931: 512~513). 〔한국만큼〕 체계적이지는 않아도 그러한 생각은 또한 오키나와 사람들의 정신에도 머물러 있다. 히가시손의 가와다에서는 1,000만 엔 이상을 들인 문중묘가 오늘날에도 계속 만들어지고 있는데, 나는 자신의 집은 100만 엔에 불과하다고 말한 사람을 결코 잊을 수가 없다. 삶의 세계는 임시 주거이고, 마침내 자신이 죽어서 머무르는 공간이 곧 영원한 거주지이고 또한 일족 번영의 상징인 것이다. 또한 묘는 묘를 만든 사람의 육십갑자, 일시, 장소, 방위가 신중하게 고려되어 만들어진다는 점에서는 주택 풍수와 같다. 단 오키나와의 묘지 풍수가 양택풍수 판단보다 한층 더 중국의 그것과 유사하게 보이는 것은 묘의 구조 때문이다. 구갑묘에는 납골당(용뇌)이 있고 문扉(혈)이 있고 장제장葬祭場(명당)이 있고, 좌우에 병위墻圍(분맥·용맥)가 있다(名嘉眞宜勝, 1979: 157~158; 渡邊欣雄, 1988a 참조). 묘지는 또한 '서쪽 우타키'나 '집의 윗부분〔우이발〕' 혹은 자손이 사는 것을 내려다보는 장소에 있는 것이 많다. 호리타 요시오堀田吉雄는 오키나와에서 '집의 뒤'나 '집의 아래'라 부르는 지명에 반드시 묘가 있는 것에 관해서, 묘지와 가옥家屋〔야〕과의 거리가 지명과 맞지 않는다고 지적한다(堀田吉雄, 1983: 7~9). 그러나 '야'는 가옥〔家〕이 아니라 야(옥屋)이고 산등성이·산맥이라고 해석한다면, 묘지는 멀리 떨어져 있는 섬에 있을 수도 있고 반드시 배후가 아닌 언덕의 위나 아래에 산재해 있을 수도 있다고 이해할 수 있다.

이처럼 대체로 오키나와의 묘상이 중국, 한국과 비슷한 점이 있기는 하지만, 이후 오키나와만의 독특한 발전이 있었다고 할 수 있다. 그것은 '훈시마치가니'라는 일종의 묘를 수호하는 신의 존재 때문이다. 이것은 넓은 의미로는 묘를 가리키지만, 히가시손의 조사자에 따르면 좁은 의미로는 묘를 지키는 신을 가리킨다고 한다. 이 신은 납골당 내의 문 중앙에 있기 때문에, 묘를 조성할 때 사람들이 이 신의 이름을 올려 모신다고 한다. 나는 묘에서 수호신을 모신다는 습속에 대해 다른 문화에서는 들은 적이 없다. 오키나와 풍수는 이처럼 양택풍수와 같이 신 관념과 끊임없이 밀착되어 있다. 유사한 것이 구보에 의해 보고된 적이 있다. 구보에 따르면 그것은 묘 안에 들어가 있는

'묘중부墓中符'라는 것이다. 구보는 나무로 만들어진 부적인 '묘중부'는 현재 타이완에서도 사용하지 않고 있다는 것을 도사로부터 들었다고 한다. 그러므로 구보는 "묘중부는 오키나와 현에 특유한"(窪德忠, 1986: 560) 풍수 판단이라고 생각했다. 그런데 헤시키 요시하루平敷令治의 타이완 조사 보고에 의하면 배우자가 죽은 경우, 이중 장례를 피하기 위해 '신부神符'를 묘의 내부에 넣는 경우가 있다고 한다(平敷令治, 1986: 3~4). '신부'의 형식은 '묘중부'와 대단히 비슷해서 헤시키의 보고서를 읽으면 '묘중부'가 오키나와만의 독특한 문화라고는 말할 수 없을 것 같다. 그러나 넓은 의미에서는 어찌 되었든, 좁은 의미로는 '훈시마치가니'라는 것이 주변 문화에서는 여전히 유례가 없다는 것은 명백하다.[9]

주변 여러 문화와 오키나와의 음택풍수에 관한 차이를 물론 이것으로 모두 서술한 것은 아니다. 오히려 지면이 허락한다면 더 많은 논의를 진전시키고 싶은 문제이다. 묘지 풍수의 문제는 장례법의 문제로 논의해서는 안 되고(赤田光南, 1986), 묘지 제사의 규범·위패 제사의 질서, 혹은 가족 집단(종족·문중·동족)의 체계 이해 등 넓게는 조상숭배와 같은 일반적인 문제로 발전시켜서도 안 된다(Freedman, 1966; Ahern, 1973; Feuchtwang, 1972 참조). 오키나와 사회 연구에서 문제가 되어온 기원과 문중 형식의 문제는 풍수의 비교 연구를 통해 더

---

9) 흔히 '풍수 투쟁'이라고 부르는, 민간에서 풍수를 파괴하는 다툼은 중국 풍수설의 민간 관행에는 있는데, 내가 아는 한 오키나와에는 유사한 사례가 없다. 적을 영구히 괴멸시키는 방법은 상대방의 묘를 부수고 그 안에 있는 뼈를 분쇄한다든지, 묘에 영향을 주고 있는 나무나 물의 흐름을 바꾸거나 그렇지 않으면 묘광 안에 오물을 채운다든지 하는 것이다(Freedman 1966: 179; Baker 1979a: 10, 103~104). 중국에 있는 이러한 암투의 관념이 오키나와에서는 보이지 않는다. 풍수 지식이 서로 다르다는 일례이다.

욱 진전될 수 있을 것이다. 오키나와 풍수에 대해서는 뒤에서 자세히 논의하겠지만, 풍수 연구는 이미 오키나와 연구에서 피할 수 없는 문제가 되었고, 또한 오키나와를 빼놓고는 풍수 논의를 할 수 없을 정도가 되었다.

3장 풍수 지식과 세계관
―한족의 묘지 풍수에 관한 논의를 중심으로

뼈는 태생이다. ……
―프리드먼(Freedman, 1966: 179)

1. 논의의 출발

쇼와 말기, 1980년대에는 '풍수'에 관한 논의에 여러 학문을 끌어들일 정도로 풍수 연구가 학문적으로 흥기했다. '풍수론'을 가능하게 했던 연구자들의 동기는 제각각이었지만, 내가 '풍수론'에 접근한 동기는 첫째, 지리학의 한 분야로서, 둘째, 민속 개념의 재고로서 그리고 셋째, 이것을 일상적인 문제로 삼는 동양으로의 회귀로서였다(渡邊欣雄, 1988a; 1988b).

그후 나는 이러한 논의를 확장하고 더욱 시야를 넓히기 위해서는 논의의 방향을 정리해야 한다는 것을 깨달았다. 첫째로 '풍수론'을 전개하고 있는 여러 학문 연구자의 논의가 대부분 풍수설의 연원을 찾거나 과거를 복원하려고만 하고 오히려 현대 '풍수'의 실제에는 어둡다는 것이다. 과연 이래도 될까? 내가 전공하고 있는 사회인류학에서는, 이것만 가지고는 풍수를 허용하는 사회 현실이 이해되지 않으며, 풍수가 생겨난 사회적인 맥락을 알 수가 없다. 둘째로 지금까지의 '풍수' 연구는 주로 역사서·역학서·문서의 해설을 통해 한족을 비롯한 다른 문화의 자연관·종교관·세계관의 재구성을 목적으로 했다는 점이다. 이러한 서적들을 참고하는 것은 위의 첫 번째 문제를 해결하기 위해 필요하기는 하지만, 과거의 역학서와 현대의 '풍수' 실용서가 '풍수'의 실제를 전하고 있지 않다는 것은 문헌을 연구하는 사람이라면 누구나 인정하는 사실이다. 이들 서적이 풍수의 이상과 교의를 가르쳐주기는 하지만, 그렇다고 해서 그것들이 반드시 현실을 전하고 있다고는 말할 수 없다. 그래서 우리는 세 가지, 곧 문헌의 지식, 그 지식을 응용해서 사람들에게 전달하려 하는 전문가의 지식, 문자에 의존하지는 않지만 '풍수' 지식에 의존해서 생활하는 일반 사람들의 지식을 이제부터는 미리 구분할 필요가 있을 것이다. 셋째로 풍수 사상, 풍수설 혹은 풍수 지식이라고 부르더라도 거기에 앞에서 말한 문헌·전문가·일반인 사이에서와 같은 지식 내용의 차이가 있는 것은 아니다. 지금까지는 풍수 문헌 및 역사상의 학파 간의 지식과 그 응용의 차이에 대해서는 논의되어왔지만, 이를테면 지역에 따라 풍수 지식에 차이가 난다는 것 등이 그다지 논의되지는 않았다. 지금부터 논하겠지만 홍콩과 타이완에서는, 활용되는 풍수 문헌의 차이나 풍수학파의 차이로는 도저히 이해할 수 없는 지식의 차이가 발견된다. 지금 여기에서는 지역에 따른 지식의 차이라고 적기는 했으나, 그것이 과연 이와 같은 **지역성**에서 유래하는 것인지는 의문이다. 웰러의 말처럼, 엘리트와 일반 대중의 '풍수' 해석의 차이라고 본다면(Weller, 1987: 154~155) 앞의 두 번째 문제점의 지적과 그 해결책만으로도 그만이다. 그러나 한마디로 일반 대중이라고 말하기는 했지만 '풍수' 지식을 혐오하는 사람이 있는가 하면, 전문가의 지식에 절대적으로 의존하는 사람도 있고, 스스로의 해석에 따라 모종의 지식 체계를 확립하여〔그렇게 확립된 자신의 지식이 설령〕전문가의 지식과 다르다 해도 개의치 않는 사람도 있다. '풍수' 전문가라고 해도 (특별히 풍수사에만 국한되지는 않는다) 그들이 가지고 있는 지식의 내용은 상이한 것이다. 여기에서 구태여 개인에 따라 지식에 차이가 난다고까지는 말하지 않더라도, 유형화된 지식 간의 관계에 대해 앞으로는 폭넓게 고려해야 할 필요가 있을 것이다.

이 장은 이와 같은 문제점을 인식하고 묘지 풍수에 관한 지금까지의 논의를 소개하면서 현대 '풍수'의 실제를 주로 알아볼 것이다. 아울러 논의를 정리하면서 이후의 논의의 방향을 설정해보려고 한다.

2. 묘지 풍수의 이념과 지위

지금까지 서술해온 것처럼, '풍수' 판단 중에서 묘지 환경의 판단은 가장 중요한 판단이라고 얘기된다. 즉 '풍수'에서는 음과 양 중에 '음택'풍수(묘지 풍수)가 '양택'풍수(주택 풍수)에 우선한다. 이 점을 무라야마 지준은 알기 쉽게 다음과 같이 설명한다(村山智順, 1931: 12).

> 묘지는 부모가 사는 곳이고, 주택은 자손이 사는 곳이므로, 부모와 자손의 관계는 마치 줄기와 가지〔의 관계와〕같아서 가지의 번성을 도모하려면 가지에 손을 대는 것보다는 줄기를 배양하는 방법이 그 목적을 달성하는 데 확실하고 빠르다. 마찬가지로 가지에 해당하는 자손의 주택이 자손의 생활에 미치는 영향보다는 줄기에 해당하는 부모의 안택安宅인 묘지로부터의 영향이 보다 직접적이며 신속하다고 얘기된다.

그러므로 모든 '풍수' 판단의 목적은 무엇보다 묘지 환경의 좋고 나쁨을 판단하여 가능한 한 부모(조상)의 시신을 길지에 안장함으로써 이를 통해 자손의 행복에 기여하기 위한 것이다(村山智順, 1931: 12). 묘지 풍수가 다른 어떤 풍수보다도 우선시되는 것은 이러한 "대수분지大樹分枝의 이데올로기"에 의해서이다(渡邊欣雄, 1989a). 그러나 이 이데올로기야말로 1장에서 논한 것처럼, 풍수의 '용맥설'에서 확대·응용되어 주창되었고 한족의 종족宗族 의식이나 오키나와의 문중 조직 이데올로기의 원천이 되고 있다.

묘지 풍수의 이념을 간략히 서술하기 위해서, 여기서는 고전에 의거하기보다는[1] [일본이 타이완을 점령했을 때 일본이] 점령지인 타이완에서 법률을 제정하기 위한 목적으로 조사한 자료집인 『타이완사법台灣私法』에 실렸던 한 구절을 소개하고 그치겠다.[2]

중국에서는 묘지를 선택할 때 되도록 오환五患이 미치지 않도록 하려는 사상이 있다. 이 사상은 정자程子와 주자朱子의 설을 근거로 하는데 『명회전明會典』의 내용은 모두 이 설을 따르고 있고, 분묘를 만들 때 그 묘지가 길지[美地](경승지)일 것을 요한다. 『명회전』에는

---

1) 묘지 풍수에 관한 중국의 고전이 아직 완전히 해독되어 있지 않기 때문에 고대로부터 근대에 이르는 풍수서의 내용을 재해석하는 것도 앞으로의 중요한 과제일 것이다. 내가 아는 한, 고전의 내용을 조금이라도 다는 데 도움이 되는 것으로는 드 그룻(de Groot, 1892~1910), 무라야마 지준(村山智順, 1931)은 말할 것도 없고 포이히트방(Feuchtwang, 1974), 정정호(鄭正浩, 1984) 등의 저서와 논문이 있고, 일본에서는 마키오 료카이牧尾良海의 논문이 주목할 가치가 있다.
2) 『타이완사법』은 일본이 타이완을 통치하기 위한 목적에서 만든 식민지 자료로서, 우리는 그 내용의 옳고 그름을 떠나서 그 보고서의 작성에 '제국주의'적인 의도가 있었다는 점에 무관심해서는 안 될 것이다. 하지만 오늘날 당시의 출판 의도를 충분히 경계하면서, 그 보고서가 학문적 가치가 있다면 그 부분을 재평가하여 앞으로의 연구에 도움이 되도록 하는 자세를 갖는 것도 중요하다(崔吉城, 1986: 118 참조).

"토지 색이 광택이 있고, 초목이 무성하며, 훗날 도로가 되거나 성곽이 되는 일도 없고, 도랑이나 못이 되지도 않고, 권세 있는 자가 빼앗을 법한 곳이 아니고, 경작의 우려도 없는 그런 곳이 길지이다."라고 씌어 있다〔이것이 소위 오환이다〕. 청대에 이르러 『회전會典』과 『통례通禮』를 낼 때, 묘지 선정과 관련된 구절을 완전히 삭제해버리고 말았지만 민간에서는 여전히 묘지 선택을 중시했고 '용맥설'을 고집하는 것이 더욱 심해졌다. 이 '용맥설'이란, 감여가·지사·지리사·풍수선생 등으로 불리는 사람들의 주장을 근거로 하는 것으로 대략 다음과 같은 내용이다.

'용맥'이 무엇인지 요약해서 말하자면, 그것은 토지의 높낮이와, 지형 및 지세의 기복에 좌우되며, 천하의 '용맥의 근원'은 곤륜산에 있다. 곤륜산에서 서쪽으로 용맥의 세가 시작되어, 그중 세 개의 흐름이 동으로 향하여 중국으로 들어가서 수많은 지맥을 형성한다. 지맥은 다시 수백 수천의 지맥이 되어 전국으로 퍼진다. 그리고 난링南嶺산맥의 한 흐름이 푸저우福州 오호산五虎山으로부터 바다를 건너, 타이완의 계룡산鷄籠山(基隆)에 이르고 거기서 하나의 용뇌를 맺는다 (이 뇌란 돌출해서 형태가 두뇌와 같다는 데서 유래했다). 여기에서 지맥의 흐름은 남으로 향해 아만비鵞鑾鼻(타이완 본도 남단)에 이른다. 그 사이에는 많은 지맥이 있다. 이렇게 지세의 기복 상태와 연결된 모양에 따라서, '용맥龍脈'(지척이 연결된 하나의 맥세), '용뇌龍腦'(돌기된 부분), '분룡分龍'(지맥을 분출하는 곳), '기룡起龍'(산맥이 일어나는 지점), '주룡注龍'(산맥의 끝부분) 등의 말이 있다. 이것들은 모두 한 성省이나 한 주州의 단위에서 사용될 뿐만 아니라, 한 군郡이나 한 촌村의 차원에서도 사용된다. 게다가 작은 단위로는 언덕이나 밭 단위에서도 사용된다. 감여가가 점치는 용맥은 많은 경우 작은 단위의 언덕이나 밭 수준이기 때문에 묘지는 용맥이 지나가는 곳에 쓰는 것이 좋다. 그중에서도 '싹〔萌芽〕'이라고 해서 바로 지맥에 해당하는 곳에 묘지를 쓴다면 그게 최선이다. 초목에서 줄기와 잎이 접합되는 곳은 언젠가는 가지가 나오는 곳이어서 그곳에 생기가 충만하듯이, 용맥에서도 싹이 트는 곳은 기가 왕성하다. 이런 곳에 묘지를 조영하면 그 생기를 타서 자손이 번영하고 발전한다. 이에 반해 용맥이 없는 곳이나 '주룡' 같은 곳은 생기가 없든지 생기가 끝나는 곳이라서 이런 장소를 묘지로 택하면 자손은 반드시 쇠퇴한다. 한편 이와 같이 묘지는 용맥 위에 조영하는데, 이때 높은 곳을 묘지의 뒷면으로, 낮은 곳은 앞면으로 한다. 특히 뒷면이 절벽인 경우에는 '의배椅背'라 하고, 앞면이 평평하게 열려 있는 경우에는 '당안堂案'이라 하여 둘 모두를 길지에 속하는 것으로 친다(臨時臺灣舊慣調査會 編, 1910: 101~102).

어떠한 이념을 가진 '풍수'설이라 하더라도, 〔그것이〕 '용맥설'에 근거를 둔다면 곤륜산에서 시작되는 생기의 흐름의 '대지세학大地勢學'에 기초를 둔다(曾景來, 1938: 234; 堀込憲二, 1985: 45; 三浦國雄, 1988: 174 등). 그러나 어떤 풍수 전문가라도 곤륜산으로부터 어느 정도의 생기가 나와서 각지에 이르는지를 그 자체로 확증하려고 하지 않으므로 이것을 '상정된 풍수 이념', 혹은 '이념상의 풍수'라고 해두자. 단 이 교리학적인 '대지세학'을 염두에 두지 않으면 용맥을 통해서 전해오는 생기를 타서 묘지를 조영하는 풍수사의 역할이나 관점이 이해되지 않을 것이다. 묘지가 생기를 타면 자손이 번성하고 생기를 타지 않으면 자손이 쇠퇴한다는 묘지 조영의 풍수 지식은 우선 이와 같은 서적이나 전문가의 지식을 바탕으로 한 것임을 미리 알아둘 필요가 있다.

묘지 풍수의 이념에 대해서는 대부분 이해할 수 있을 것이라고 생각한다. 그럼 도대체 한족들 사이에서는 묘지 풍수가 어떠한 의의를 갖고, 어떠한 때에 판단되며, 그 결과는 어떻게 되는가? 우리가 이해해야 하는 것은 오히려 현대사회의 생활 맥락에서 '풍수'가 판단되는 실제 상황이다.

3. 묘지 풍수와 기계론적 세계관

한족 연구 중에서도 특히나 '풍수' 연구의 중심지가 된 곳은 홍콩이다. 같은 한족 사회인 타이완과 비교해도 홍콩의 풍수 연구는 확실히 이상할 정도로 열기를 띠고 있는 것 같다.

홍콩에서 우리가 익히 알고 있는 곳은 홍콩 시·주룽九龍 시 같은 도시지역이다. 그러나 홍콩의 민속을 아는 데 중요한 곳은 오히려 중심 도시의 교외에 있는 '신계지구新界地區'이다. 이 지역은 백 년이 못 되는 영국 통치사와 맞닿아 있지만 한편으로는 1000년 가까이 살아온 종족宗族[원주민]이 있어서 1989년에 영국이 통치할 당시 이미 700개나 되는 마을이 있었다. 그리고 그 면적이 도쿄도東京都*의 절반 정도밖에 안 되는 좁은 지역이지만 대략 만 기基를 헤아리는 묘지가 있었다(Hayes, 1983: 138).

홍콩 사람들은 '풍수'상 좋은 장소에 조영된 묘는 그곳에 매장되어 있는 죽은 자(조상)에게 만족을 주며, 그 결과 자손에게도 행운과 은덕을 가져다줄 것이라고 생각한다. 즉 앞 절에서 서술한 것처럼 조상

* 도쿄도는 23개의 특별구로 이루어진 도쿄東京에 인근의 네 개 현縣까지 포함하는 보다 넓은 지역을 말한다.

을 안장安葬하면 결과적으로 자손이 행복하고 번영한다는 사고방식이 대부분의—모든 사람은 아니라고 해도—홍콩 사람들에게 있는 것이다.3) 그래서 홍콩에서는 묘와 묘지가 사람들의 중요한 관심 대상이다. 이런 상황이라면 당연히 풍수 판단을 할 줄 아는 일반인이 있을 법도 하지만, 홍콩에서는 대개 돌아다니면서 이 일을 하는 전문가를 고용해서 판단을 받는다. 그렇다는 것은 앞에서의 인과 관념〔조상을 길지에 묻으면 자손이 잘된다는 관념〕을 포함하지만, 그러나 도대체 '풍수'상 좋은 땅이란 어떤 땅인가를 아는 것이 평범한 일은 아니기 때문이며, 또한 '풍수'가 좋지 않아 바람직하지 않은 상태임을 알면서도 트러블의 원인이 이해되지 않기 때문이다. 따라서 풍수는 일반인이 쉽게 익혀서 응용할 수 있는 지식이 아닌 것이다(Baker, 1979a: 9~12; Hayes, 1983: 138). 그래서 풍수사에게 판단을 위임하지 않을 수 없는데, 그 사람이야말로 '풍수'를 연구하고 실제적으로 응용하기 위해 자신의 생애를 바치는 인물이기에 그의 고결한 지술智術은 예로부터 사람들의 존경의 대상이었다.

베이커가 수집한 사례를 통해 '풍수' 판단의 예를 간단히 소개하도록 하겠다(Baker, 1979a: 9~12).

이것은 이상적인 장소에 새로 묘를 조성하기 위해 풍수사에게 판단을 의뢰한 사례이다. 의뢰를 받은 풍수사는 몇 주에 걸쳐 신계지구 일대를 돌아다니며 자리를 물색한 끝에, 마침내 홍콩 동쪽의 다펑만大鵬灣에 있는 작은 섬에서 적당한 땅을 찾았다. 이 곳은 교통이 매우 불

---

3) '풍수'라고 하는 비일상적인 방식의 현상 해석을 믿는지 홍콩 시민에게 전화로 설문 조사를 한 결과 보고서가 있다(Emmons, 1982: 274~276). 그에 따르면 '풍수'를 믿는 사람은 35%로, 귀신(50%), 초능력(49%), 운세(44%), 우주인(42%)을 믿는 사람에 이어 많았다.

편하였다. 출입 허가가 필요한 출입 제한 구역 내에 있으며 사타우콕 沙頭角*에서 배를 타고 한참을 가야 도달할 수 있는 곳이었다. 그러나 '풍수' 판단에 의지하고자 하는 사람에게 그곳이 '길지'라면 교통과 거리는 문제가 되지 않는다. 이 땅을 찾은 후 며칠이 지나자 드디어 풍수사의 지시에 따라 묘 조영 공사가 시작되었다. 공사 중에는 풍수사가 줄곧 공사를 감독하고, 일이 마무리되는 최후의 순간까지 어떤 실수도 용납되지 않는다. 묘석을 시멘트로 굳히기 전에 풍수사는 묘석의 배열 방향을 신중하게 점검한다. 풍수사는 묘가 제대로 된 방향을 향하고 있는 것을 확인한 후 묘 앞에 풍수 나침반을 설치하여 세심하게 조사한다. 공사 인부들은 풍수사가 작업 재개를 지시할 때까지 거기서 계속 대기한다. 여기서 풍수사가 판단하는 것은 묘지의 위치이다. 물론 묘지의 모든 상태도 또한 중요한 고려 대상이 된다. 묘의 규모도 한결같지는 않다. 수십 구의 유골을 수용할 수 있는 큰 묘가 있는가 하면, 한 구만을 수용할 수 있는 작은 묘도 있다. 게다가 묘의 방향이 나쁘면 '풍수'를 그르치게 되어 나쁜 영향이 발생할 염려가 있다. 그래서 '풍수'가 그다지 좋지 않아 좋은 영향을 받지 못한다고 느낀 자손들이 겨우 6인치 떨어진 곳으로 묘를 옮겨 다시 만든 경우도 있었다. 묘지의 주변 환경 또한 고려의 대상이다. '풍수'적 조건을 개량하기 위해 그 환경을 고친 예는 매우 많다. '풍수'를 훼손하는 경관으로부터 오는 악영향을 막기 위해 묘로부터 약 50야드 떨어진 곳에 가산假山을 쌓은 예도 있었다.

베이커의 보고를 보면, 생기의 흐름을 판단하는 데 정해진 것은 없

---

* 홍콩이 중국에 반환되기 이전 사타우콕은 홍콩과 중국의 접경지대로서 쌍방 간의 공동 경비 구역이었다(http://www.geocities.co.jp/SilkRoad-Lake/2917/zatsu/kyodokeibi.html 참조).

지만 '풍수' 판단에서 중요한 것은 묘의 방향, 묘지의 상태, 그리고 묘지 주변의 자연환경이다. 우리가 일반적으로 쓰는 말로 하자면 묘와 묘지의 지리학적 판단이라고 하는 게 보다 이해하기 좋을 것이다. 즉 '풍수'는 우리 지리학에서 말하는 '입지론'이자 '환경론'이 된다. 풍수 나침반상에서 판단할 수 있는 한도 내에서, 묘와 묘지가 상대적으로 보다 더 좋은 방향을 향하는지, 토질과 지형이 적절한지, 혹은 자연환경의 지세나 식생이 '풍수'상 어떤 조화를 이루는지가 중요하다. 만약 그것이 부적절하고 조화롭지 않은 경우에는 입지를 바꾸고 환경을 고치면 좋아진다. 거기에서는 죽은 자가 생전에 어떻게 살았는가는 중요하지 않으며, 죽은 자라기보다는 '조상'으로 여겨지는 '인격'이 품고 있는 감정도 문제가 되지 않는다. 여기서 설령 '생기'가 영향을 미치는가의 여부를 사상의 중심에 놓는 '이념'적 풍수설을 포함한다 하더라도, '풍수' 판단에서 중시되는 것은 매장된 이의 '인격'과는 무관하다. 〔그보다는〕 외재하는 자연 및 자연환경이라는, 묘와 묘지에 대한 초超도덕적이고 기계적인 작용이 중시된다. 이처럼 '풍수' 판단을 떠받치고 있는 지식의 표현형, 즉 세계관을 '기계론적 세계관'이라고 한다면, 이 세계관에서 묘 및 묘지 이상으로 훨씬 중요한 '풍수' 판단의 주체를 고려해야 한다. 그것은 프리드먼과 그 밖의 많은 풍수 연구가가 수차례 강조해온 죽은 자의 '뼈〔유골〕'이다. 베이커의 사례 보고를 중심으로 그 일례를 간단히 서술해보도록 하겠다(Baker, 1979a: 101~104; 1979b: 219~225).

사자는 되도록 빨리 매장해야 한다. 그런데 내가 홍콩 창저우도長洲島에서 들은 바로는 사망에서 매장까지의 사이에 매장 장소나 일시의 선정이 고려되기는 한다. 그렇지만 개장제改葬制가 있는 홍콩에서는 1차 매장을 할 때까지 주어진 시간이 2차 매장까지의 시간보다 훨

〈사진 1〉 뼈를 씻고〔洗骨〕 그 뼈를 햇볕에 말리고 있다〔乾骨〕.
홍콩 창저우도長洲島 사이만西灣(와타나베 요시오 촬영)

씬 짧아서 1차 매장에서는 '풍수' 판단을 할 여지가 거의 없다. 따라서 베이커가 보고하고 프리드먼도 지적했던 것처럼(Freedman, 1966), 창저우도에서도 '풍수' 판단을 요청할 기회는 주로 2차 매장을 하는 시기이다. 1차 매장은 호화로운 광택이 있는 목제관에 사체를 넣어 매장하는 토장土葬이지만, 2차 매장을 하려고 할 때는 5~10년의 기간을 두고 실시한다. 먼저 1차 매장된 묘를 파서 뼈를 꺼내고(습골拾骨이라고 함), 그런 다음 뼈를 추려내고(적골摘骨), 그 뼈를 깨끗이 씻어(세골洗骨), 충분히 건조시킨다(건골乾骨)(〈사진 1〉 참조). 이윽고 '금탑金塔'이라 불리는 골호骨壺〔뼈를 담는 항아리〕에 납골을 하는데, 이 작업 공정 전체를 '집골執骨'이라 하고, 창저우도에서 이 작업의 담당자는 '분장墳場 관리원'이라고 불리는 공무원이다. 홍콩 창저우도에서 행한 나의 조사 보고는 다른 기회에 다루기로 하겠다. 베이커의 지적으로 돌아가면, 이렇게 해서 뼈를 담은 항아리를 며칠이건 산기슭에 그 상태 그대로 놓아둔다(〈사진 2〉 참조).

그런데 2차 매장이 문제이다. 이 항아리를 집어넣어 영구적인 묘를

〈사진 2〉 뼈를 말리고 나서 그 뼈를 넣은 뼈 항아리〔骨壺〕. 영구적인 납골당이 될 묘가 만들어지면 그곳에 넣지만, 불가능한 경우 반-영구적으로 산야에 그대로 방치한다. 홍콩 창저우도 사이만(와타나베 요시오 촬영)

〈사진 3〉 '풍수' 판단을 한 후 조영된 영구적인 묘. '호묘壺墓'라고도 하고 '사가묘私家墓'라고도 한다. 사진은 1905년 개축된 영구적인 묘. 홍콩 창저우도 사이만(와타나베 요시오 촬영)

만들기 위해(〈사진 3〉 참조) 많은 사람이 이때 풍수사를 고용한다. 이후에 분묘를 조성하는 과정은 전술한 바와 같은데, 앞에서 말한 것처럼 묘 및 묘지 풍수의 좋고 나쁨이라는 것은 사실 묘나 묘지의 '풍수'가 좋고 나쁨에 있는 것이 아니라 '백魄〔혼, 넋〕'이라고 하는 영혼이 머무르던 뼈의 안장 상태에 있는 것이다. 게다가 골호라는 항아리에도 '풍수'상의 가치는 없다. 이 때문에 '풍수'를 좋게 하기 위해서 동일한 납골당, 즉 묘 안에서 골호의 위치를 바꾸기만 하는 경우도 있다. 골호·묘·묘지의 미묘한 관계를 아는 데는 '풍수'를 두고 암투를 벌인 예를 살펴보는 것이 가장 적당할 것이다(Baker, 1979a; 1979b).[4]

이 풍수 암투는 앞에서 서술한 것처럼 묘를 새로 쓰려는 목적에서 발생한 것은 아니고 번영하고 있는 집안을 모방하여 자신들도 같은 번영을 얻으려는 단순한 동기에서 시작된 것이다. 갑甲 집안〔이하 '갑'이라고 함〕은 어느 날 을乙 집안〔이하 '을'이라고 함〕이 자신들의 묘지 가까이에 큰 나무를 심어 혈을 파버려서 풍수상 최고 좋은 자리에 있던 자신들의 묘지의 '풍수'가 쓸모없어진 것을 알게 됐다. 일이 이렇게 된 것은 을이 원래 재산도 많고 자손도 번성하다는 소문을 들은 갑이 동일한 복을 얻고자 을의 묘 가까이에 자신들의 묘를 조영했기 때문이다. 을은 자신들의 묘 가까이에 갑이 묘를 썼기 때문에 자신들의 묘의 '풍수'에 중대한 영향이 있으리라는 것을 알고 있었다. 그래서 을은 자신들의 묘를 지키기 위해 그런 조치를 취했던 것이다. 그러나 갑과 을은 10리나 떨어진 곳에 살고 있었기 때문에 서로 안면이 없었고 마찬가지로 상대방의 의도도 역시 알고 있었을 리가 없었다.

[4] 본문에 소개하는 '암투'의 예는 홍콩에서 발행된 서적(齊東野, 『풍수영첨괴담風水靈籤怪談』)에 실린 것인데, 실제 사례는 홍콩의 예가 아니라 저장성浙江省 원저우溫州의 예이다(Baker, 1979b). 원저우와 홍콩은 지역성을 중요시하는 면에서는 크게 다르다고 말할 수 없다. 하지만 본론의 주된 요지와 같이 풍수 지식의 차이는 지역성에 있는 것이 아니라 그 세계관에 있는 것이므로, 베이커가 지적(1979a)한 것처럼 홍콩에서 있을만한 예로 수록해둔다.

이제 을의 조치에 의해 갑의 묘지의 '풍수'가 나빠지게 되자 갑은 문제의 토지를 사려고 을에게 몇 번이나 탄원을 했지만 정중히 거절당할 뿐이었다. 방법을 찾지 못한 갑은 을에 대한 복수를 결심하고 풍수사를 고용해 계속해서 을의 묘지에 영향을 미치는 용맥을 찾다가 드디어 반대쪽 언덕에서 풍수적으로 좋은 곳을 발견했다. 이번 경우에는 '용맥'이 '수룡'—즉 강의 흐름에 의한 것—이었고, 양쪽 집안의 묘가 마주 보며 세워져 있는 언덕 사이를 흐르고 있었다. 뒤에 서술하겠지만, 이 용맥은 사뭇 특별한 용맥으로 이 지역에 있는 많은 풍수사가 '산룡'을 중심으로 감정을 하는 남방 풍수사라는 점을 감안할 때 그들로서는 발견이 불가능한 '용맥'이었던 셈이다.

갑이 묘를 새로 쓴 후 8년간, 을은 갑의 묘가 들어선 것을 모르고 있었는데, 그 사이 을 집안에서는 매년 자손이 요절하고 사업은 쇠퇴 일로에 있었다. 을은 결국 갑이 묘를 새로 썼다는 것을 알았는데, 주변의 소문에 의하면 갑은 '두 가지 번영'(자손의 번영과 부의 축적)이 극에 달하고 있었다. 을은 자기네는 쇠퇴하고 그쪽은 번영하는 것에 명확한 인과관계가 있지 않은가 하는 의혹을 품고 있다가 결국은 확신을 갖게 되었다. 을은 서둘러 풍수사를 고용해서 '풍수'상의 인과를 확증해주기를 부탁했다. 그러나 세 명의 풍수사를 고용하고 나서도 확증은 불가능했다. 이들 풍수사가 '산룡' 간법看法만을 써서 진단을 했기 때문이라는 것을 알고 나서 을은 서둘러 북방 풍수사를 불러 '수룡' 간법으로 진단을 해달라고 부탁했다. 을의 '풍수'는 좋은 물의 흐름으로 인한 것이었는데, 개천이 흐르는 상태로 보아 갑이 이것을 **훔쳐갔다**는 것이 금세 분명해졌다. 이리하여 집안의 쇠운의 원인을 깨달은 을은 갑에게 복수하기로 결심한다. 물의 흐름을 변경하면 복수는 쉽지만 그것이 갑에 속해 있어서 쉽지 않았다. 그래서 을은 비밀리에 자신들의 묘에서 골호만 꺼내어 풍수적으로 좋을 땅을 찾아 그것만 묻었다. 은택恩澤은 골호로부터 입기로 하고 묘는 그대로 두었다.

　10년간은 모든 게 순조롭고 아무 일도 일어나지 않았지만 11년째 되던 해에 갑에게 불행이 닥쳤다. 새로 태어난 아이가 나병이었다. 의사의 치료도 불가능했고 아이를 생매장하는 것 이외에 방법이 없었다. 이후 갑에게 해를 걸러 같은 불행이 일어나자 원인을 밝히기 위해 몇 명의 풍수사를 고용했다. 갑 집안의 양택·음택도 조사하고 또한 '산룡', '수룡' 모든 것을 조사했지만 이렇다 할 결정적인 '풍수'상의 결함은 발견되지 않았다. 남은 의문은 단 하나, 을의 묘였다. 왜냐하면 자기 자신이 이전에 을로부터 '풍수'를 훔쳤기 때문이다. 좋은 '풍수'를 훔쳤는데도 결국은 그것이 악영향을 줄 경우 환경의 변화에 의한 게 아니라면 원래 풍수지가 원인인 것이다. 그런데 을의 묘를 조사하기 위해서는 당연히 을의 허가를 받아야 했지만, [묘를 조사하겠다는] 이유가 이유인 만큼 그럴 수도 없었다. 이에 갑은 묘 파는 인부와 풍수사를 동반하고 안개가 짙게 낀 밤을 택해 을의 묘지로 가서 묘를 파헤쳤다. 묘를 열자 놀랍게도 골호는 하나도 없고 대신 오물만 가득했다. 갑은 이때 처음으로, 을이 갑의 복수 의도를 알고서 몰래 갑에게 앙갚음을 했다는 것을 알게 되었다. 물의 흐름을 역이용하여 복수를 했던 것이다.

　베이커의 조사 보고를 장황하게 소개했는데, 이 사례에서 알 수 있는 것은 다평만의 작은 섬의 예에서와 마찬가지로 묘와 묘지를 통해 자손이 번성하는 것은 초도덕적·비인격적이며 기계적인 신비로운 힘의 작용에 의한다는 점이다. 그러나 동시에 '풍수'를 파괴하면 자손이 불행해지고 재력이 쇠퇴한다는 것을 알 수 있다. '풍수'는 자손의 번영을 위한 백주술白呪術임과 동시에 타인을 의도적으로 재앙에 빠트리는 사술邪術이 될 수도 있는 것이다. 그런데 여기서 중요한 것은 '풍수'를 보다 잘 지키기 위해서는 묘는 버리더라도 골호만 지키면 된다는 점이다. 일본인은 이러한 묘와 유골과의 관계를 이해하기 힘들지도 모르겠다. 이 관계를 납득할 수 없다면 일본인에게 있어서의 가옥과 위패의 관계를 상기해도 좋지 않을까 한다. 제2차 세계대전 때, 일본인은 공습으로 자신의 집이 불타더라도 조상의 위패만은 가지고 나와서 끝까지 지켜냈던 것이다(Smith, 1974 참조). 묘도 '풍수'에 따라 쓰는 이상, 납골당을 비우고 오물로 채워놓으면 다른 집에 악영향이 미친다는 것은 위의 예에서도 명백하다. 그런데 오물로 납골당을 채우려고 하는 그 의도는 역으로 보면 묘라는 겉껍데기는 내용물인 뼈보다 중요하지 않다는 증거이다. 프리드먼에 따르면 이로부터 '뼈'는 곧 죽은 자라는 등식, 혹은 조상과 자손과의 '풍수'적 관계는 다음과 같은 관계로 해석될 여지를 주게 된다(Freedman, 1966: 179~180; 1979: 299 등).

유골로 대표되는 조상은 위패에 모셔지는 조상과는 완전히 다르다. 위패로 상징되는 조상은 자신이 쌓은 부와 명성 때문에 자손에게 존경과 숭배를 받고 그런 까닭에 자손을 관장하지만, 한 조각의 유골로 상징되는 조상은 그것 자체는 썩어서 두려움을 주는 존재일 뿐 자손을 관장할만한 존재는 아니다. 자손은 묘에 있는 조상을 숭배하는 게 아니다. 묘는 '지리'의 일부가 되어 자손에게 행운을 가져오는 원천이 될 뿐이다. 다시 말해 그것은 자손의 의지에 따라 그 목적에 봉사하는 단순한 물건이자 저당물로 이용되는 존재에 지나지 않는다. 즉 조상숭배와 '풍수'는 표리의 관계인 것이다. 프리드먼에 따르자면, '풍수'상의 이익이 부계혈통을 따라 묘(유골)로부터 자손에 미친다는 점에 있어서는 위패 제사와 차이가 없다. 하지만 '풍수' 판단이 개개인의 운명을 정한다는 말에는—예를 들면 '팔괘'와도 관계있으므로—그 수혜의 질과 양, 좋고 나쁨이 부계 자손 모두에게 공평하지는 않다는 전제가 있다. 따라서 부모의 매장지를 둘러싸고 형제간에 다툼이 생기는 것도 있을 수 있는 일이다(Freedman, 1966: 169).

훨씬 극단적인 예도 있을 수 있다. 프리드먼과 다른 학자들도 인정하듯이 '풍수'는 초도덕적인 체계이므로 앞에서 서술한 것처럼 매장된 자의 '인격'과는 무관하다. 이 때문에 매장된 자가 성인聖人이든 죄인이든 간에 '풍수'상 좋은 땅으로부터 흘러나오는 이익은 같다. 게다가 '풍수' 판단의 기계론적 세계관에 따르면 '풍수'는 뼈의 지리학적 '입지론'과 '환경론'에 따른 것이기에, 버려진 골호 안의 뼈를 모아서 적합한 언덕에 매장하면 매장한 사람에게 이익이 생긴다. 이것은 매장되는 죽은 자와 매장하는 사람이 관계가 있어서가 아니다. 이는 베이커가 주장한 것인데(Baker, 1979a), 프리드먼의 앞의 주장과는 다르다. 베이커가 줄곧 말하는 바에 의하면, 조상숭배라는 것은 확실히 조상과 자손과의 사이에 우선 친족 관계가 있어야 성립하고, 죽음은 부차적인 의미를 가지는 데 지나지 않는다. 그러나 '풍수'에서는 죽음이 일차적인 의미를 가지며, 친족 관계가 없는 죽은 자를 안장함으로써 그로부터 이익을 얻을 수 있다면 조상이 아닌 단지 죽은 자와 관계되는 시스템이라는 의미가 된다(Baker, 1979a: 20). 친족이 아닌 죽은 자로부터 '풍수'상의 이익을 획득한 예는 홍콩에서도 매우 드물다. 그러나 베이커의 지적을 단순한 '가설'로 그치지 않게 하는 사례가 있는 것 같다.[5]

---

[5] '풍수' 판단의 예는 아니지만, 같은 종족宗族이 아닌 이성異姓인 사람이 생전의 인연에 의해서 묘를 관리하고 있는 경우가 많다. 예를 들어 홍콩 춘만荃湾의 야우

여기서 '풍수'의 기계론적 세계관의 특징을 정리해둘 필요가 있을 것이다. '이념'적인 혹은 '교리학'적인 풍수설은 눈에 보이지 않는 생기의 흐름으로 묘의 상태를 판단하여 조상으로부터 자손에게 미치는 영향을 설명한다. 지사地師[지관] · 풍수사의 '풍스' 지식도 많은 경우 이 원칙에 따른 체계적인 지식일 따름이다. 영향을 미치는 신비로운 힘은 묘(유골) 외부에 존재하는데, 풍수 나침반상에서의 자연의 운행과 자연의 모든 상태의 유기적 작용 관계가 유골에 영향을 줄 때, 유골을 처리한 사람, 즉 대개는 유골의 자손들에게 영향이 미친다. 신비로운 힘(생기)의 작용은 어디까지나 죽은 자의 '인격'과 무관하게, 초도덕적 · 비인격적 · '물리적' · 기계적 · 조직적인 작용이다. 그러므로 생기의 영향을 받는 자손들 사이에서도 그 영향이 한결같지 않고 형제들끼리도 차이가 있을 수 있다. 이 세계관에서 중요한 것은 뼈를 중심으로 한 '경관의 게슈탈트[형태]'이므로 뼈의 개별적인 특성이나 뼈와 살아 있는 사람과의 관계가 어떠한지는 문제가 되지 않는다. 그러므로 솟아나는 온천을 인간의 의지에 따라 일방적으로 이용할 수 있듯이, 자손과 살아 있는 모든 인간은 자신을 위해 온천의 원천인 죽은 자의 뼈를 '물物'의 차원에서 이용할 수 있다는 말이 된

곰타우油柑頭에서는 자식이 없었던 어떤 남자가 자신의 어머니와 함께 이성異姓의 일족에게 보살핌을 받아 그 은혜 때문에 자신을 보살펴준 일족의 묘를 관리하는 예가 있다. 보살핌을 받은 가족은 그후 계속 번영했고, 다른 한편 그들을 보살펴준 일족은 제2차 세계대전 이후 사방으로 흩어져 어디로 갔는지 알 수 없었다. 또 하나는 칭이도靑衣島 란톈藍田의 사례로서, 어떤 가족이 이성異姓의 인물을 헌신적으로 보살폈는데 그 인물이 죽은 후 그의 매장과 개장을 그 가족이 떠맡은 예가 있다(Hayes 1983, 142~143). 왜 이성異姓의 죽은 자를 그렇게 후하게 매장하고 묘를 관리하는가라고 할 때 그 이유의 하나로, 설령 이성의 죽은 자라 할지라도 자신을 매장해준 사람에 대해서는 영향을 미칠 수 있으리라는 관념을 볼 수 있는 것이다.

다. 이렇게 기계론적 세계관으로 해석하는 것이 용인될 수 있는 것은 지사·풍수사가 하는 일의 내용에 의해서이다. 일반 사람들이 지사·풍수사를 고용하여 그들의 지식에 완전히 의존하는 한 전문가의 지식과 그 지식의 응용이 홍콩 '풍수' 판단의 현실이다. 그러나 풍수사에 의한 '풍수' 판단이 '이념'적인 풍수와 모두 일치하는 것은 아니다. 실제로 풍수사는 '산룡' 간법·'수룡' 간법 등으로 나누어지는 나름의 전문 분야가 있어서 의뢰인의 요구에 응하는 것이다. 혹은 같은 간법을 쓰더라도 풍수사가 가진 능력은 일반인들의 '평가' 대상이 된다. 즉 이런 점 때문에 원칙적으로는 똑같은 기계론적 세계관을 공유하면서도 풍수 문헌과 풍수 전문가, '이념'과 '실제'에 차이가 생기게 되는 것이다.

4. 묘지 풍수와 인격론적 세계관

풍수 전문가는 '풍수'의 무엇인가를 설명하고 판단한다. 그러므로 한족 '풍수'설의 실제를 알고자 할 때 풍수 전문가의 지식을 통해 이해하는 것도 가능하다. 그것이 대체로 맞는 말이기는 하지만 풍수사는 일반 민중의 요구에 응하여, 그리고 무엇보다 그들에게 고용되어 임금을 받는 존재에 지나지 않는다. 따라서 일반 사람들도 풍수 전문가의 전문 지식에는 미치지 못하지만 같은 종류의 지식을 가지고 있다. 혹은 그들이 남다른 '풍수' 지식이라도 가지고 있지 않다면 애당초 풍수 전문가는 불필요하며, 전문가가 '풍수' 판단을 한 후에 일반 사람들이 그것을 평가하는 것도 불가능하다. 그러므로 일반 사람들의 입장에서 묘지 풍수를 둘러싼 문제들을 생각해야 한족의 '풍수' 지식과 세계관을 다루는 이 장의 과제에 보다 접근할 수 있으며, '풍수'를 둘러싸고 보다 광범위하게 펼쳐진 과제들에 대응할 수 있을 것이다. 그럼 일반 사람들이 어떤 동기에서 풍수사에게 의뢰를 하는지, 홍콩 칭이도靑衣島의 청메이 상촌涌尾上村의 예를 살펴보자.

이 마을 어느 종족宗族의 일원이 파인애플 재배를 위해 마을 부근의 산을 벌목하려던 당시의 일이다. 그 산은 그들의 시조 묘가 있는 장소이기도 했다. 해가 저문 어느 날 밤, 남자는 어떤 특이한 소리를 듣고 이상하다는 느낌이 들었다. 그는 시조 묘에 뭔가 변고가 일어났다고 확신하고 한 무리의 마을 사람들을 모아서 그 장소로 향했다. 놀랍게도 그들은 묘 위의 높이 솟아오른 곳에서 큰 돌이 떨어져 조상의 이름이 새겨진 묘비를 쓰러트린 것을 목격했다. 그는 우선 조상의 유물에 무슨 해라도 미친 건 아닐까 싶어서 골호를 열어 그 속을 확인해보았다. 그때 갑자기 한바탕 돌풍이 일며 귀에 거슬리는 소리가 났다. 그들은 조상의 영혼이 이 불운한 장소를 떠나가버렸다고 확신하고 어찌해야 할지를 풍수사와 상담하기로 했다. 상담 결과 골호를 다른 장소에 다시 매장하기로 했다(Hayes, 1983: 139~140).

위의 예로 말하자면, 사람들이 풍수사를 고용한 동기는 낙석에 의해 조상의 영혼(백魄)이 묘에서 떠나갔다고 본 데 있다. 이들의 동기는 지금까지 서술해온 '풍수' 원리와는 아무 상관이 없다. 굳이 관계를 짓자면, 낙석에 의해 묘가 파괴되어 이에 풍수사가 묘지 풍수를 판단하게 된 것이지만 묘는 곧 죽은 자라는 등식에 대한 사람들과 풍수사의 판단 기준이 이미 다르다는 것이다. 또 이렇게 말해도 좋을 것이다. 사람들에게 있는 고유한 '민속 종교'의 관념이 동기가 되어 풍수사로 하여금 고유한 '풍수' 판단을 하게끔 한 것이라고 말이다. 다시 말해서 서로 관계없는 세계관이나 이질적인 지식 체계가 '묘'를 통해 서로 관련되고 결합하고 있는 것이다. 그렇다면 풍수사의 판단

결과에 대한 사람들의 평가도 '민속 종교'의 영향에서 비롯된다. 그래서 뼈의 '풍수'적 입지나 환경이 좋아서 자손이 번성하리라고 평가하기보다는, 죽은 자가 편안히 안녕을 누리고 있으므로 자손에게 가호와 은혜를 줄 것이라고 평가하는 것이다. 만약 이런 평가가 내려지고 있다면, 프리드먼과 베이커가 그렇게 엄격히 구분했어야 할 만큼 '조상숭배'와 '풍수' 사이에 차이가 있는가 하는 의문이 생긴다. 일반 사람들이 '풍수' 판단을 구하는 데는 '민속 종교'상의 이유에서 비롯되는 강한 동기나 기대가 있다. '풍수' 판단은 이와 같은 민속적 세계와 결코 유리되어 있지 않을 뿐만 아니라 유리될 수도 없다. 타이완에 좋은 예가 많이 있으므로 이제는 타이완으로 가보도록 하자.

오늘날에도 한족의 인생관을 지탱하고 있는 것은 여전히 현세에서의 '양영兩榮'(자손 번영, 재력 축적)과 '삼행三幸'(자손 번영, 재력 축적, 장수)이다. 그래서 이들 복福·녹祿·수壽에 그늘이 드리워지거나 일상생활에서 분명한 불행의 조짐이 보이기 시작하면 사람들은 그 불행의 원인을 밝혀내기 위해 노력한다. 이를 위해 사람들이 상담을 요청하는 곳이 사묘寺廟이다. 그중에서도 특히 샤먼인 탄키童乩의 진단을 받을 수 있는 사묘는 더 인기가 있다.

여기에 탄키가 피진단자에 대해 불행의 원인을 설명한 자료를 잘 분석한 보고가 있다(Li, 1976: 329~338; 李亦園, 1978: 108~109). 사례는 모두 타이완 중부의 난터우 현南投縣에 있는 두 사묘의 예인데, 불행의 주원인이 '풍수'라는 점이 무척 흥미롭다. 진단이 유효했던 202개의 예 중에서, (1) 풍수가 재앙의 원인: 73(36%), (2) 친족인 귀신이 원인: 54(27%), (3) 팔자가 나쁜 게 원인: 37(18%), (4) 친족이 아닌 귀신이 원인: 29(14%), (5) 타인이 건 주술이 원인: 6(3%), (6) 그 외: 3(2%)으로서 풍수가 원인으로 지목된 경우가 가장 많다. 풍수상의 원인이란 즉 조상(죽은 자)으로부터 자손에게 미치는 재앙으로 귀결되는데, 보다 구체적인 원인은 (1) 묘의 위치가 나쁜 것, (2) 조상이 불편하고 위험한 상태인 것, (3) 자손들이 묘를 돌보지 않는 것, (4) 조상의 불만을 초래하는 상당히 특수한 이유(예를 들면 양친이 합장되어 있는 경우) 등이다. 그럼 이번에는 '풍수'상으로 재앙을 일으키는 사람이 누구인가를 살펴보면, (1) 아버지의 풍수에 의해: 17가지 예, (2) 어머니의 풍수에 의해: 7가지 예, (3) 남편의 풍수에 의해: 5가지 예, (4) 양친을 함께 매장한 것에 의해: 5가지 예, (5) 같은 부지에 양친과 조부모를 함께 매장한 것에 의해: 3가지 예, (6) 아내의 풍수에 의해: 2가지 예, (7) 조부의 풍수에 의해: 1가지 예가 있다.

위의 데이터와 이것을 분석한 리이위안李亦園의 지적에 따르면 '풍수'는 현세의 모든 재앙의 원인 중 하나에 지나지 않으며, 사람들과 탄키에게 '풍수'상의 재앙은 '귀신'에 의한 재앙과 동등한 원인으로 여겨지고 있다. '풍수' 지식이 특별히 풍수 전문가만의 특권이나 독점물이 아닌 이유가 바로 여기에 있다. 그리고 '풍수'에 의한 재앙의 원인이 단순히 묘의 지리적 위치가 좋고 나쁜 것으로만 귀결되지는 않는다는 점이 사람들과 탄키로부터 볼 수 있는 '풍수'관의 특징이다. 재앙이 자손에게 미치는 것은 묘의 지리학보다는 오히려 묘에 있는 조상이 불편한지 편안한지, 혹은 자손이 묘에 있는 조상을 경시하는지 그렇지 않은지에 의해서이다. 리이위안이 말하기로는 "묘가 풍수상 좋은 곳에 있어서 조상이 만족하면 자손에게 이익이 미친다."(Li, 1976: 332)는 것이다. 결국 이 사례에 국한하자면, 프리드먼이 지적한 것처럼 뼈로 상징되는 묘의 조상은 단지 자손의 이익을 위해 봉사하는 데 지나지 않는 '수동적인 것'일 뿐이라고 말할 수만은 없다. 조상은 만족·불만족에 따라 자손의 장래의 좋고 나쁨을 결정하고, 조상의 '감정'은 묘의 입지에만 좌우되는 것이 아니라 자손이 조상을 대하는 태도 여하에 따라 변화한다. 우리가 일반 사람들로부터 본 '풍수'는 조상에서 자손으로 일방적으로 작용하거나 자손이 조상을 일방적으로 이용하는 것에 의해 생기거나 유지되는 것이 아니다. 리이 위안이 지적한 것처럼 양자의 관계는 명백히 '호혜적'이다. 여기에는 '풍수'의 기계론적 세계관이 아니라 도덕적이고 민속 종교적이며 실용적이고, 나아가 조상이 조상으로 인정받음으로써 친족 관계에 있는 사람들에게 영향력을 행사할 수 있는 인격적 존재로 인정되는 세계관이 존재할 수 있다. 이와 같은 풍수 지식을 '인격론적 세계관'이라고 표현하겠다. 이런 세계관은 풍수 전문가와는 상관없이 일반 사람들의 '풍수' 판단에 넓게 퍼져 있는 것이 아닌가 생각된다. 아헌 E. M. Ahern의 보고에 나오는 타이완 북부에 있는 시난溪南의 예는 일반 사람들의 '풍수' 지식을 이해하는 데 좋은 사례를 제시한다(Ahern, 1973: 175~190).

〈사진 4〉 사체 매장 직후의 매장묘. 타이완에서는 1차로 매장하는 묘라도, 그것이 우선 조상에게 있어 어떤 '풍수'인지를 판단하는 것이 중요하다. 타이완 핑둥 현屛東縣 주티엔 촌竹田鄕(와타나베 요시오 촬영)

아헌은 이 지역에서 가장 전형적인 묘지 풍수의 예를 다음과 같이 말한다. "묘지 풍수가 빈약하다는 것은, 조상이 기분 나쁜 상태로 자신의 집에서 생활하고 있는 상황이라는 말이다. 조상이 자신의 집을 '좋지 않다(불쾌하다)'라고 생각하면 조상은 자손의 집으로 와 해를 주고 자손의 집은 문제투성이가 될 것이다. 예를 들면 작물이 흉작이거나 질병이 발생한다든지 할 것이다. 그러나 풍수가 좋으면 조상은 쾌적해져서 자손을 고민시킬만한 일은 하지 않을 것이다."(Ahern, 1973: 180) 시난 사람들이 말하는 '풍수'란, 앞에서 서술한 '이념'상의 풍수설처럼 생기의 작용이 어떤가 하는 데에는 관심이 없고, 이와 같이 조상의 '거주 조건'에 관심이 집중되어 있다. 결국 사람들은 '이념'적 풍수설에서처럼 묘에 있는 조상이 자손에게 큰 영향력을 미친다는 것을 인정하기는 하지만, 영향력의 근원은 조상의 '인격'이나 '감정'에 있다고 생각한다. 따라서 만약 조상이 묘에서 쾌적한 생활을 하고 만족스러우면 자손에게 좋은 영향을 주지만, 조상이 자신의 집에서 불쾌하고 불만족한 생활을 하면 악영향을 준다는 것이다. 다시 말하자면 좋은 '풍수'란 조상이 안락한 상태임을 의미하고, 나쁜 '풍수'란 조상이 불만족한 상태임을 의미한다. 거기에서는 생기의 유무조차 문제되지 않는다. 물론 시난에도 기나 생기라는 명칭을 알고 있는 사람은 있지만, 대부분의 사람은 이 개념의 의미 내용에 대해서는 잘 모르고 있다. 만약 생기가 제대로 효과를 발휘하기를 기대한다면, 그들도 홍콩의 많은 예에서처럼 '집골執骨'을 하고 납골 후에는 영구적인 구갑묘를 건립하는 등 2차 매장 시에도 '풍수' 판단을 하여, 매장 과정의 최종 단계에서도 생기의 영향력을 판단할 것이다. 그러나 영향력을 조상 자체로부터 구하는 시난에서는 1차 매장 이후의 매장 과정의 모든 단계에서 조상의 영향력이 나타난다(〈사진 4〉 참조).

즉 '집골'이나 납골 시도, 영구묘의 건립 시도 조상의 영향이 발휘되는 시기라는 점에서는 동일한 것이다. 개장改葬의 모든 단계에서 문제가 되는 것은 조상이 만족하는가의 여부 단 한 가지뿐이다. 물론 시난에서도 '묘지 경관의 게슈탈트'는 고려되고 있으며 묘의 방향도 중요한 고려 대상이다. 〔다만 시난이 홍콩과 다른 부분은〕 묘 부근의 환경이나 묘의 방향도 조상이 만족할까와 관련된 판단이지 결코 생기의 질량을 판단하기 위한 것은 아니라는 것이다.

　시난에서도 묘지 풍수의 판단 대상은 뼈이다. 조상의 '감정' 판단의 주체는 죽은 자의 한 조각 뼈이다. 그래서 골호骨壺에 물이나 벌레가 들어가면 '조상이 불쾌할 것'이라 판단하고 그것을 제거하려고 노력한다. 이 때문에 판단의 형식과 방법은 기계론적 세계관에 근거한 '풍수' 판단과 대체로 유사하지만, 기의 운행이라든지 조상의 '감정'을 판단하는 방식을 볼 때 판단의 대상과 목적이 그것과는 다르다. 따라서 시난 사람들의 사고방식으로 미루어볼 때, 홍콩에서의 예와 같은 극단적인 '풍수'상의 암투는 일어나기 힘들다. 시난의 공동묘지는 묘 위에 묘가 있을 정도로 과밀한 상태인데도, 묘의 지리학적 관계로부터 '풍수' 문제가 생기지는 않는다. 하지만 일족 전원이 같은 1개의 묘에 묻히는 종족 묘를 선호하지는 않고 대개 부부나 고작해야 부모 자식 두 세대가 함께 묻히는 정도이다. 모든 것은 조상의 '감정' 여하에 좌우되는데, 조상의 '감정'은 통상 현세의 자손들의 감정과 동일시되어 판단된다. "우리가 불쾌하다고 느끼는데 조상들이 어떻게 불쾌함을 느끼지 않을 수 있겠는가." 조상이 안락한 상태로 있는 한 그 은혜가 형제간에 골고루 미칠 거라고 기대된다. 물론 현실의 생활에서는 이를테면 형제간에 직업이 달라서 재력에 차이가 있거나 자손의 수 등에서 차이가 있을 수는 있다. 하지만 조상으로부터 오는 영향력을 중시하는 시난에서는 개인적인 '풍수' 운運보다는 운의 균등화·집단화를 지향한다.

이와 같은 시난 사람들의 세계관을 알게 되면, 시난과 홍콩의 차이는 풍수사의 영향력 차이라고 가정하는 독자가 많을 것이다. 그 점은 확실히 사실이다. 시난의 경우에는 풍수사가 그다지 관여하지 않고, 아헌 스스로 풍수사를 만날 기회가 충분치 않았다는 것을 인정한다(Ahern, 1973: 189). 그러나 그녀 자신이 풍수사의 의례를 시난에서 들은 적이 있고, 시난 사람들의 생활이 풍수사와 전혀 관련이 없지 않다는 것은 사실이다. 나는 앞에서 '이념'적 풍수설에서는 풍수사마다 다른 '풍수' 지식이 있다는 것을 알지 못한다고 서술했는데, 정말로 풍수사가 일반 사람들의 요구에 봉사하는 사례를 두어 개 들어보겠다. 그 사례를 보면 홍콩과 시난, 혹은 홍콩과 타이완의 '풍수' 지식의 차이가 과연 풍수사와 일반 사람들의 관계 방식의 차이에서만 유래하는지의 여부에 대해 재검토가 필요하다는 것을 이해할 수 있을 것이다.

우선 같은 시난의 예를 보자. 풍수사가 관여하는 것은 역시 죽은 자를 매장하는 때이다. 아헌의 보고에는 풍수사 자신의 '풍수' 판단은 자세하게 나와 있지 않지만, 앞에서 말했던 묘의 환경이나 방향 등 경관의 통합적인 형태를 본다고 하는 형식은 동일하다. 그렇게 묘에 관을 묻고 방향을 정해서 흙을 덮은 후에, 풍수사는 묘 앞에 서서 한 손에 '타우斗'라 불리는 되[桀]를 들고 되 안에 있는 주물呪物을 묘 위에 던진다. 이 되에는 다섯 종류의 곡물(오곡), 다섯 종류 이상의 동전(재물), 그리고 못(못釘의 발음은 '땅'인데 성년 남자를 의미하는 정丁과 발음이 같은 데서 남자를 상징한다)이 들어 있다. 번영의 상징물인 것이다. 풍수사가 이것을 세 번 던지고 나서 "고위 관직이

나오고, 많은 재산을 모으고, 아들 많이 낳으라."라고 외친다. 그러면 주변에 있는 참가자들은 "네."라고 응수한다. 이처럼 의례는 세골洗骨 후에도, 묘지 조성 후에도 행해진다. 이때 매장 의례의 입회는 도사道士〔도교의 제관〕도, 승려도 아닌 풍수사가 한다(Ahern, 1973 : 179∼180). 의례 내용을 보면, 이 의례가 타이완 민속 종교의 일부를 이루고 있어서, '풍수'를 민속 종교의 컨텍스트에서 분리시켜 생각하는 것은 불가능하다.

묘지 풍수의 예는 아니지만, 타이완 북부의 싼싸三峽에는 도사가 주체가 되어 '풍수' 판단을 하는 예가 있다(Weller, 1987 : 153∼154). 그러나 도사가 판단하는 '풍수'는 풍수사가 판단하는 풍수와는 질적으로 다르다. 도사는 자신의 독자적인 지식 체계에 의해 풍수를 판단하는 것이다. 어떤 묘의 개소식에서 도사가 '안룡송호安龍送虎'의 풍수 의례를 집행했다. 제사의 대상인 용은 풍수설에서 말하는 '용맥·산룡'의 용이나 '청룡'의 용을 상징하고, 호랑이는 '백호'를 상징한다. 이 두 가지 상징은 종이로 모양을 만들어 제사상에 놓인다. 도사는 '사악한' 호랑이를 협박하고 뇌물을 바치면서 호랑이에게 떠나가기를 권한다. 한편 용에 대해서는, 용이 이익을 가져오는 존재이므로 그곳에 머물러달라고 이야기한다. '청룡'과 '백호'는 기존의 용과 호랑이 상징이 풍수적으로 변형된 것인데, 풍수설에서는 용이 호랑이보다 우위라고는 하지만 쌍방의 존재에 선악의 가치가 부여되지는 않는다. 하지만 도교와 민속 종교에서는 용은 신과 동등하고 특히 백호는 퇴치의 대상이다. 웰러가 잘 지적하고 있듯이, 도사에 의해 '풍수'는 비인격적 카테고리로부터 민간·도교적 세계관과 결합하여 인격화되는 것이다(Weller, 1987 : 154).

이처럼 타이완에서도 '풍수사'와 일반 사람들이 엮이는 것은 일상적이다. 그러나 그 '풍수사'가 기계론적 세계관을 가진 사람이기만 한 것은 아니며, 위의 예에 한해서 보자면 민속 종교와 밀접한 관계를 가진, 인격론적 세계관의 소유자이기도 한 것이다. 따라서 이와 같은 예의 경우, '풍수' 판단의 전 과정은 기계론적 세계관과는 거의 무관할 것이다. 이것은 내가 홍콩 칭이도의 청메이 샹춘의 예에 대해서 해석한 것처럼, 풍수사의 지식과 일반 사람들의 지식이 '묘'를 통해 기묘하게 결합한다는 것은 아니다. 타이완 중부의 난터우 현의 탄키의 진단을 포함하여, 대체적인 풍수 판단의 동기에서부터 '풍수'에 대한 일반 사람들의 평가에 이르기까지의 전 과정에서 이질적인 지식이 결합하지는 않는다. '풍수' 지식이 민속 지식에 섞여들어 있어서 그것이 민속 종교라는 체계의 범위를 벗어나지 않는다고 해도 과언이 아니다. 그러므로 시난의 '풍수' 지식은 '풍수'의 전문 지식이 개재되어 있지 않아서 사람들이 충분히 이해하고 납득할 수 있다. 바꿔 말하자면 "좋은 풍수란 조상의 안락이다." "조상의 안락은 자손이 열심히 죽은 자를 공양함으로써 유지된다." "자손이 계속해서 죽은 자를 공양하면 조상은 만족하기 때문에 조상으로부터 은혜를 얻을 수 있다." "조상으로부터의 은혜는 자손에게 동등하게 미치기 때문에 형제간에 다툴 필요가 없다."……라는 일련의 공식은 모두 신·귀신·조상을 우주의 삼위三位로서 인식하는 민속 종교의 실용적 지식 속에서 충분히 이해 가능한 일련의 해석 체계이다(渡邊欣雄, 1986a 참조). 여기서 또한 우리는 풍수 전문가의 지식을 아는 것만으로는 이해되지 않는 '풍수'의 인격론적 세계관의 존재를 확실히 인식해야 한다.

5. 요약과 결론

지금까지 내가 여러 가지 사례를 토대로 전개한 논의는 대체로 다음과 같다.

'풍수' 사상에는 동아시아에 널리 퍼져 있는 "대수분지의 이데올로기"가 바탕에 있고, 뿌리와 줄기인 조상이 있고 나서야 가지와 잎인 자손이 번성한다는 전제가 살아 있다. 그래서 묘지 풍수는 다른 어떤 풍수설보다도 중요하다. 자손을 번영시키는 에너지인 신비로운 힘(생기)은 조상을 통해 그 영향이 전해지므로 영원한 주거로서의 조상의 묘지는 주위에 충만한 생기력을 집중시키고 이용하고 조화시키기 위해 '풍수' 판단에 의한 적절한 입지 조건을 필요로 한다. 풍수서의 음택풍수설은 일반적으로 위의 내용부터 설명하기 시작하여 '풍수' 판단의 구체적인 사례로 나아간다. 이러한 풍수서의 지식을 활용하여 민간의 수요에 응해온 사람들이 지사·풍수사 등의 풍수 전문가였다. 결국 현실의 수요에 응하여 활용되지 않으면 죽은 지식이 되어 버리는 풍수서의 '이념'적 지식은 현대 풍수 전문가들의 활동을 통해 보다 현실적인 지식으로 소생하고 있는 것이다. 풍수 전문가의 지식이 풍수서의 지식과 원칙적으로 같다는 것은 아래와 같은 세계관을 공유하는 한 대체로 맞는 말이다. 즉 풍수서도 풍수 전문가도 공히 기계론적 세계관을 공유하고 있다는 것을 인정하는 한에서 말이다.

기계론적 세계관은 '풍수'의 생기→조상→자손이라는 일방적 영향력을 판단의 전제로 삼으면서도, 생기가 조상과 자손이 가진 성격과는 결코 관계가 없고, 외부에 존재하는 자연에 있으며, 지리학적 측정에 의해서만 이해될 수 있는 메커니컬한 운동을 일으킨다고 본다. 다시 말해서 생기의 운동은 인문 분야가 아닌 지문地文 분야에 속하고, 그 자체는 비인격적이어서 인륜과 도덕을 초월한 '물리적' 운동인 것이다. 따라서 묘지 풍수의 판단 대상도 조상이기보다는 죽은 자이며, 또 죽은 자이기보다는 뼈이다. 이때 뼈는 생기라고 하는 에너지의 영향력을 매개하는 '물질'적인 존재이다. 뼈를 지니고 있던 죽은 자가 생전에 행한 선악도, 죽은 자와 매장자의 관계도, 궁극적으로는 친족 관계의 유무도 상관없다. 이와 같은 세계관을 토대로 하는 '풍수' 판단의 사례는 홍콩에 많았다.

그러나 타이완으로 눈을 돌리면, 이와 같은 세계관과는 다른 '풍수' 판단이 도처에 있었다. '풍수' 작용의 좋고 나쁨은 앞의 공식에서 말한 '전달 매체가 곧 조상의 상태'라는 데에 중점을 두고 판단된다. 즉 '풍수'의 좋고 나쁨은 영원한 거처에 있는 조상이 그 묘지의 환경과 자손의 매장·숭배 행위에 만족하고 있는지의 여부에 의해 결정되었던 것이다. 타이완의 몇몇 사례에서 중요했던 것은 위와 같은 조상의 '감정'이었다. 중요한 것은 생기보다는 '조상의 덕'이다. 이와 같은 '풍수' 판단에는 조상을 조상으로 인정하고 인격이 있는 존재로 여기며, 조상-자손 간의 '도덕적' 응대를 문제 삼는 지식 유형이 배후에 깔려 있었던 것이다. 조상의 도덕적 감정은 자손의 도덕적 감정이기도 하다. 조상이 안락하면 자손은 번성하고 그렇지 않으면 쇠퇴한다는 공식은 신이나 위패의 조상에게 '현세적인 이익'을 기대한다는 면에서 기본적으로 동일하다. 그것은 실용즈의적인 한족의 민속 종교와 조금도 다르지 않다. 즉 내세나 타계에서도 개개인의 '인격'을 인정함으로써 성립하는 인격론적 세계관이야말로 이러한 '풍수' 지식을 떠받치는 기초인 것이다. 그러나 이러한 세계관은 홍콩의 사례처럼 풍수 전문가의 지식이 아니라 일반 사람들의 지식을 떠받치는 것이므로 차이가 있는 것은 당연하다는 지적이 있을지도 모른다.

그러나 타이완에서는 '풍수'를 다루는 전문가도 이와 같은 사고방식을 인정한다. 타이완에서 전부 그렇다고 말할 수는 없지만, 우리가 보고 있는 사례에 국한하자면 전문가와 일반인이 민속 종교를 공유하고 있다는 점에서 '풍수' 지식의 질적 차이를 확인할 수 없었다.

한편 나의 이와 같은 논의는 다음과 같이 이해하면 쉬울 것이다. 실제 한족 사회에서 '풍수'의 기계론적 세계관은 홍콩에서 두드러지고 주로 풍수서의 영향을 강하게 받은 풍수 전문가의 체계적 지식이 기초가 된다. 한편 '풍수'의 인격론적 세계관은 타이완에서 두드러지고 주로 민속 종교의 담당자인 일반 사람들의 실용 지식이 기초가 된다. 그러나 나의 결론의 의도는 이러한 유형화에 있지 않다. 우선 나는 '풍수' 지식의 차이가 홍콩이나 타이완 등의 '지역성'의 차이에 의한 것이라고는 생각하지 않는다. 예를 들어 타이완 각지를 조사한 헤시키 요시하루에 의하면, 매장에는 많은 지리사가 참여한다고 하며 그 묘지에 대한 풍수 판단도 풍수서를 참고하여 '내룡來龍'을 조사하고 뼈는 기를 매개하는 수동적 존재라고 하는 등 프리드먼이 지적한 것과 다르지 않은 간법이 있다는 것이 확인되고 있다(平敷令治, 1989: 265). 반대로 세가와 마사히사瀨川昌久에 의하면 홍콩에서도 풍수사에 의뢰해서 묘의 '풍수'를 판단받는 것은 '풍수'에 대한 자손들의 욕망, 아니 오히려 고집에 의한 것이어서 자손들에게 재력과 고집이 없으면 골호는 묘에도 들어가지 못한 채 산과 들에 그대로 방치되어 어느새 그 존재조차 잊혀지는 예도 있다(瀨川昌久, 1989: 384). 홍콩과 타이완 모두에서 '풍수'는 전문가와 사람들의 풍수에 대한 기대나 수요-공급의 정도에 따라 그 실제가 달라진다.

그럼 두 세계관의 차이는 전문가와 일반인의 차이인가라고 묻는다면, 앞에서도 서술했다시피 많은 부분에서 그런 경향이 있음을 부정할 수는 없다. 그러나 타이완의 사례처럼 전문가들이든 사람들이든 입장에 따라서 다양한 '풍수' 지식을 가지고 있으며, 또한 예를 들지는 않았지만 아헌(Ahern, 1973)과 웰러(Weller, 1987)가 지적한 것처럼 기계론적 '풍수' 지식에 상당히 정통한 일반인도 있어서 세계관의 실상을 인물 중심으로만 분류할 수는 없다. 나는 오히려 이러한 세계관을 누구의 것이라거나 어디의 것이라고 말하지 않고 한족 공통의 세계관에 있는 양극兩極으로 파악하는 편이 좋으리라고 생각한다.

여기서 설득력 있는 견해라고 여겨지는 것이 최길성의 지적이다(崔吉城, 1986: 113~135).[6] 그는 한국에서 '풍수' 지식을 담고 있는 조상숭배를 다음의 세 가지 모델의 복합 형태라고 보았다. 즉 '풍수'·'제사'·'무속', 이 세 가지 모델의 복합형이라는 것이다. 그가 말하는 '풍수' 모델은 (생기→)조상(죽은 자)→자손으로의 일방적 영향력의 구조를 지닌 기계론적 세계관과 동일하다. 그것은 사람들의 인생관이나 '효행孝行'의 이념과는 무관하다. 그러나 '제사' 모델은 살아 있는 부모에 대한 '효행'의 연장이다. 생전에 부모를 봉양하고 역으로 부모로부터 은덕을 받는 것은 조상-자손의 관계에서도 도덕적 레벨로 적용 가능하다. 그러나 '제사'는 조상을 자손의 화복을 지배하는 신으로 보는 것은 아니며, 제사를 지내지 않는다고 해서 조상이 자손을 해코지한다는 뜻도 아니다. '무속' 모델은 생전의 인간관계의 연장선상에 있다. 생전의 한은 사후 원령怨靈의 빌미[祟]가 된다. 역으로 부모 생전에 자손과의 관계가 좋았다면 조상은 수호신이 되어 자손을 가호한다. '풍수' 모델이 조상(죽은 자)→자손의 방향을 강조하

---

[6] 나는 한국어를 읽을 수 없기 때문에 최길성의 저서 일부를 도쿄도립대학원생인 최인택 씨에게 번역해달라고 부탁했다. 감사하는 뜻에서 적는다.

고 '제사' 모델이 자손→조상(부모)으로의 방향을 강조하는 것에 비해, '무속' 모델은 상호적이고 호혜적이다. 최길성의 지적에서 아주 흥미로운 것은 이 세 모델은 이론적으로는 나눌 수 있어도 실제 생활에서는 분리할 수 없는 복합체이므로, 설령 외래의 풍수설이라 하더라도 다른 요소와 관련되고 토착화되고 있다고 서술한다는 점이다(崔吉城, 1986: 133~134 참조).

내가 지적한 것과 이것을 연결시키자면, '풍수'의 인격론적 세계관은 확실히 '제사' 모델의 연장선상에 있다는 것이다. 다만 아헌(Ahern, 1973)이 지적했듯이 조상에 대한 자손의 불경은 조상으로부터의 벌을 초래하므로 리이위안(Li, 1976)이 지적한 대로 호혜적이라는 점에서 이러한 인격론적 세계관은 '무속' 모델을 포함할 수 있는 것이다. 최길성과 내가 '풍수' 개념을 적용하는 범위는 다르지만 그것이 중요한 문제는 아니다.[7] 오히려 최길성의 이론을 통해 내가 결론 내리고 싶은 것은 한족에게도 한국과 같이 복합적인 지식이 존재한다는 것이다. 앞에서 서술했듯이 '풍수' 지식에 관해서는 우선 '지식의 다층성'이 확인될 수 있다. 많은 경우 사람들은 모든 것을 알고 있는 풍수 전문가의 지식에 의존한다. 다음으로 '지식의 정당성'의 근거인 지식은 사람과 장소와 무관하게 체계적이거나 실용적이었다. '풍수' 세계관의 기계론과 인격론 간의 차이에는 이러한 배경이 있는 것이다. 그리고 이 장에서는 논하지 않았지만, 아마 한족 사회에서도 어떤 지식

---

7) '풍수' 개념이 사회나 사람마다 다르다는 점으로부터 지식인류학적 과제가 발생한다. 예를 들어 한족의 '家' 개념과 오키나와의 그것이 다르다고 해도(渡邊欣雄, 1989a), 한족의 개념이 옳고 오키나와의 개념이 틀렸다는 말은 성립하지 않는다. '풍수' 개념의 옳고 그름은 그 지식을 가지고 있는 사회 혹은 개인의 '지식의 정당성'에 의거하는 것이지(渡邊欣雄, 1986b), 당연히 풍수서에 의거하는 것은 아니다.

이 옳은가를 둘러싼 '지식의 투쟁'이 있었던 것 같다. 현존하는 '풍수' 지식이 고대와 같은지의 여부, 즉 전통성이 있는가의 여부에 대해서도 사례를 통해 입증할 수 있을 것이다. 그리고 '풍수' 지식이 사회와의 갈등 속에서 개인 안에서도 변화하고 있을 것이다. 그래서 나는 오키나와 연구에서 논한 적이 있는 지식인류학의 과제에 한 걸음 더 가까이 가게 됐다(渡邊欣雄, 1986b: 1~36 참조).

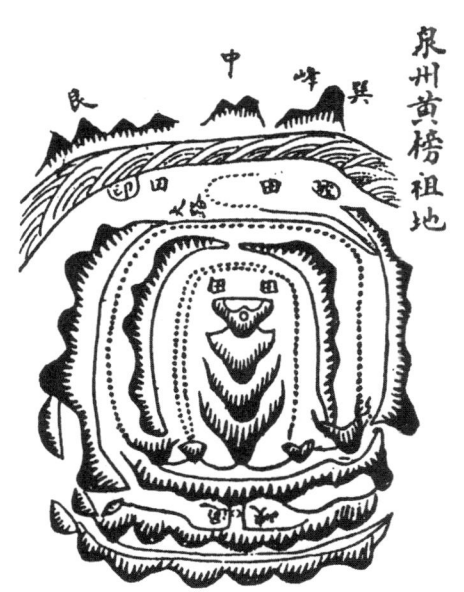

제2부

鍾義明, 『臺灣地理圖記』(臺灣: 武陵出版社, 1988)에서

4장 오키나와의 지상술Geomantik과 문화인류학 연구
—대화 형식으로 풍수론을 전망하다[1]

1. 문화인류학에서의 풍수론의 의의

—최근 일본에서도 점차 '풍수' 논의가 무성해지고 있는듯하지만, 아직도 문화인류학이나 사회인류학 분야에서는 이것이 중국(한족) 연구의 중요한 키워드라고 생각하는 사람이 적을 거네. 게다가 오늘 여기서 논의하려고 하는 오키나와 연구에서는 풍수가 아직 키워드로조차도 인식되지 않고 있으리라고 생각하네.

여기서 자네에게 질문을 하려고 하는 나〔지은이 와타나베가 자신에게 스스로 물으면서 대답해간다〕도 '풍수'에 대한 이해가 충분치는 않네만, 막스 베버M. Weber의 『종교사회학논집』(1947)의 한 구절에서 〔풍수에

---

[1] 나의 '풍수' 연구가 진전되면서 내 연구에 대해 의문을 갖고 개인적으로 서신을 보내는 사람들도 적지 않았고, 원래 내 연구가 난해하다는 말도 오래전부터 있었다. 그래서 생각한 것이 '대화' 형식으로 논문을 구성하는 것이다. 다만 실제로 대화를 한 것은 아니므로 본문의 '대화'에 대한 책임은 모두 나에게 있다.

관한 내용을〕 읽은 적이 있네. 베버의 연구는 동양 종교 연구에서 등한 시할 수 없는 현대의 선구적인 업적 중 하나이지. 그는 도교의 성립 과정을 복원해가는 중에, 풍수설이 대두하는 것을 중시하고 있어. 도교가 국가 종교로서 합리화되어가고 있을 때, 초기에는 애니미즘적인 '시점술時点術Chronomantik'이 지배적이었지. 결국 '풍수설', 베버의 용어로 말하자면 '지상술地相術Geomantik'이 보급되기 이전에는 국가적 사업이든 무엇이든 간에 언제 무엇을 행해야 귀신으로부터 재액災厄이 미치지 않을까 하는 장래의 사업의 성패成否는 시간의 운행을 판단하는 것에 좌우되었어. 그것은 '음양·오행설'에도 있고 점성술에도 있지. 그런데 9세기경이 되면 그 재액의 원인이라는 것을 토지의 형태라든가 장소에서 찾으려는 사고방식이 대두하게 되지. 베버의 말로 하자면 이전까지의 '시점술'을 **타도하는**듯한 학파가 대두하게 된 거네. 그것이 이른바 게오만틱(지상술)이지. 이 사고방식은 이를테면 "모양에 따라서는 한 개의 바윗덩어리가 커뮤니티 전체를 악귀로부터 보호한다."라든가, "분묘가 질병 피해의 발생 원인이다."라든가, 또는 "옆집 사람이 사망한 원인은 그 집의 가옥 구조 때문이다."라는 등의 발상이나 인과 관념을 특징으로 하고 있어(Weber, 1947: 327). 따라서 재액의 회복과 방지 또한 '대항주술對抗呪術Gegenzauber'로서의 게오만틱에 따르지 않을 수 없게 된 거지.

  자네가 지금 관심을 가지고 연구하려고 하는 것은, 재액의 원인을 시간의 운행 체계에서 찾는 것이 아니라 이처럼 **장소**의 영향에서 구하는 사상이나 지식일 거라고 생각하네. 그러나 예를 들어 '음양·오행설' 등의 크로노만틱(시점술)에 비해 게오만틱(지상술)의 사고방식은 우리 일본인으로서는 오히려 이해하기가 어려워. 이 사고방식의 원리라든지 원칙은 조만간 차츰차츰 설명해주길 바라고, 애초에 자네가 말하는 '풍수론'이라는 것이 문화인류학 연구를 하는 데 있어서 어떠한 의의가 있다고 스스로 생각하는지, 그것부터 간단히 설명해주길 바라네.

와타나베 나는 막스 베버의 연구를 잘 알지는 못합니다만, 그는 '풍수론'의 역사적 복원에 관하여 좋은 해석의 예를 제공해주었다고 생각합니다. 그러나 '풍수설'의 역사적 복원에 대해서 말하자면, 그것이 반드시 베버의 주장대로였던 것은 아닙니다. 그 점에 대해서는 나중에 언급하기로 하겠습니다. 문제는 '풍수' 연구의 문화인류학적 의의입니다. 유럽의 문헌만을 보아도, 이미 19세기 후반에 오늘날에도 유효하다고 여겨질 수 있을만한 연구 보고가 세상에 나왔습니다.

─베버가 자주 인용한 드 그룻의 연구(de Groot, 1897~)가 바로 그렇지.

와타나베 그렇습니다. 드 그룻의 연구는 1880년대부터 시작됐는데, 그 이전 혹은 동시대에도 적잖은 연구 보고가 세상에 나와 있었습니다. 에드킨스(Edkins, 1871~1872), 아이텔(Eitel, 1873), 듀크스(Dukes, 1885)의 연구가 최초였을 겁니다. 그리고 보니 타일러 E. B. Tylor가 문화인류학을 일으켰을 당시에 이미 유럽인에 의해서 이런 연구가 시작되었으니, 그 연구의 신속함과 깊이에 내가 놀랐다는 것을 당신도 알 겁니다(渡邊欣雄, 1988a). 따라서 유럽인에 의한 19세기 당시의 '풍수' 연구는 물론 '문화인류학'의 이름으로 수행되지는 않았습니다만, 유럽에서 오늘날까지 '풍수' 연구의 주류를 계승해온 것은 문화인류학자나 사회인류학자들이 아닌가 싶습니다. 왜냐하면 우선 대표적으로 드 그릇의 연구로 알 수 있듯이, 그는 '풍수'의 역사나 문헌상의 복원만을 하는 것이 아니라, 아모이厦門를 중심으로 하여 풍수나 그 이외의 현지 조사를 행하고 있습니다. 그것은 일차 자료라고 하는 민족지학적 연구로서 중요합니다. 두 번째로는 프리드먼의 연구가 대표적인 예입니다. 그는 주로 홍콩 지역에서 현지 조사를 했는데 단순히 민족지학적 연구로서가 아니라, 사회=종교이론으로 일반화하는 연구를 했습니다. 특히 사회인류학자인 프리드먼은 그 연구의 질과 양 모두에서 다른 연구를 압도하고 있어서 현대 '풍수' 연구의 사회인류학적 선구라고 해도 좋을 정도입니다. 프리드먼 이후 유럽, 아니 구미歐美라고 하는 편이 낫겠군요, 구미의 문화·사회인류학자로서 중국(한족) 연구를 행한 사람 중 상당수가 '풍수'를 다루게 됩니다. 그러나 프리드먼의 여러 논문(Freedman, 1964; 1966; 1967; 1968 etc.) 이외에도 다른 논문이나 저서에서 '풍수'를 하나의 장章으로 다루고 있습니다. 그중에서도 중국(한족)을 대상으로 한 인류학적 연구만 말하자면 베이커(Baker, 1965), 아이멜(Aijmer, 1968), 아헌(Ahern, 1973), 포이히트방(Feuchtwang, 1972), 최근에는 왓슨(Watson, 1988)을 들 수 있지만 아직은 소수에 불과합니다.

―사회학에도 연관되어 있는 컬프(Kulp, 1925)나 슈(Hsu, 1948) 등의 연구도 오래된 편이기는 하지만, '풍수'에 대해 다루고 있지 않은가. 또 지금 언급한 연구자들은 중국(한족)을 연구하는 구미의 인류학자뿐인데, 일본·한국·중국의 연구자도 분명 있을 것이네. 이를테면 자네처럼 말이야.

와타나베 맞는 말입니다. '풍수'에 대해 기술한 것이 많고 적음을 떠나서, 풍수를 다루는 저서·논문을 들라고 하면 현재 내가 알고 있는 것만 해도 600개 정도가 됩니다. 우리 인류학자의 저서와 논문에만 한정해서 보더라도 상당한 양입니다. 다만 내가 말하고 싶은 것은 방대한 연구 업적이 쌓이고 있기는 하지만 '풍수' 연구를 주목적으로 하는 인류학적 연구는 지금부터라는 겁니다. 일본의 인류학자로서 지금 나 외에 누가 '풍수' 연구의 의의를 인정하고 있습니까. 그러니 인류학에 있어서는 동양보다 오히려 구미에 '풍수' 연구자가 더 많다고 생각합니다. '풍수'에 대해 다루고 있다고 하는 것만을 보더라도, 인류학적으로 유효한 문헌은 다수를 차지하지만 풍수를 주목적으로 한 연구가 인류학에서 많다고는 할 수 없으므로 지금부터라고 생각합니다. 지금 언급한 포이히트방의 『중국 풍수의 인류학적 분석』(1972)은 그중에서도 특출합니다. 일본인 무라야마 지준의 저서 『조선의 풍수』(1931)에 버금가는 것입니다. 무라야마 지준의 이 저서도 한국의 인류학자 최길성이 말하듯이, 인류학적 학술서로서 최고의 가치가 있습니다(崔吉城, 1986).

―문헌을 통한 학술사적 전망에는 흥미가 생기지 않을듯하네. '풍수' 연구가 오래되었다 해도 여전히 신선하다는 점에 인류학적 의의가 있는 것은 알겠으나, 동아시아 연구자가 아니라면 이 연구가 익숙지 않네. 기존의 문화인류학 텀[term]으로는 어떤 용어와 비유할 수 있을까, 게오만틱이라든가 '풍수'라는 건…….

와타나베 어떤 용어와 비유해야 좋을지, 매우 어려운 부분입니다. 당신이 말하는 게오만틱이라는 단어는, 애초에 흙덩이를 지면에 던져서 그 형태로 운세를 점치는 데서 생긴 말로 본래는 '지상술' 혹은

'풍수'라 번역할 수 없는 '토점土占'이라는 의미입니다.[2] 특별히 중국의 풍속이나 습관을 언급할 때에 게오만틱이라 말해왔을 뿐입니다. 그래서 독일어에서도 "게오만틱 혹은 풍수Geomantik oder Fengschui"라고 하여 '풍수'라는 글자를 덧붙이고 있는 것입니다.

―베버의 경우, "펑슈이 '바람과 물' Fung Schui »Wind und Wasser«"이라고 표기하고 있네(Weber, 1947: 327). 이것은 왠지 이해가 되지 않는데.

와타나베 구미의 어느 용어로도 정확히 번역할 수 없는 대상이므로, 나는 '풍수'는 '풍수'일 수밖에 없다고 주장했습니다(渡邊欣雄, 1988a). 오해의 소지가 있으므로, 문화인류학의 지금까지의 연구 중 무엇과 비교할만한가 하면, 우선 아프리카에서 주로 연구되어온 듯한 요술妖術이나 사술邪術의 문제와 유사한 부분이 있다고 말해두겠습니다. 또는 나가시마 노부히로長島信弘 등이 채택하고 있는 '재인론災因論'(長島信弘, 1987)의 영역에 속하는 부분이 있을 것입니다. 당신이 베버가 지적한 예를 언급했다시피, 병이나 불행이 발생했을 때의

---

2) 많은 유럽인이 '풍수'를 'geomancy'(영국) 등으로 번역해왔는데, 이 'geomancy'는 본래 고대 그리스에서 행해진 것이다. 흙덩이를 지면에 던져서 그 모양으로 길흉을 해석하는 '흙점'이라는 의미인데, 과거에는 아프리카의 흙점을 가리켰던 용어이다. 따라서 그 말의 진정한 어의語義는 '풍수'와는 차이가 있다(Feuchtwang, 1972: 4; Baker, 1979a: 9). 본론에서는 임시로 분석 개념으로서 '지상술'로 번역했는데, 지상술이라고 하면 geomancy보다는 topomancy라고 하는 편이 더 맞다. 그러나 '풍수'는 topomancy보다도 개념의 범위가 넓어서 아무래도 '풍수'라고 하는 수밖에 없을 것 같다. 그러므로 위의 용어, '풍수'에 더해서 "feng-shui"라는 웨이드식 표기를 병기하는 경우가 많을 것이다. 이렇게 보자면―geomancy는 물론이고―유럽의 제 언어에서 표기는 얼마간 다르더라도 유럽에 "feng-shui"라는 신조어가 중국 연구의 진전과 더불어 등장했다고 간주해도 좋을 것이다.

해석 체계라고도 말할 수 있기 때문입니다. 다만 요술이나 사술과 '풍수'가 근본적으로 다른 것은, '풍수'는 재액災厄의 원인이 살아 있는 어떤 인간에 의한 것이 아니라 자연환경이라는 비인격적인 존재의 탓이라거나, 또는 죽은 자나 조상의 탓이라고 생각한다는 점입니다. 또 가옥이나 무덤 그리고 마을이나 도시와 같은 인위적인 환경도 병이나 불행을 일으키는 원인이라고 여긴다는 것입니다. 재액은 인간으로부터 발생하지 않는데, 그 점에 관해서는 한족 사이에 '풍수'와는 또 다른 카테고리가 있습니다. 예를 들어 '사술'이라는 것은 인간의 능력으로부터 나오는 인간의 술術로서 전적으로 인간의 능력에 근원이 있습니다. 일반인이 '풍수'의 술법을 다루는 '풍수사'라고 불리는 전문가에게 의뢰하여 재액의 원인을 밝혀서 제거하려고 할 때에만 '재인론'의 범위에 속하게 됩니다.

―그러면 '풍수'를 게겐자우버(대항주술[Gegenzauber])로 다루면서 재액을 제거하는 테라피(치료술)라고 보면 어떨까.

와타나베 그러나 반대로 '풍수'는 이상 공간을 구축하여, 중국어로 말하자면 '국태민안國泰民安'을 달성하기 위한 수단이거나 지식이거나 사상입니다. 우선 자연환경을 구성하는 원리가 확실히 있다고 규정한 후에, 거기에 인위적 환경을 구축합니다. 자연환경과 조화를 이루는 인위적 환경을 어떻게 구축해야 할 것인지에 대한 환경 평가의 수단으로 이용되는 것이 바로 '풍수'입니다. 그러니까 평가 결과가 나쁘면 '재인론災因論'이 되고, 좋으면 '행인론幸因論'이라고 하면 될까 싶은 인간의 이상적 가치인 복福·녹祿·수壽의 원인이 '풍수'에 있다고 여기는 것입니다. 풍수는 모든 행복이나 불행이 자연환경에 대한 인간의 적응 여부에 달렸다고 말하는 지식입니다.

―이야기를 듣고 있다 보니 '풍수' 연구는 일종의 생태인류학적 연구가 아닌가 하는 생각이 드는군. 다만 인간이 환경에 적응한 결과에 따라 호운好運・불운不運으로 이어진다는 논리는 다소 메타피지컬(형이상학적)하지만 말일세.

와타나베 그렇습니다. 앞에서는 말하지 않았습니다만, 바로 그런 이유에서 '문화생태학'적인 문제로서 '풍수'에 접근한 시도도 있습니다(Anderson, 1973 참조). 구미의 학자들은 한결같이 '풍수'의 논리가 메타피지컬하다고 지적하고 있습니다. 그러나 중국인의 관점에서 보면 '풍수'는 메타피지컬한 교의敎義가 아니라 어디까지나 피지컬한 것입니다. 그래서 '풍수' 연구에 필요한 것은 '문화' 연구가 아니라 차라리 '자연'이란 무엇인가에 대한 연구가 아닐까요. 이 점은 문화인류학으로서는 극히 쉽지 않은 일이라 생각합니다. 앞에서 말한 '풍수' 연구의 선구자 중 한 사람인 아이텔은, 예컨대 중국인의 자연관에 대해 이렇게 말하고 있습니다.

"중국인은 자연을 생명이 없는 죽은 조직체로 간주하는 것이 아니라, 호흡하고 살아 있는 유기체로 간주한다. 존재하는 모든 것은 형태를 이루어 서로 결합되어 있는 하나의 생명체로서, 중국인들은 그곳에 존재하는 정신생활의 '사슬'을 보고 있는 것이다. 모든 풍수의 체계는 자연에 대한 이런 정서적 개념을 기초로 해서 이루어지고 있다."(Eitel, 1873)

여기서 말하는 '자연'은 자연환경일 수도 있고 생물체일 수도 있지만, 특히 '풍수'의 경우 그 대상은 주로 자연환경입니다. 자연환경이 하나의 생명체로서 존재하고, 인간 자신도 조화를 이루는 유기체의 전체의 일부로서 존재하고 있습니다. 따라서 자연환경의 조화가 흐트러지면 그 불이익은 인간 자신에게 미치게 됩니다. 그래서 재액을 제거하려면 자연환경의 혼란을 복구하면 된다고 보는 겁니다. 이 우주의 조화나 부조화를 파악하는 간법看法이 '풍수'인 것이지요. 자연환경의 조화와 부조화, 바꿔 말해 풍경의 좋고 나쁨은 인간의 정서에도 영향을 미칩니다. 중국인은 좋은 풍경을 보면 '기분이 좋다.'고 말합니다. '풍수'가 심리학적인 것이라고 설명하면 프리드먼은 놀라지만(Freedman, 1979: 192), 중국인에게 있어 자연은 그저 인간 삶의 외부에 존재하는 것이 아니라, 인간의 심리 안에 내재하면서 외재하는 자연과 일체가 되는 것입니다. '풍수' 연구의 연장선상에 '자연'에 관한 문화인류학적 연구라는 대명제가 깃들어 있는 것 같습니다. 어쩌면 이러한 연구를 통해 문화인류학이라는 학문 틀 자체가 재고되어야 할지도 모릅니다.

2. 오키나와의 게오만틱: 그 역사적 복원

—이야기의 출발점으로 '풍수' 연구의 문화인류학적 의의에 대해 들으려고 했던 것인데, 결국 '풍수' 연구를 통해 문화인류학이라는 학문 체계에 대해 물을 수 있다고 하면, 논의가 문화인류학의 틀을 넘어서 발전할 수도 있으니 여기에서는 더 이상 논의를 확대하지 말기로 하지. 지금 얘기하고자 하는 주제는 오키나와 지역에 대한 '풍수' 연구를 수행하는 경우에 어떠한 문제나 과제가 있는가 하는 것이야. 이 점에 대해서는 이미 자네가 논문을 발표하기도 했고(渡邊欣雄, 1988b), 이 책 2장에서도 다루고 있어.

이미 우리가 논의했듯이 '풍수'라고 하는 것은 중국, 특히 한족의 자연관이라든지 세계관에 기초를 두고 있어. 그러므로 일본이나 한국, 그리고 물론 오키나와 지역에서 '풍수'를 연구 과제로 할 경우, 이 사고방식이 중국으로부터 전파되었다는 것을 우선 염두에 두어야 하네. 자네의 논문에 따르면, 여러 연구자의 연구 성과를 인용해서 풍수의 역사적 복원을 시도하고 있어.[3] 자네의 지적에 의하면, '풍수설'이 오키나와 지역, 특히 오키나와 본섬으로 전파된 것은 중국인 36개 성씨의 도래(1392년)부터라고도 하고, 중국에서 오키나와로 직접 온 것이 아니라 일본으로부터 오키나와로 불교가 전래된 15세기 중반에 일본을 경유하여 전파되었다고도 하고, 또는 『구양』의 기사에 따르면 1650년 이전이라고도 하고, 『유구국유래기』의 기술에 의하면 1667년으로 여겨지기도 한다는데…….

와타나베 그렇습니다. 오키나와, 즉 류큐琉球 왕국에서 편찬한 기록이나 중국 사서의 기록에 한해서 보자면 '풍수설'이 오키나와에 전파된 것은 14세기 말에서 17세기 사이라고 추정할 수밖에 없습니다. 그 이전 시대의 기록이 발견된다면 모르겠지만, '풍수설'이 오키나와 지역에 전파된 것은 한국이나 일본에 비해 극히 늦었습니다. '풍수'의 수용이 늦었던 것은 국가 성립의 시기와 깊은 관계가 있다고 생각합니다. '풍수' 지식을 필요로 하는 사람은 누구보다도 우선 국가 건

---

3) 나의 논문(渡邊欣雄, 1984)에서도 다뤘지만, 오키나와 '풍수'의 역사의 복원에 관해서는 시마지리 가츠타로(島尻勝太郎, 1983), 메자키 시게카즈(目崎茂和, 1984), 아카타 미츠오(赤田光男, 1985), 츠즈키 아키코(都築晶子, 1986) 등의 지적을 참조했다. 최근의 논문으로는 헤시키 요시하루(平敷令治, 1988)의 역사적 복원이 가장 유용하다.

설이 최대 목표인 관료 및 국가에 의해 고용된 지식인이었기 때문입니다. 이 점은 중국에서도 마찬가지였습니다.

―베버도 지적하고 있듯, 분명히 풍수사는 국가로부터 보수를 받기도 했지만 그들을 고용한 사람은 특별히 국가이기만 했던 것이 아니라 일반인이기도 했어. 어쨌든 9세기 이후 풍수사는 풍수 수요에 부응해 막대한 이익을 얻고 있었던듯하네(Weber. 1947: 327, 350).

와타나베 베버는 9세기 보급설을 중시하고 있는듯하지만, 드 그릇에 따르면 '풍수설'은 7세기에 이미 중국에서는 모든 계층에 퍼져 있었다고 합니다(de Groot, 1897). 반대로 중국 사전辭典에서는 풍수설이 송대에 융성하기 시작했다고 합니다(唐祈·彭維金 主編, 1988: 575). 그렇다고 한다면 11세기 전후가 되는데, 이 점에 대해서는 나 스스로도 사실史實 해석의 옳고 그름을 따질 방법이 없습니다. 다만 오키나와의 '풍수'사史를 생각하면서 중국사와 비교하고 대조하는 것은 필요합니다. 11세기 이후 이론과 학파를 달리하며 저마다의 '풍수설'을 주장한 것은 모두 장시江西·푸젠福建과 같은 화난華南 지역에서입니다. 류큐 왕국이 유학생을 파견해서 '풍수법'을 많이 배우게 한 곳이 푸저우福州인데, 그 당시 '풍수설'의 태풍의 눈이었던 지역에 유학생을 보낸 셈입니다.

―아, 그랬군. '풍수설'이 많이 사용된 곳이 화베이華北·화중華中이 아니라 화난 지역이었나? 그렇다면 '풍수설'이 국가적으로 보호를 받고 중국 전 지역에 널리 보급되었던 게 아니었다는 걸 시사하는가?

와타나베 풍수와 국가와의 관계로 말하자면, 국가가 '풍수설'을 장려했던 시기도 있고, 단속했던 시기도 있습니다. 류큐 왕국이 중국으로부터 '풍수설'을 배운 시기는 대부분 명대이지만 청대에 배우기도 합니다. 그러나 청대는 국가적으로는 '풍수설'을 장려하지 않았던 시기에 해당하지 않습니까. 푸젠성福建省 내의 현지사縣知事를 역임했던 천성사오陳盛韶의 기록에서도, '풍수'에 관한 소송이 너무 많으니 매장법埋葬法을 바꾸라는 포고를 내서 단속하고 있습니다(陳盛韶, 1988: 65). 이 사례는 도광道光 연간(1821~1850) 시기에 해당하는데, 이 지사知事가 푸젠성 출신이 아니었다는 이유만으로는 '풍수설'을 국가가 기피한 이유를 설명할 수 없을 것입니다. 관리나 지식인의 관점에서 보면, '풍수'는 민심을 현혹시켜 소송을 일으키는 미신이었고 또한 '풍수설'이 정부에 대한 일반인의 정치적 저항의 수단으로 이용되기도 했기 때문에 그들로서는 이를 단속하는 것이 '양심良心'에 부합하는 일이었습니다(Feuchtwang, 1974; Watson, 1988). 흥미로운 것은 중국에서는 청대에 이르러 풍수가 미신으로 여겨지기 시작했는데도 여전히 류큐 왕국은 중국에서 '풍수설'을 배우고 있었고, 이 시기에 국내에서는 왕성하게 '풍수법'에 따라 마을 건설 등을 국가정책으로 시행하고 있었다는 것입니다. 류큐와 중국의 두 역사에 걸쳐 있는 '풍수'사史의 복원에 대해서는 역사가의 차후 연구 성과를 기다리겠습니다.

―만주족이 중국을 지배하던 청대에, 중국 동해를 사이에 두고 건너편에 있던 오키나와도 역시 이민족인 야마토족大和族의 지배하에 있었지. 이러한 시기에 한족의 계통을 이어받은 사이온이라는 대정치가가 세상에 나와 류큐 왕국의 구난치세救難治世에 성공한 것은 류큐사琉球史에서 참으로 흥미로운 부분이지. 오키나와에서 '풍수설'의

보급은 사이온의 정책을 언급하지 않고는 말할 수 없을 정도가 아닌가 하네. 자네의 논문에서도 『구양』 기록을 통해 미야기 촌의 이전 사례를 복원하고 있네만, 오키나와에서 17세기 이후, 특히나 사이온 치세기인 18세기의 '풍수설'의 실천은 사이온이 있었기에 가능한 일이 아니었겠는가.

와타나베 분명히 현대 오키나와 농촌 전설에는 반드시 사이온, 즉 구시찬에카타具志頭親方의 이름이 등장하는데, 임업 정책과 그 전설은 깊은 연관이 있습니다. 나의 조사지 중 한 곳인 히가시손의 가와다에서는 이 이름이 자주 등장합니다. 그리고 동시에 마을 건설에

〈사진 5〉 테이준소쿠程順則의 상 데이준소쿠(1663~1734). 류큐 왕국 삼사관三司官의 한 명. 『육론연의六論衍義』의 내용을 널리 알리고, 또 풍수술을 이용한 구난치세救難治世를 펼쳤다고 함. 나고 시名護市(와타나베 요시오 촬영, 1988년 8월)

는 사이온뿐 아니라 나고누에카타名護の親方, 즉 테이준소쿠程順則의 이름도 등장합니다. 이 시기에는 중국의 실학을 넓게 배운 실학자 집단이 있었다고 생각합니다. 그들은 자주 지방 농촌에 가서 현장을 점검했던 것 같고, 따라서 '풍수 지식'도 하나의 지식으로 지방에 사는 일반 농민에게 보급하여 어느덧 그들만의 지식에 그치지 않게 된 것 같습니다. 사실 나는 '풍수' 점검을 위해 방문한 관리로부터 '풍수' 판단을 들은 부모나 조상을 가진 사람과 친했던 적이 있습니다. 이와

같이 폭넓은 실학자 집단이 있었다는 것을 안다면 사이온과 '풍수설'의 보급은 불가분의 것이었다고 말해도 좋지 않을까요.

―자네는 자네의 논문에서(渡邊欣雄, 1988a) 교토의 거리 배열과 오키나와 마을의 모양이 바둑판 형태의 도로를 따라 정연하게 구획되어 있는 것이 유사하다는 점에 주목해서, 이들 두 지역의 조형공간의 유사성이 같은 '풍수설'에 의한 결과라고 말한 바 있네. 그 글을 보면서 나는 나카마츠 야슈의 연구가 떠올랐어(仲松弥秀, 1977).

나카마츠는 오키나와 마을이 '우물 정자 형태〔井然型形態〕, 즉 바둑판 형태의 도로 구획에 따라 마을 건설을 하기 시작한 것이 1737년부터이고, 그것은 사이온의 방식을 토대로 토지 분할제〔地割制〕를 시행한 것이라고 주장했어. 그러면서 나카마츠는 그것을『구양』및 여타의 문헌과 현지 조사로 실증하려고 했지(仲松弥秀, 1977: 114~130). 이 토지 분할제라는 것은 경작지의 사적인 소유를 인정하지 않고 농민에게는 용익권用益權만을 균등하게 나누어주었다가, 정기적으로 경작지를 재배분하는 제도였어. 여담이네만 독일에도 흡사하게 마르크란토〔Mareukeuranto〕제라는 것이 있었어. 오키나와에서는 경작지를 균등하게 나누어 배당하는 이 토지 분할제를 마을 건설에도 응용했기 때문에 나카마츠는 바둑판 형태의 마을을 '토지 분할제 마을〔地割制村落〕'이라는 별명으로 부르고 있지. 나카마츠는 오키나와 마을의 성립 연대와 그 취락 형태를 대조시켜 비교한 결과, 1736년 이전에 건설된 마을은 모두 '비非우물 정자 형태'로서 바둑판 형태를 이루지 않았지만, 1737년 이후에 특히 평지에 건설된 마을은 이전移轉 마을도 모두 '우물 정자 형태'를 이루며, 이것이 메이지 중기까지 이어지고 있음을 알 수 있다고 했네. 그러니까 나카마츠가 실증한 이 연구에 따르면, 토지 분할제·바둑판 형태의 마을·사이온의 정책은 모두 '풍수'와 밀접한 관계가 있다고 생각할 수밖에 없다는 것인데, 자네가 보기에는 어떤가?

와타나베 내가 '풍수' 연구를 발표하기 전에 이미 나카마츠의 연구를 비롯한 뛰어난 일련의 선행 연구가 있었으므로, 나 자신의 논문에서도 충분히 활용해야 했습니다. 나카마츠는 『높은 마을古層の村』(1977)에서도 1737년 이후의 마을 이전에는 '풍수지리'의 판단이 깊게 관여되어 있다고 말하고 있습니다. 천재지변에 의한 흉작이나 기근이 계속되면 '풍수'가 나쁘다는 것을 이유로 들어 '풍수'가 좋은 땅에 마을을 재건해서 마을 전체의 운세가 호전되기를 도모했다고 지적하고 있는 것도 사실은 '풍수' 판단에 따른 영향일 따름입니다. 이전 후의 마을이 바둑판 형태를 이루었던 것도, '풍수설'에 의한 플랜의 결과입니다(渡邊欣雄, 1988a 참조). 다만 마을이나 가옥과 같은 인간의 거주 공간이 사각형이라는 것은, '풍수설'에 선행하는 '천원지방설', 즉 하늘은 둥글고 땅은 네모지다고 하는 중국 고대의 세계관에 따른 것으로서 그것이 나중에 '풍수설'에 채용된 것입니다. 내 논문에서도 다뤘듯이(渡邊欣雄, 1988b: 596~599), 한 마을의 역사를 복원해 보면 1737년 전후부터 백 수십 년간 마을의 건설은 '풍수'와 불가분의 관계에 있었습니다. 그 경위에 대해서는 이 책 1장과 2장에서도 말했습니다. 메이지 중기 이후, 국가의 정책과 밀접했던 '풍수설'의 지식은 국가 차원에서는 쇠퇴하고 일반인의 지식이 되는데, 그럼에도 '풍수' 지식이 완전히 쇠퇴하지는 않았다는 것을 내 논문 이외에 다른 연구 보고를 보더라도 충분히 알 수 있습니다. 그 점은 나중에 설명하기로 하지요.

3. 게오만틱에의 접근: 그 연구의 전제

―여기까지 논의를 전개해오는 동안, 자네가 이렇게 '역사'에 관심을 가지고 있었나 싶어 우선 놀랐네. 문화인류학자라든지 당신처럼 사회인류학자임을 자처하는 사람들은 모두 '역사'를 싫어해서, 나는 그것이 그들의 크나큰 학문적 결함이라고 생각해왔었네. 이후에 오키나와 연구를 행할 경우 부디 '역사'―그 복원 이론은 여러 가지겠지만―를 우선 염두에 두고 연구해주면 좋겠네.

와타나베 나는 일찍이 문화인류학자의 시야로 소위 '남도南島〔오키나와〕 역사 복원론'을 학설사의 문제로서 음미했던 적이 있습니다(渡邊欣雄, 1985). 문화인류학이나 사회인류학의 학문적 목적이 반드시 역사를 배제해야 하는 것은 아니기 때문에, 내가 별반 새로운 것을 하기 시작한 것은 아닙니다. 이 지역의 연구에서는 흔히 말하는 이전의 기능주의機能主義, 그것도 전기 기능주의와 같은 '무시간적無時間的'인 연구가 딱히 지배적이었던 것도 아닙니다. 다만 이 지역에 대해 연구하는 사회인류학자들은 문화의 발생론이라든지 기원론에는 그다지 관심이 없었습니다. 사료로 알 수 있는 범위의 기원에 대해서는 논하겠지만, 앞으로의 연구에서도 이른바 '동태動態'나 '변화'를 염두에 둘 것입니다.

―그러나 자네의 연구를 보면, 처음부터 문화 변화나 사회 동태에 흥미가 있었다고는 생각할 수 없는데…….

와타나베 확실히 연구의 초기에는 그렇지 않았습니다. 조사 기간이

어떻게 되든 간에 일단 필드〔현장〕에 들어가면 모든 현상이 스태틱하게〔정적으로〕 보이게 마련입니다. 그후 내가 몇 번이고 같은 조사지에 들어간 이유는 미처 듣지 못한 것을 보완하기 위해서였습니다. 그런데 미처 듣지 못한 것을 보완하기 위해 몇 번이고 전과 비슷한 것을 물으면, 이전과 다른 대답이 돌아오는 경우가 종종 있었습니다. 지금 생각하면 당연한 얘기지만, 그간 현지의 생활이 변했을 것이고 무엇보다도 우선 나에게 얘기를 해주는 사람〔정보 제공자〕과의 관계가 변해 있었습니다. 이렇게 인간관계가 깊어지면서 특히 상대의 사고방식, 즉 '지식'이 변화하고 있는 것을 깨닫고는 놀랐습니다. 예를 들어 '우무이ウムイ'라고 하는 신가神歌는 가사도 물론이거니와, 그 해석(의미 내용)이 20년 전과 지금은 달라져버린 것입니다(渡邊欣雄, 1989b). 이런 변화를 알게 되면 '그 이전에는 어땠을까……'라는 의문이 들게 마련입니다. 내 논문에서도 언급했던 히가시손 미야기의 마을 이전에 대한 역사의 복원(1987b; 1988b)이 바로 그 실례입니다(2장을 보라). 여기까지 논의를 진행시키다 보면, 마을 이전의 역사를 복원하는 것과 '풍수'사史를 복원하는 것이 필연적으로 패컬렐〔parallel〕한 관계에 있다는 것을 알 수 있을 것입니다.

─넓은 의미에서 자네가 '역사'에 경도된 이유는 이해했네. 그런데 다음 단계로 의문이 생기는 것은 역사 해석에 대한 것이네. 예를 들어 마을 이전에 관해서 보자면 말이야. 자네는 그 원인을 '풍수' 판단에서 구하고 있네만, 과연 그럴까. 오키나와 본섬과 야에야마 군도의 마을 이전 이유가 서로 다를지는 몰라도, 마을 이전이나 건설의 이유는 단순히 말라리아 등의 병해, 쓰나미 등의 천재, 재배 작물의 변화나 장려 등으로 생각할 수 있어. 야에야마 군도에서는 그런 이유로

인한 마을 이전이 아주 많았거든.(喜舎場永珣, 1977a 참조). 그러니까 역사적 해석을 '풍수' 차원에서만 하는 것은 편협한 견해이고, 설령 오키나와 전체의 게오만틱을 복원하고자 하는 목적이 있다고 하더라도 다른 요인이나 이유를 아울러 고려하면서 연구할 필요가 있어.

와타나베 맞는 말이라고 생각합니다. 이처럼 하나의 테마인 '풍수'에 국한해서 연구를 추진할 경우, 그 점이 특히 중요하다는 것은 나도 늘 의식하고 있었습니다. 그래서 지금 내가 생각하고 있는 '풍수' 연구상의 문제점이랄까, 연구의 전제 조건이라고 할만한 것을 우선 설정해놓고, 오키나와에서의 '풍수' 판단의 양상에 대해 말해야 한다고 생각합니다. 그것은 '풍수' 연구를 어떻게 행할 것인가 하는 문제와 깊은 연관이 있으므로, 그 문제점을 차례대로 설명해보겠습니다. '풍수' 연구의 문제점이랄까 첫 번째 전제 조건은, 중국 3세기의 사상가 관로나 곽박, 9세기의 양균송, 11세기의 왕급의 고전이나 원전에서 말하고 있는 '풍수'는 그후 특히 중국 근현대의 풍수서와는 문헌의 내용만 보더라도 '풍수설'이 서로 다르다는 점입니다. 이 점은 일단 내 연구에서는 다루지 않겠습니다. 문제는 두 번째부터입니다. 두 번째 문제점은 문헌상의 '풍수설'과, 풍수사風水師가 실천하고 활용하는 '풍수설'에도 내용이 서로 다른 점이 있다는 것입니다. 풍수사는 자신이 애독하는 원전을 가지고서 '풍수' 판단을 하는데, 그 원전들이 서로 다른 것은 물론 풍수사마다 간법의 전문 분야가 다릅니다. 예를 들어 '풍수' 간법은 '첫 번째가 산, 두 번째가 물, 세 번째가 방위'라고 하는데, 이것들 전부를 한 명의 풍수사가 판단할 수 있는가는 논외로 하더라도, '풍수' 판단에 있어서 특히 산에 밝은 전문가가 있는가 하면, 수류水流 판단에 밝은 전문가도 있고, 오로지 방위만을 중시하는 술사術師도 있는 것입니다(渡邊欣雄, 1989c). 앞으로 오키나와의 풍수사風水師에 대해서 연구하려고 한다면 이 점에 주의할 필요가 있습니다. 세 번째는 우리가 누구를 풍수 전문가로 인정해야 하는가 하는 문제입니다. 단순히 풍수 전문가라 해도 다양한 분야가 있기 때문입니다. 예를 들어 타이완에서는 '풍수사'를 자칭하는 사람들뿐만이 아니라, 도사와 승려, 지역의 지식인까지도 일반인들에게 풍수 전문가로 인정받고 있습니다. 오키나와로 말하자면, 점치는 사람·유타·지관 등 우리가 봤을 때는 '겸업 풍수가'인 사람들이 오히려 오늘날의 풍수사라고 할 수 있습니다. 우리의 지식으로 볼 때는 '풍수'의 비전문가라고 생각되지만, 그 지역 주민들에게 그들은 '훈시미風水看'의 전문가일 수 있는 것이지요. 이런 경우 인류학에서는 가능한 한 일반인의 관점을 채용해서, 굳이 그들을 '풍수사'라고는 말하지 않더라도—그들 나름의—'풍수' 지식을 지닌 자로서 폭넓게 생각해야 할 것입니다.

네 번째로 일반 주민이든 점치는 사람·유타·지관이든 상관없지만, 그들이 스스로를 '풍수' 지식이 있는 사람이라고 생각하는지의 여부가 문제가 됩니다. 우리 연구자들이 '풍수' 지식을 깊게 알고 있으면 있을수록, 화자話者[풍수 연구자가 풍수와 관련하여 인터뷰하는 대상을 말함]가 생각하는 '풍수'와 연구자가 생각하는 '풍수'가 다르다는 것을 깨닫게 됩니다. 화자가 말하는 '풍수'가 어떤 풍수서에도 나와 있지 않은 경우 연구자는 이를 '풍수' 지식을 오해한 결과로 단정 지으려는 경향이 있습니다. 하지만 '풍수' 지식은 중국에서도 변화해왔으며, 민간의 수요에 따라 활용되어왔기 때문에 지금의 화자의 '풍수' 지식을 되도록 현재의 예로서만 받아들여야 합니다. 그러나 그 반대의 경우가 오히려 문제입니다. 연구자가 고전이나 원전, 또는 다른 지역의 '풍수' 지식의 예에 비추어 명백하게 '풍수' 지식이라고 인식하고 있음에도 불구하고, 화자 자신에게는 그런 의식이 없는 경우가 있습니다. 그 명백한 예가 가옥의 세계관이나 마을의 세계관 같은 데서 드러납니다. 나카마츠가 '토지 분할제 마을'을 역사적으로 복원한 데서 확실하게 드러나듯이, 마을은 틀림없이 '첫 번째가 산, 두 번째가 물, 세 번째가 방위'라는 간법에 걸맞은 환경 평가를 통해 건설되었을 것입니다. 그러므로 지금까지의 위의(가옥이나 마을의) 세계관 연구가 '풍수론'의 관점에서 재고되어야 한다는 것은 새삼 말할 것도 없습니다. 하지만 위의 세계관 연구에서 그것이 '풍수설'에 의한 것임을 지적한 연구자는 나를 포함해서 지금까지는 전무하다고 해도 과언이 아닙니다. 왜냐하면 화자 자신이 소위 '민속 방위民俗方位'에 대해 말해주어도, 그것이 '풍수'에 의한 것인지를 잘 모르고 있거나, 실제로 그렇게 생각하고 있지 않기 때문입니다. 이런 경우 현대 오키나와의 '풍수' 판단의 사례를 예로 들어야 할지에 대해 망설이게 됩니다. 화자의 의식 속에서는 존재하지 않는 '풍수설'이 '풍수 지식'의 예가 아니라는 것은 당연하다고 해도, 다만 그것을 에틱(etic(외부자))의 과제로서 분석하고 지적하는 것은 인정될 수 있지 않을까요. 여기에서는 이것을 '풍수' 다이어그램이 아니라 '풍수' 모델로서 한정해서 생각하고 싶습니다(渡邊欣雄, 1985 참조). 마지막 다섯 번째로, 화자가 말하는 '풍수'관觀으로서의 '풍수' 다이어그램과, 연구자가 가지고 있는 '풍수' 모델을 구분하는 경우를 생각해보겠습니다. 이 경우 후자를 사례에 적용하여 여러 지역에 널리 응용하는 것이 가능할 것입니다만, 그러나 이때 본래는 다른 지식 체계였을 사례가 '풍수설'의 영향을 받은 결과라고 추정해버릴 위험도 발생할 수 있습니다. 이 점은 당신이 충고했던 것과 같이 되도록이면 피하고 싶은 부분입니다. 굳이 말하자면 그것은 어디까지나 가설로 남겨두어야 할 것입니다. 어떤 이론적 모델을 적용하여 그것이 어느 지역에 들어맞는다 하더라도, 현지에서는 그 해석들이 아무런 의미가 없을 수 있습니다. 그렇다고 해서 사람들이 한때〔풍수〕모델을 잘 알고 있었는데 지금은 그것을 잘 모른다고 단정 짓는 것도 문제가 있습니다(渡邊欣雄, 1986c 참조). 그러므로 당신이 말하는 것처럼, 그 이론적 모델 이외의 다른 모델의 적용 가능성도 다시 검토해둘 필요가 있습니다.

—나도 그렇게 생각하네. 자네가 말하는 일련의 전제 조건이 없으면, 아무래도 가옥이나 마을에 관한 세계관 연구 전부가 '풍수' 연구의 사례로 한꺼번에 묶여버릴 수도 있어.

와타나베 결국 히가시손의 이제나나 가와다 등과 같이, 관리〔役人, 공무원〕가 '풍수'를 점검〔檢分〕했다는 말이 있습니다. 그러나 구체적으로 어떻게 판단했는지에 대한 사례가 없기 때문에 '풍수' 연구에 있어서 그것들은 단지 가설일 뿐입니다. 다만 가설은 작업가설로서 중요하고, 이후의 후속 연구後續硏究에 의한 검증의 필요성을 요구하는 효과가 있기 때문에 처음부터 추정을 부정할 필요는 없습니다. 가설을 제시하는 연구자가 '너무 앞서나간다讀み込みすぎ'는 것을 지적하는 데에도 실제의 반증례反證例가 필요하다는 것은 새삼 말할 것도 없습니다. 그런 의미에서 차후의 검토를 기다려야 할 나의 '가설'로서, 6장에서 문중門中 형성론을 다뤘으므로 많은 의견을 듣고 싶습니다.

4. 게오만틱의 현재: 야에야마의 예

—그럼 이번에는 자네가 제안한 전제 조건이나 '풍수' 연구의 문제점을 짚어가면서 오키나와 문화권의 게오만틱의 현재에 대해 알아봤으면 하네. 자네의 논문을 읽어보고 그 밖의 다른 연구 논문도 두세 편 훑어보니, 오키나와 본섬의 '풍수'에 대해서는 사례가 많은듯하더군. 다른 오키나와 문화권에도 '풍수 지식'이랄까 게오만틱이 있는가? 특히 야에야마 지역은 어떤지 흥미가 있네만.

와타나베 가령 '풍수' 지식이 응용되는 대상을 마을·집터(가옥)·묘지로 나누어 생각해보면, 야에야마에도 그 모든 차원에서 '풍수' 지식이 보급되어 있었음을 알 수 있습니다. 우선 마을의 경우를 보지요. 말라리아로 전멸했을듯싶은 과거의 마을을 제외하면, 70%는 앞서 말한 바둑판 형태의 마을이었다고 합니다(仲松弥秀, 1977: 111).[4] 다만 현재로서는 바둑판 형태의 마을에서 '풍수' 판단이 어떻게 활용되고 있는지 알 수 없기에 추정의 수준을 벗어나지 못하고 있습니다.

'풍수' 자료로서 아직 충분하지는 않지만, 현재의 사례에서 보고되고 있는 것은 집터(가옥)와 묘지에 관한 것입니다. 연구자 편에서 '풍수 지식'을 가지고 연구 보고를 수행하는 것 중에서는 오우에한트C. Ouwehand의 연구 보고가 가장 유력할 것입니다(Ouwehand, 1985). 그에 따르면 하테루마 섬波照間島에서는 묘지를 찾거나 가옥을 신축할 때

---

[4] 마을 이전과 '풍수' 판단의 관계에 대해 말하자면, 예컨대 이시가키 섬石垣島의 이전 마을, 나구라 촌名藏村·나가마 촌仲間村(이전 후에는 사키다 촌崎枝村), 그리고 지금의 메라 촌宮良村(地區)은 모두 '훈시미'의 의견에 의해 마을 이전이 있었다고 여겨지고 있으므로 분명할 것이다(牧野, 1972: 152 외).

이시가키 섬石垣島이나 오키나와 본섬에서 전문가 또는 준전문가인 '풍수사'geomancer를 부른다고 합니다. 그가 '풍수사'라고 칭하는 이들은 이른바 유타나 하테루마 섬 내의 중년 남녀를 가리킵니다. 그들은 묘를 쓸 자리를 찾거나 가옥을 신축할 때뿐단 아니라, 가옥이나 무덤의 방향이 좋지 않은 것이 원인이 되어 불행한 일이 생겼을 경우 '풍수'상의 '치료'도 행한다고 합니다.

—역시 테라피(치료술)로서 말이야.

와타나베 이것은 분명히 '풍수'의 예입니다. 나도 최근에 유타가 한 '풍수' 판단의 예를 보고한 적이 있습니다(渡邊欣雄, 1988b). 하테루마 섬에서 '풍수' 방위 판단의 기준은, 오행설五行說에서 '토土(중앙)'를 제외한 '수水=북北', '화火=남南', '목木=동東', '금金=서西'라고 합니다. 이 방위 판단의 기준에 팔괘나 십이지가 추가되고 있습니다. '풍수' 판단에는 자주 '풍수 나침반'이 이용되는데(〈사진 6〉 참조), 중국의 것과 비교하면 하테루마 섬의 나침반은 너무나 간단합니다. 그런데 본래는 이렇게 '풍수'에서 유래하는 방위 기준은 오키나와 연구자들이 말해온 '민속 방위' 바로 그것입니다.

이러한 집터·가옥의 민속 방위에 대해서는 가사하라

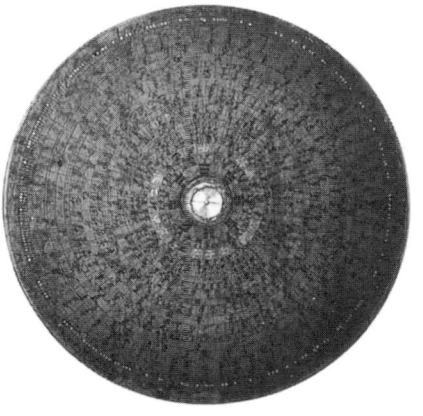

〈사진 6〉 메이지 중기 무렵 사용되었던 오키나와의 나침반('풍수 방위판). 야에야마 박물관 소장(최인택 씨 촬영).

4장 오키나와의 지상술Geomantic과 문화인류학 연구 135

마사하루笠原政治(1974)의 중요한 연구 보고가 있습니다. 이시가키 섬 시라호白保 및 그 밖의 지역에 대한 조사 보고입니다. 이것이 다름 아닌 '풍수' 연구라고 말할 수 있는 이유는, 이것이 풍수 지식에 통달한 지관이나 경험자로부터 얻은 정보에 근거하고 있고, 또한 그들 식자識者들이 앞서의 방위 기준이나 도로·지형을 판단 기준에 포함시키고 있고, 방위 결정의 프로세스와 "집터의 풍수는 집주인이 바꾼다."는 표현이 '훈시'의 관념을 가지고 있다는 것을 방증하고 있기 때문입니다. 자신을 '훈시미'의 전문가로 의식하고 있는가 하는 자의식의 정도와는 무관하게 여기 야에야마 일대에서는 적지 않은 '풍수 지식'이 여전히 이 지역만의 특징을 가지고 활용되고 있었다고 말해도 좋지 않을까 싶습니다.

집터·가옥에 대한 '풍수' 예가 나왔으니 내가 요나구니 섬与那國島에서 조사한 예를 상기해보겠습니다. 요나구니 섬에서도 집터나 가옥에 대해 '풍수' 판단을 하는 사례가 확인됩니다. 이곳에서는 집터의 방위를 정하는 것이 가옥 건축에 들어가기 전 단계에서 중요한 절차가 됩니다. 요나구니 섬에서는 이것을 '훈치(풍수)'라고 부릅니다(渡邊欣雄·植松明石 編, 1980: 73). 요나구니 섬에서는 우선 집터의 모양이 길흉 판단의 대상입니다. 집터는 동쪽·서쪽 변이 짧고 북쪽·남쪽 변이 긴 직사각형을 이룹니다. 그런데 가옥을 건축할 때 동쪽에 넓은 공간을 두면 그 집 장남이 집을 나가고 싶어 하고 서쪽을 좁히면 장녀가 바보가 된다는 등의 이야기가 전해 내려옵니다. 그래서 주실主室을 비롯해 가옥 전체는 다소 동쪽에 치우쳐 세워집니다. 이것을 '가상家相'이라고 한다면 이를 통해 무엇을 판단하는지는 우리도 알 수 있을 것입니다. 이런 판단이 가상서家相書에 실려 있는지의 여부는 문제가 되지 않습니다. 중요한 것은 가상이 '풍수' 판단의 일부임을

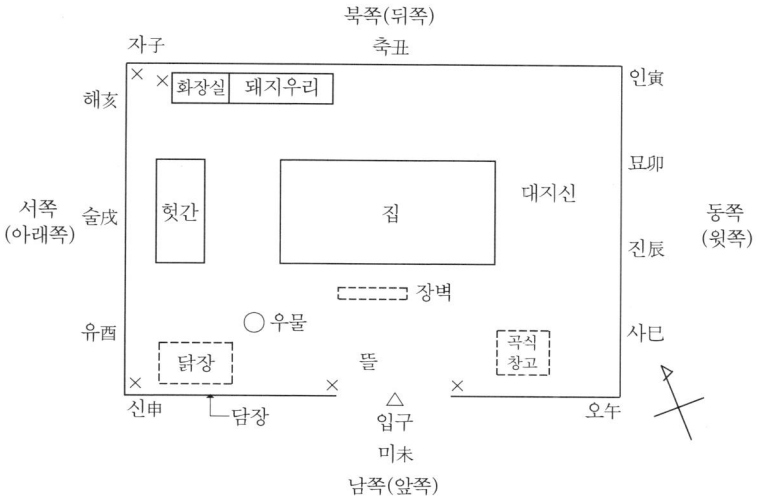

〈그림 8〉 요나구니 섬의 민가 배치民家配置(渡邊欣雄·植松明石 編, 1980: 73)

아는 것이기 때문입니다. 방위관方位觀은 〈그림 8〉과 같이 십이지와 동서남북의 관념에 따릅니다. 어떤 방위 기준도 간격이 동일하지 않습니다. 그러나 사람들은 자석계磁石計를 이용하여 자석 방위(자연 방위)를 알고 나서 집터나 그후의 가옥의 방향을 길조가 있는 방위에 정합니다. 문 입구의 길한 방향은 남쪽이지만—물론 자석 방위상의 '남南'이 아닙니다—십이지상에서는 '미未'의 방향입니다. 이 점은 중국·홍콩에서도 같은데, 가옥의 방향이 남향이라고 사람들이 말하더라도 그게 자석 방위로 남쪽은 아닌 겁니다(Baker, 1979a 참조).* 요

---

* 풍수 나침반은 24방위로 나눈다. 대체로 남향이라고 할 때는 남쪽의 가장 중심점인 오午를 기준으로 각각 동과 서의 병사손丙巳巽, 정미곤丁未坤 어느 방위든 남향이라 말한다. 그러나 자석계는 때에 따라 4개의 S극을 표시하기도 하지만, 대개 N극, S극으로 이루어져 있다.

컨대 '풍수'라는 것은 장래 길흉의 전망을 염두에 두면서 방위 판단·형상 판단·집주인의 생년 판단 등을 하는 것입니다. 그들에게는, '자연 방위'와 '민속 방위'가 일치하지 않는 문제가 중요한 것이 아니라, 방위와 그 외의 판단을 통해서 장래의 길한 형국을 찾아 장해障害를 미연에 방지하는 것이 중요합니다. 가옥을 신축하고 난 후 다양한 가정 행사를 할 때 사람들이 방위나 자리의 위치 등 이것저것을 신경 쓰는 것이 눈에 띄는 것도 이 길한 형국에 역행하지 않도록 하기 위함이지요.

―지금의 설명은 자네가 말하는 사람들이 의식하고 있는 '풍수'관觀이라 보면 될까? 그렇지 않으면 '풍수' 모델인가?

와타나베 지금까지의 설명에 국한해서 말하자면, 아쉽지만 방위를 정하는 것 외에 대부분은 '풍수' 모델이며 가설이라고 할 수밖에 없군요. 무언가에 대한 근거나 그것을 정하는 사람은, 어찌됐든 사람들의 의식이나 해석에 따르지 않을 수 없기 때문입니다. 그러나 '훈시미'의 경험자라면 당연히 이렇게 '풍수' 해석을 해주지 않을까라고 예상합니다.

무덤에 대해서도 같은 얘기를 할 수 있습니다. 요나구니 섬에서는 집에 대한 '훈치'와 무덤에 대한 '훈치'가 같다고 하는데, 무덤의 경우 실제로는 방위 판단보다 오히려 지형 판단이 중요합니다. 사람들은 "무덤은 집과 마찬가지로 산을 허리에 두르고(산을 배후로 하고), 이어서 방위를 판단하여 위치를 정한다."고 말하는데, 특히 무덤은 정면으로 광야나 바다를 향해야 한다는 조건이 부가됩니다. 그러나 이에 더하여, 광야를 두고 맞은편에 산이나 돌 등의 장애물이 없으면

〈사진 7〉 요나구니의 민가. 오른쪽이 주실主室(다)이고, 중앙 안쪽이 헛간納室(닷테이). 전형적인 분동형分棟型 민가. 요나구니 섬 기타가와北川(와타나베 요시오 촬영, 1975년 8월).

"죽은 사람이 살아 있는 사람을 무덤으로 잡아끈다."고 합니다. 즉 살아 있는 사람에게 불행을 가져다준다는 거지요. '풍수설'에서는 이 장애물을 '조산朝山'이라고 하는데 그 어떤 것도 '풍수설'을 아프리오리[a priori]하게 끌어들여 해석할 필요는 없습니다. 이런 지형 판단이나 방위 판단은 지식인에게 의뢰해서 하는데, 묘지의 설정에 관한 판단 전부를 '훈치(풍수)'라고 부르고 있다는 게 중요할 것입니다. 이 '훈치' 판단에는 무덤 조영을 위한 택일의 좋고 나쁨도 포함되고 집터나 가옥의 방위 판단도 포함되지만, "가옥의 경우 미未 방위의 위를 향하는 것이 좋지만, 무덤은 미 방위의 아래를 향하게 하는 것이 좋다."는 등 방위 판단에 독특한 의미를 부여하고 있는 점을 볼 때 무덤이 집터나 가옥과 전적으로 같은 기준을 따르고 있는 것은 아닙니다. 방위 판단과 그 외의 '풍수' 판단에 관련된 모든 것이, 세골을 할 때나 무덤 문을 여는 때와 같은 좋은 날에 행해지고 있는 것을 생각하면, 새삼스럽게 '풍수' 연구에서 세세하고 체계적인 현지 조사가 절실해집니다. 특히 묘지 풍수에 대한 주민의 의식에 대해서는 오키나와 전체에 걸쳐 사례가 풍부하므로 단순히 나의 '풍수' 모델을 가지고 아프리오리한 해석이나 '가설'을 세우는 데 머물러서는 안 될 것입니다.

야에야마의 위대한 민속 연구가 기샤바 에이준喜舍場永珣은, 야에야마에서는 "조상의 제사를 게을리 한다든지, 분묘에서 물이 새거나 자손들이 조상의 고통을 느끼지 못하면, 사람들은 바로 병이 나서 죽음에 이른다고 믿고 있다."고 지적하고 있습니다. 결국 그가 계속해서 말하는 것은 "가옥이나 우물 및 무덤 등이 '풍수법風水法'이나 '가상법家相法'에 반할 경우 차츰 그 집은 가운家運이 쇠하고, 그 사실을 깨닫지 못하는 자에게는 죽음이 찾아오든가, 연고 없는 망자의 혼령이 화근이 되어 죽음에 이르게 된다는 속신俗信이 있다."는 것입니다. 이들 "속신"의 특징은 "죽음에 대한 관념이 (신체 이상 등) 내부에 있는 것이 아니라, 거의 대부분 외부로부터의 악령이나 영감靈感 또는 신불神仏 등이 벌이는 일이라고 깊이 믿는다."(喜舍場永珣, 1977b: 614)는 데 있습니다. 그의 지적과 같이 병인病因이나 사인死因을 의학적인 '내부' 요인에서 찾는 게 아니라, '요술'적, 또는 '재인론'적인 이유로 '외부'에서 찾는 것이지요. 기샤바는 이것을 "속신"이라고 하지만, '훈시'의 좋고 나쁨을 설명하는 체계는 "대부분의 사람이 알고 있고 일상적으로 얘기되는 것"(琉球大學社會人類學研究會 編, 1977: 174)이기 때문에 사람들이 자신의 지식으로 인과因果를 해석하지 못하는 신앙이라고 말할 수는 없습니다. 요컨대 연구자가 '지식'으로서 '풍수론'을 알고 있는지 아닌지, 그것이 오키나와의 '속신'인지, 더욱 적극적인 의미로의 '풍수 지식' 그 자체인지에 따라 그의 연구 방향이 좌우될지도 모른다는 것입니다.

―거기에 자네가 요즘 자주 강조하고 있는 '지식인류학'(渡邊欣雄, 1986b 外)의 의의가 있다는 것인가.

와타나베 지식인류학은 화자話者 일반이 가지고 있는 지식의 양상만을 연구하지는 않습니다. '인류학의 인류학'으로서 인류학자 자신의 '지식'도 묻고 있지요(渡邊欣雄, 1986b: 5, 32). 여기에서는 충분히 언급하지 못했지만, 스미야 가즈히코佐谷一彦와 크라이너Josef Kreiner의 저서인『서남제도의 신관념南西諸島の神觀念』(1977)에서 말하는 것도 대부분 서남제도 사람들의 신 관념이 '구조=유형적類型的'이었다는 겁니다. 그래서 예를 들면 '내방신來訪神' '체재신滯在神'의 유형에 의거한 정신 구조의 특징이 잘 지적될 수 있었다고 생각합니다. 역으로 그 두 사람에게 '구조=유형적'인 것에 대한 깊은 '지식'이 없었더라면, 예를 들어 하테루마 섬의 집터와 그 밖의 '소우주'의 '조령祖靈'과 '신神'이 승화 관계昇華關係가 아니라 준별 원리峻別原理임을 간파하는 것 등도 불가능했을 것입니다. 나를 포함한 종래의 학설사 연구는 오히려 후자, 즉 인류학적 지식의 유별類別이나 인과관계를 중시하며 서술했는데, 오키나와 사람들의 '지식'은 인류학자의 '지식'의 거울〔鏡像〕입니다. 이후에는 양자 간의 '지식' 교류가 어떠한 형태로 이루어져왔는가 하는 문제나, 화자의 '지식'을 포함하는 형태의 인류학사의 복원이 중요할 것입니다. '풍수론'이라는 것은 화자에게 그 '지식'이 갖추어져 있기 때문에 연구자가 그것을 '지식'으로 여기는 것이 아니라, 화자에게 '지식'이 없어서 결코 분석하지 못한 사례나 혹은 그 반대로 연구자 측의 '지나친 신념〔지나친 망상〕'을 발견할 수 있는 예로서 좋은 연구 대상이라고 생각합니다.

―내가 특히 흥미를 가지고 있는 지금까지의 '문중門中'과 '풍수' 연구의 관계에 대해 자네에게 듣고 싶네만 그건 6장으로 넘기도록 하지. 지금 단계에서는 자네가 종래의 연구들을 재분석하는 것보다는, '풍수' 연구에서 자네가 무엇을 보아왔는가를 아는 것이 시급하네. 자네는 현재의 게오만틱의 예로서 야에야마의 사례를 들었네만, 야에야마의 예만으로는 아직 부족하지 않은가. 그와 동시에 인류학 연구에서뿐만 아니라, 이후에는 '풍수' 연구에서도 학제적 연구가 필요할 거야.

와타나베 고맙습니다. 그런데 학제적 연구는 이미 시작되었어요(渡邊欣雄, 1990a).

5장 동아시아의 풍수·조상·출생
— 대화 형식으로 풍수론을 전망하다(속)[1]

1. 문제 제기: 오키나와 편

―자네는 최근 오키나와와 중국(타이완·홍콩)에 있어서의 '풍수 지식' 연구를 잇달아 발표했어(渡邊欣雄, 1988a; 1988b; 1990b 등). 이 책은 바로 그 집대성이라고 할만하네. 지금까지의 자네의 연구 성과를 읽으면서 알게 된 것은, 주변국에는 '풍수설', '풍수 사상' 또는 '풍수 지식'에 관한 연구가 많이 축적되어 있는 반면, 일본인에 의한 일본의 '풍수' 연구는 아직도 빈약하다는 거야. 역사가 깊은 민속학에서는 '풍수' 연구와 같은 사람들의 일상생활 연구를 '비교민속학比較民俗學'의 연구 대상으로 삼고 주요 비교 연구 대상으로 삼는 것이 당연

---

[1] 일본에서는 독자들의 '풍수'에 관한 지식이 매우 빈약하여, '풍수'에 관한 논의가 난해하게 여겨질 가능성이 있다. 보다 평이하게 이해할 수 있도록 하는 논문 형식 중 하나가 '대화' 형식이 아닐까라고 생각하여 이 장도 4장에 이어 같은 형식을 채택했다. 따라서 묻는 사람의 주장도 내 의견의 일부이다.

한데도 일본의 민속학자는 왜 이 문제를 무시해왔을까?

와타나베 아니, 무시한 것이 아니라 '비교민속학'이기에 다루지 않았던 것일 뿐입니다. 이 학문이 일본에 없는 것(실제로는 있는데 민속학자가 그에 대한 지식이 없었다)은 이웃 국가와 비교를 하지 않는 특징이 있기 때문입니다. 민속학은 일본주의 또는 내셔널리즘을 그대로 드러내는 학문이라서, 이 학문으로는 동아시아 공통의 문화즈차 이해할 수 없기 때문에 나는 이 학문을 인정하지 않습니다(渡邊欣雄, 1985). 그러므로 이 논의는 사회인류학 입장에서 할 수밖에 없는 거지요.

―그러나 오키나와 문화권沖繩文化地域(이후 간단히 '오키나와'라그 칭한다)을 포함해서 생각해보면 일본의 풍수 연구가 이웃 국가의 '풍수' 연구에 결코 뒤지지 않는다고 생각하네만. 자네의 논문을 읽고 알게 된 것은 한마디로 오키나와 '풍수' 연구의 독자성이랄까, 외부로 열려 있던 오키나와 문화의 특징이 뚜렷하다는 점이었어. 앞으로도 오키나와 연구를 통해 동아시아에서 비교할 수 있는 여러 문제에 대해 문제 제기를 할 수 있겠지. '풍수' 연구에 있어 오키나와가 현재 중국이나 한국에서 왕성하게 논의되고 있는 '풍수' 연구의 과제나 성과에 관여할 수 있다는 점이 매우 기대가 돼. 이런 논의가 진행된다면 일본의 '잠재적인' 풍수 지식을 발굴할 수 있는 실마리가 되지 않을까 하는 기대를 갖게 되네.[2]

---

2) 헤이조쿄平城京와 헤이안쿄平安京를 시작으로 하는 일본의 고대 도시가 '풍수' 플랜에 의해 계획되고 조영되었을 것이라는 점은 이전부터 지적되어왔다(金孝敬 1938 등). 원래 일본 고대 도시의 모델이 됐던 후기 낙양과 장안의 조영 이후의 준

그것이 이번 논의의 과제가 되겠는데, '풍수' 연구에 앞으로 어떤 과제가 있는지 이웃 국가와의 비교를 통해 설명해주기를 바라네. 우선 자네의 오키나와 '풍수' 연구는 2장에 있는 것과 같은 '풍수의 비교 문화지文化誌'인데, 자네는 그 논문에서 오키나와의 묘상墓相을 다루면서, 오키나와와 그 주변 여러 문화의 같고 다름을 아직 충분히 서술하지 않았다고 말하고 있어. 그리고 논의를 이 묘상(분묘 풍수·묘지 풍수)의 비교 연구로부터 조상숭배의 일반적인 문제로 발전시켜야 한다고 말하고 있네. 그러면 '묘상' 연구를 발전시키면 무엇을 알 수 있는지 그 점에 대해 여기서 듣고 싶네. 한편 흥미롭게도 자네는 같은 논문에서 오키나와의 근원根源〔무투〕 지향과 문중門中〔문추〕 형성에 관한 논의가 '풍수'의 비교 연구와 더불어 진전될 것이라고 말하고 있어. '풍수' 연구의 진전과 더불어 문중 형성에 관한 논의 등이 어떻게 진전될 것인지, 그 점은 매우 흥미롭기 때문에 꼭 생각을 듣고 싶네. 이상의 몇 가지 사항을 짚어가면서 4장의 '오키나와의 지상술Geomantik과 문화인류학 연구'에 이어지는 논의가 되었으면 하네.

국의 도시는 명백하게 '풍수' 플랜에 의해 이루어졌다(Wright, 1977; Meyer, 1978; 郭中端·堀込憲二, 1980; 董鑒泓 主編, 1984b; 堀込憲二, 1985 등). 이러한 주장들이 있는데도 불구하고 최근의 일본 고대 도시 연구에서 '풍수' 플랜에 대해 언급한 연구가 거의 없는 것 같다. 다카마츠 고분高松塚古墳으로 알려진 '사신四神'의 벽화에 대해서도 그것이 '풍수설'에서 유래한 것이라는 점에 대해 마키오 료카이가 말하고 있음에도 불구하고(牧尾良海, 1972), 아직 일본에서는 고분 조영과 '풍수'의 관계에 대해서 충분한 논의가 이루어지지 않고 있다. 앞으로 이와 같은 고대사 연구에서 '풍수'와의 관계가 명백해진다든지, 오키나와·한국·중국의 연구와 동등한 시야에서 마을 입지론(예를 들면 樋口忠彦, 1981 등), 가옥 공간론, 묘지 경관론, 혹은 일본 정원, 사원 건축, 산수화 등 일련의 미학적 연구가 '풍수'와의 연관 속에서 논의된다든지 할 필요가 있다.

와타나베 앞 장에서는 '풍수' 연구의 인류학적 의의에서부터 류큐 왕국과 중국의 '풍수' 교류사, 나아가 오키나와 야에야마 군도에서의 '풍수 지식'에 대한 실제 사례까지 논의되었습니다. 그 논의를 통해 야에야마에서도 '풍수 지식'이 마을 건설에서부터 가옥과 분묘의 입지에 이르기까지 여러 갈래에 걸쳐 응용됐다는 것을 알 수 있었습니다. 앞의 논의에서는 충분히 다뤄지지 않았습니다만, 야에야마에서 아직도 들을 수 있는 얘기가 많은 '풍수' 민속으로는 '묘상'만 한 것이 없습니다.3) 야에야마에서도 오키나와 본섬과 마찬가지로 "옛날부터 살아 있는 인간은 셋집에라도 살 수 있지만 망자는 무덤을 빌릴 수 없다고 해서, 주거보다도 우선 무덤을 먼저 만들어 조상을 훌륭한 묘에 안치시키는 것이 효도의 으뜸이다."(宮城文, 1972: 446)라고 믿어 왔기 때문입니다. 그래서 묘의 조영은 야에야마에서도 일족 일가의 중대한 관심사이며 인생의 3대 사업 중 하나였습니다.4) 신분의 구별 없이 묘의 조영이 자유롭게 이루어지게 된 메이지 중기 이후, 일반 서민 사이에서도 '최신식' 묘인 '가미누쿠(龜甲) 묘'의 조영이 유행했습니다. '풍수 지식'과 깊은 관련을 가진 이 묘는 "여성의 하복부를 모방한"(宮城文, 1972: 449), 일족 일가에 번영을 가져다주는 상징적인 묘였습니다(《그림 9》 참조). 묘의 조영은 인생의 일대 사업이었기 때문

---

3) 묘상은 이 장의 중심 과제인데 구태여 문헌 소개는 하지 않겠다. '분묘 풍수'를 주제로 다루는 논문은 어떤 지역을 막론하고 가장 많은데, 일본어·중국어·한국어·유럽어를 합치면 족히 100편이 넘는 논문 업적이 축적되어 있다.
4) "우리 조상은 밥을 챙겨 먹든 챙겨 먹지 못하는 생활고 속에 있든, 어엿한 집을 지어 사는 것, 어엿한 묘를 가지고 조상을 안도시키는 것, 우물을 파서 마음껏 물을 쓰는 것 이 세 가지를 목표로 열심히 노력했다. 그래서 이것을 일생의 3대 사업이라고 불렀다."(宮城文, 1972: 429) 즉 묘를 조영하는 것은 인생의 3대 사업 중 하나였던 것이다.

(1) 가미누쿠カーミーヌク 묘 전경

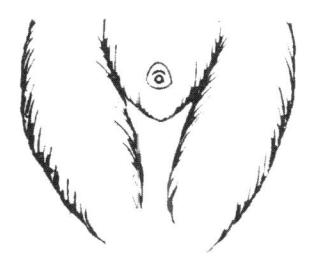

(4) 조치원 부근에 있는 모성묘母性墓. 청룡 백호는 양쪽 허벅다리와 같게 하고 묘는 하복부 아래쪽에 위치하고 있다.

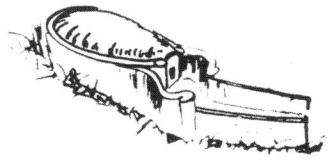

(2) 가미누쿠 묘 측면

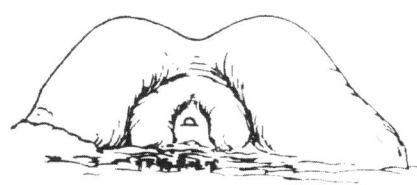

(5) 황해도 장수산역長壽山驛의 동쪽의 모성묘

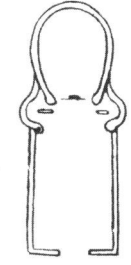

(3) 가미누쿠 묘 평면도

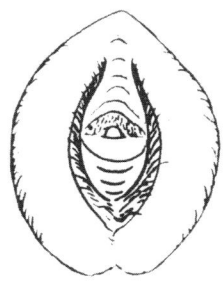

(6) 모성묘. 서울 부근

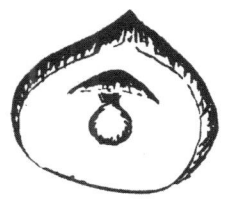

(7) 전의全義 부근에 있는 처녀형處女型 묘. 보주형寶珠形

〈그림 9〉 묘지형의 종류(村山智順, 1931: 219)

5장 동아시아의 풍수·조상·출생 147

에 당연히 장래의 일을 생각해서 신중히 이루어졌는데, 그것은 '풍수'의 논리에 적합한 것이어야 했습니다.

여기서 우선 묘의 조영에 관한 '풍수' 판단의 예를 들어보도록 하지요. 야에야마의 이시가키 섬 시라호의 예입니다. 여기에는 일찍이 '훈시미(風水看)'의 전문가가 있었다고 합니다. 지금은 더 이상 전문가가 없지만 대신 일반 사람들의 일상적인 대화에까지 '풍수' 판단이 등장할 정도로 사람들의 '풍수 지식'이 풍부하다고 합니다. 시라호에서도 '풍수' 판단에서 중요한 것은 묘의 위치와 방향입니다. 그것들을 결정하기까지는 많은 절차와 금기 사항이 있었습니다. 우선 묘를 조영할 때 조영자造營者의 십이지十二支 생년生年과 묘가 조영되는 해의 십이지를 서로 맞춰볼 필요가 있습니다. 조영자 중에 조영하는 해와 동일한 십이지를 가진 사람이 있으면 그 조영자가 죽게 된다고 해서 그해에는 무덤 조영을 보류했어요. 다음으로 조영자 중 남녀를 불문하고 최고령자의 생년 방위로는 묘의 입구[墓口]가 향하지 않도록 합니다. 그리고 매년 십이지상의 '곤신坤申 방위'* 가 있고 그 방향은 1년마다 시계 방향으로 바뀌는데 그 방위로도 묘의 입구가 향하지 않도록 합니다. 이상과 같이 일련의 터부를 피하는 '풍수' 판단을 하는 것이지요. 즉 묘 입구가 조영자의 가옥이 있는 방향으로 향하게 해서는 안 되고(요절을 피하기 위해), 성림聖森[성스러운 숲]으로 묘 입구를 향하게 해서도 안 되며(부정不淨을 피하기 위해), 조수의 출입이 심한 산호초 아래의 파인 곳[凹지]으로 묘 입구를 향하게 해서도 안 되고(죽은 사람의 출입을 피하기 위해), 게다가 묘 뒤로 산협山峽

---

* 곤신은 남서쪽에 위치하며 주로 귀신이 드나드는 방위라 알려져 있다. 그래서 곤신 방위에 있는 주산이나 곤신 방위에 묘를 쓰는 것을 기피한다.

(산과 산 사이 능선이 움푹 패인 곳)이 와서도 안 되고(죽은 사람의 혼령이 들어오는 것을 피하기 위해), 가능한 한 높은 산을 뒤로 하여 묘를 산기슭에 써야 한다는 관념이 있는 것입니다. 그와 함께, 위에서 기술한 방위상·지형상의 터부를 피한 상태에서 이번에는 적극적인 의미의 '길방吉方'으로 묘 입구가 향할 수 있도록 다카시마력高島曆·쿠닌다력クニンダー曆 그리고 자신의 기록에 의한 운세력 판단을 덧붙이는 것입니다(山入端津由, 1977: 173). 이처럼 묘를 조영할 때 내리는 신중한 '풍수' 판단은 야에야마 군도나 오키나와 본섬 이외에서도 널리 확인되었고, 최근에는 토나키 섬渡名喜島(比手修一, 1987), 구메 섬久米島(長澤利明, 1989a; 1989b)의 사례도 보고되고 있습니다.

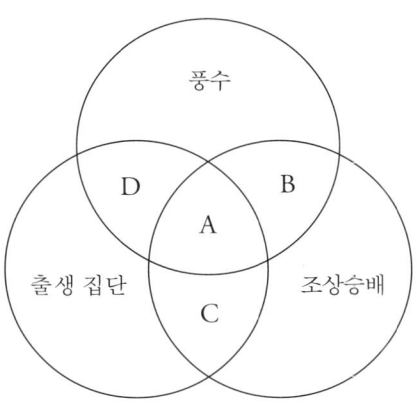

범례
- A: 삼자 상관 영역
- B: 예를 들어 '묘지 풍수'
- C: 예를 들어 '청명제清明祭'
- D: 예를 들어 가옥, 집단 랭킹

〈그림 10〉 세 요소의 패럴렐한 관계와 상관

지금까지 이야기해온 것처럼 오키나와뿐만 아니라 동아시아 각 지역에 있어서 '풍수'는 분묘墳墓 그 자체를 가리키는 대명사이고, '묘지 풍수'를 이해하는 것은 여러 민족의 '풍수 지식'을 이해하기 위한 기본입니다. 묘의 '풍수'를 판단하는 목적은 조상이라는 큰 나무〔大樹〕의 뿌리와 줄기〔根幹〕를 키워서 가지와 잎〔枝葉〕인 자손의 번성, 즉 번영을 촉진하는 데 있기 때문입니다(村山智順, 1931: 12). 내가 주장했듯이 '묘지 풍수'의 의의는 바로 "대수분지의 이데올로기"(渡邊欣雄, 1989a: 447)에 있습니다. 그래서 나는 '묘지 풍수'가 무엇인지를 안다면 그 지식과 깊은 관련을 지닌 '조상 제사'(조상숭배)가 무엇인지 이해할 수 있을 것이라고 생각합니다. 예를 들어 최길성은 한국의 조상숭배를 '풍수' 모델에 의한 조상에서 자손으로의 일방적 수혜, '제사' 모델에 의한 자손에서 조상으로의 일방적 봉사, 그리고 '무속' 모델에 의한 조상-자손 간의 호혜互酬〔reciprocity〕적 영향이라는 세 가지 모델에 의한 복합형으로 보았습니다(崔吉城, 1986: 123~135). 다만 이 세 가지는 모델로서는 구분할 수 있어도 실제 조상숭배는 이 삼자의 복합으로서가 아니면 이해할 수 없다고 합니다. 나는 이 지적을 응용해서 현실의 '풍수 지식' 역시 이 삼자의 복합형이라고 주장했던 것입니다(3장 참조). 그렇다고 하면 조상숭배와 '풍수'의 논리는 비슷하게 들어맞게 됩니다. 원래 '풍수'의 논리는 조상숭배 논리와는 별개입니다. 예를 들어 오키나와에서 그런 것처럼 '풍수'를 목적으로 조상을 모시는 것은 아니지요. 혹은 역으로 조상숭배의 기본 관념이 '풍수 지식'에 의거하고 있는 것도 아닙니다. 이처럼 양자는 인과관계에 있는 것이 아니라 패럴렐한 관계에 있습니다. 조상숭배와 출생 집단 간의 관계도 마찬가지입니다. 동아시아에서는 조상을 모시는 기능을 갖는 부계 출생 집단이 있지만 그렇다고 해서 그 집단이 조상숭배를 위해 단체를 형성했다거나 단체 통합을 위해 조상 제사를 지냈다고 단순하게 규정할 수 없는 측면이 있습니다(渡邊欣雄, 1989d). 삼자는 인과관계로 서로를 규정하고 있는 것이 아니라 상호가 독립변수로 존재하면서 서로에게 영향을 주고 있다고 생각해야 합니다(〈그림 10〉 참조). 이번 논의는 바로 〈그림 10〉의 A 영역에 초점을 맞추려고 합니다. 이 부분은 다른 영역에는 없는 것임을 분명히 해두어야겠군요. A 영역에서는 "대수분지의 이데올로기" 등 민속 개념이 공통 항목으로 출현할 수 있고 혹은 삼자가 인과관계를 통해 해석될 수 있는 사례도 만날 수 있게 됩니다. 결론을 먼저 말하자면, 내가 이제까지 말해왔던 것은 A 영역의 차원에서 오키나와의 '풍수 지식'이 문중 형성의 요인이었을 것이라는 점입니다. 확실한 자료는 별로 없지만, 방증하는 사례로는, 미야코 제도宮古諸島 등에서 근원 지향에 의해서 많은 집단이 형성되는 데에 '풍수 지식'이 일역을 담당했다는 말을 하고 싶습니다. 이 같은 주장을 뒷받침하는 확실한 증거는 오키나와 연구에서는 아직 거의 발굴되지 않았기 때문에 다른 지역의 사례를 아는 것이 선결되어야 할 것입니다.

―그렇군. 오키나와의 야에야마 사례에서 확실한 것은 오늘날에도 오키나와에서는 현세보다도 내세의 주거인 묘를 조영하는 것이 사람들의 중대한 관심사라는 거야. 그래서 사람들이 묘를 조영할 때 신중하게 판단을 하고, 그 판단의 기초가 되는 지식이 바로 '풍수 지식'이라는 것을 알게 됐네. 문제는 그 지식에 따라 묘를 조영하는 것이 조상숭배와 출생 집단의 영역과 어떤 관련이 있는가 하는 점이야. 그 예를 인접 지역에서 찾으려 한다고 해보자고. 그럼 어떤 지역을 다뤄야 할까? 자네가 지금까지 연구한 내용을 보자면, 자네는 이미 〈그림 10〉

의 B 영역, 즉 한족의 '묘지 풍수'에 관한 연구를 했고(渡邊欣雄, 1989a) 그게 이 책의 3장에 실려 있네. 따라서 이번에는 한족 연구를 통해서 가능한 한 A 영역 문제에 국한하여 연구의 이념과 실제 사례를 설명해주기를 바라네.

2. 풍수·조상·출생: 중국 편

와타나베 한족 연구에서 B 영역의 문제와 관련하여 지금 어떤 것이 문제가 되는지는 내가 이미 말한 적이 있으므로, 여기에서 새삼 '묘지 풍수'를 소개하지는 않겠습니다. 내가 A 영역의 문제에 흥미를 가지게 된 것은 우선 프리드먼의 연구로부터였습니다. 즉 "뼈는 출생이다."(Freedman, 1966: 179)라는 그의 명구名句로부터였지요. 이 한 구절에는 한족에 대한 인류학 연구를 바탕으로 한 여러 가지 의미가 포함되어 있다고 생각합니다. 하나는 한족의 생식 이론procreation theory과 관련된 문제로서 '부골모혈父骨母血', 즉 자녀의 몸은 아버지의 뼈〔骨〕와 어머니의 피〔血〕에 의해 형성된다는 '민속생물학'적 사고입니다. 이 이론으로 보면 자녀가 아버지로부터 계승하는 서브스탠스〔substance(실체)〕는 '뼈'이고, '뼈'를 초세대적으로 계승하는 것이 한족 부계 출생 집단의 지속성을 보증하는 겁니다. 그와 동시에 '풍수'의 논리에 있어서도 '뼈'가 없으면 조상으로부터 오는 은혜의 근원이 사라져버린다고 여깁니다. 프리드먼은 이런 조상의 '뼈'를 단순히 '물리적 매체媒体'로 보았지만 그렇게 생각하지 않아도 되는 예가 타이완에서 많이 보고되었습니다(Ahern, 1973: Li, 1976). '뼈'로 상징되는 '풍수'상의 조상 관념의 차이에 대해서는 3장에서 다뤘기 때문에 여기서 설명하지 않겠습니다. 다만 요약해서 말하자면 조상의 '뼈'의 처리가 한족의 생식 이론상의 친족(출생) 관계의 양상과 묘에 있는 조상에 대한 제사 양상을 규정하고, 또한 '풍수'에 의해 조상으로부터 자손에게 미치는 영향력을 규정한다는 것입니다. 이것을 '풍수'의 관점에서 바꿔 말하면 '풍수'상의 좋은 땅에 '뼈'를 매장함으로써 자손들은 매년 조상 제사·조상숭배를 하면서 '풍수'상의 이익을 받는 출생 집단을 통합한다는 상관도를 그릴 수 있다고 나는 생각했던 겁니다.

─도중에 이야기를 끊어 미안하네만, 프리드먼의 주장에 따른다면 지금 자네가 한 주장은 이상하지 않은가? 그에 의하면 조상 제사에는 두 가지 측면이 있어. 하나는 위패 제사라는 측면으로, 조상은 자신이 생전에 쌓은 공덕으로 사후에 자손의 숭배를 받으면서 자손 집단을 통합한다는 것이지. 또 하나는 분묘 제사라는 측면인데, 조상은 '풍수'의 논리를 바탕으로 이른바 꼭두각시〔傀儡〕가 되어 일방적으로 자손의 이익을 위해 봉사하기 때문에 자손의 숭배를 받는 대상이 될 수 없고 더욱이 집단 통합의 상징이 될 수도 없다는 것이지(Freedman, 1967). "조상은 자손의 꼭두각시이다."라는 프리드먼의 주장을 비판한 리이위안조차 포츠M. Fortes의 조상숭배론을 차용하면서 프리드먼의 유형론을 지지하고 있네(Li, 1976). 즉 한족의 출생 집단을 지탱하고 있는 것은 그 정치, 곧 법적 영역을 강조하는 위패 제사이며, '묘지 풍수' 논리에 의해 지탱되는 분묘 제사는 애정적·부양적·상벌적인 가정생활의 인간관계, 즉 집안 내부의 영역을 강조하는 것일 뿐이라고 리이위안은 주장하고 있어. 두 사람의 주장을 종합해볼 때 '풍수'의 문맥에서는 조상숭배나 출생 집단 간의 상관도를 도저히 그릴 수 없지 않은가?

와타나베 프리드먼의 명구에서 자극을 받은 내가 이번에는 프리드먼의 그 주장을 비판하는 것이 이상하게 생각될지는 모르겠지만 나는 프리드먼이나 리이위안의 주장에는 비판적입니다. 두 사람의 지적과는 반대로, '풍수'의 인류학적 연구로 잘 알려진 포이히트방은 작게는 조상과 자손의 일대일 관계에서 크게는 분묘·묘지·마을·조묘祖廟를 점유하는 출생 집단에 이르기까지 의례의 초점은 '풍수'에 있으며 그것은 조상숭배 때문에 시작되었다고 합니다(Feuchtwang, 1972: 210~217). '가옥 풍수'에 따른 가옥(주택·조묘)에서의 위패 제사로 출생 집단은 확실하게 통합되는데, 그 집단은 '묘지 풍수'에 따른 분묘 제사(사오무掃墓·청명淸明)로도 통합되는 것입니다. 통합의 상징적 하이어라키[hierarchy(위계)]는 위패의 '소목昭穆'* 질서로 확인할 수 있을 뿐만 아니라 묘역墓域에 있는 묘의 질서에서도 확인할 수 있습니다. 결국 A 영역에서 문제시될 수 있는 영역이 한족에게도 명백히 존재할 수 있는 겁니다. 이와 더불어 포이히트방의 지적에서 알 수 있는 것은 '풍수'의 논리가 묘의 조상에 대한 제사를 통해 출생 집단을 통합하기도 하지만 분열시킬 수도 있다는 점입니다. 이 경우 집단의 통합과 분열은 상보적相補的입니다. 일족一族이 분열하면 하위 분절分節은 통합됩니다. 따라서 풍수는 출생 집단의 '집단 통합'뿐만 아니라 집단 분열에도 영향을 줍니다. 한족을 연구할 경우 오히려 양자가 상보적으로 병존할 수 있다는 점에 주의할 필요가 있어요.

― '풍수'가 출생 집단을 분열로 이끈다는 것은 의외로군. 그 예를

* 사당에 조상의 신주를 모시는 차례. 왼쪽 줄을 소昭라 하고, 오른쪽 줄을 목穆이라 하여 1세를 가운데에 모시고, 2세, 4세, 6세는 소에 모시고, 3세, 5세, 7세는 목에 모신다.

들어주겠는가?

와타나베 슈가 보여준 중국화된 바이족白族이 좋은 사례겠군요. 원래 중국 서남부의 웨스트 타운〔western town(서쪽 지역)〕에서도 묘의 위치 관계는 '소목' 체계에 따라 윗세대가 위쪽, 연장자가 왼쪽, 부부에서는 남편이 왼쪽이라는 질서로 배열되어 있습니다. 원칙은 그렇습니다만 묘의 질서에는 우열의 가치 평가가 있고 역시 무엇보다도 '풍수'의 논리가 작용합니다. 그래서 명예를 얻은 사람은 한층 더 가운家運을 얻기 위해 묘의 위치를 바꿉니다. 그래서 '소목' 질서를 무시하고 묘역 안의 '길지'를 획득하려고 애쓰는 그룹이 생깁니다. 그리하여 평판이 높은 가족은, 자신들이 어떻게 '풍수'를 두고 경쟁하여 풍수가 좋은 묘지를 얻었는지를 손님들에게 자랑한다고 합니다(Hsu, 1948: 43~53).

— 같은 일족 안에서의 이야기인가?

와타나베 같은 일족 안에서의 일입니다. 홍콩에 좋은 사례가 많으므로 최근 연구 중 왓슨의 보고에서 삼자가 서로 관계되는 구체적인 예를 소개하도록 하지요(渡邊欣雄, 1988: 203~227).

일반적으로 '종족宗族'이라는 이름으로 알려져 있는 중국 남동부의 부계 출생 집단은 화베이 지방의 그것과 비교할 때 대규모라고 알려져왔습니다(Freedman, 1958; Potter, 1970 등). 대규모라는 것은 그만큼 모셔야 할 조상이 많고, 조상 제사를 분담하는 〔종족 내의〕 분절이 많다는 뜻입니다. 하지만 모든 조상이 자손의 숭배를 받거나 제사를 받지는 않습니다. 특히 분묘 제사에서 그것은 매우 현저하게 나타나지요. '풍수' 민속에서 보면, 홍콩에서는 세골 후 2차 매장 때 비로소 '풍수' 판단을 받아야 하는 영구묘〔항구묘〕가 구축되는 것이 원칙입니다. 하지만 영구묘에 안장되는 조상은 극히 적습니다. 영구묘에 안장되지 않은 조상은 묘(골호)에 어떤 표지가 남아 있거나 사람들의 기억에 남아 있는 한 제사를 받지만 이윽고 망각될 운명에 처해집니다. 문제는 왜 특정한 조상은 사후에도 만대에 걸쳐 '생존'하고, 다른 이들은 망각되고 마는가 하는 점입니다. 한족의 조상 제사의 경우 제사를 실제로 지내기 위해서는 가문에 재산이 있어야 한다는 사실이 일찍이 알려져 있었습니다. 그래서 가문에 재산을 남겨놓은 조상은 '생존'할 가능성이 아주 높기는 하지만 그게 전부는 아닙니다. 오히려 가문의 재산을 조직적으로 많이 모은 자손 집단 곧 분절이 중요한데, 이때 조상은 분절 집단의 의례 대상으로 '이용'됩니다. 즉 의례의 목적은 집단 운영의 발언권이나 종족 내의 패권을 얻기 위한 것입니다. 만약 발언권이나 패권을 얻으려고 한다면 특정 조상을 선택해서 보다 강력한 조직을 형성해야 하고 가문의 재산 형성을 위해 자금을 모아야 합니다. 조상 제사와 분묘 제사는 이를 위한 수단이 되며, 이리하여 조상의 묘는 집단 통합의 상징이 됩니다. 조상 의례는 실제로 가문 내의 파벌 간의 역학 관계의 표상입니다.

또 이런 예도 있습니다. 자손에게 긍지와 명성을 줄 수 있는 조상은 영원한 조상숭배의 대상이 되는 것 말입니다. 예를 들어 황제 혈통의 처妻를 둔 조상의 자손들은 그 명예 때문에 분묘 제사를 할 때 통합이 됩니다. 내가 이전에 오키나와 연구를 하면서 지적했던 '권위 혈통'이 그것입니다(渡邊欣雄, 1985). 게다가 그런 묘는 풍수가 좋습니다. '권위 혈통'인 덕분에 풍수가 좋은 곳에 자리하게 된 묘가 종족 내의 특정한 직계 분절에만 명예와 이익을 가져다줄 경우, 한족의 많은 사례에서 그것은 다른 가문과의 '풍수' 쟁의보다도 가문 내 쟁의를 초래하는 원인이 됩니다. 다른 분절은 그 '풍수'상의 이익을 훔치려고 이 영웅의 무덤 근처에 묘를 조영합니다. 개인이나 집단의 부와 번영이 멸사봉공滅私奉公과 자력갱생自力更生이라는 생전의 노동의 결과라기보다 조상의 묘의 풍수가 좋거나 형국이 좋은 결과라는 논리가 훨씬 우선합니다. 가문 내의 '유교 윤리儒敎倫理'보다 '풍수'의 논리가 이렇게 집단 내부에서의 분열이나 다툼을 낳는 거지요.

일족 전체를 통합시키는 데 시조묘始祖墓로 단결시키는 것보다 효과적인 것은 없을 겁니다. 이런 예가 있어요. 도로 건설을 위해 홍콩 정부가 어느 일족의 시조묘를 이장하려고 하자 풍수가 좋은 곳에 있던 그 묘는 정부에 대한 정치적 항의의 상징이 되어 그 일족의 '수묘회守墓會' 결성의 계기가 되었습니다. 결국 같은 성姓을 가진 국민당원의 정치적 지지도 얻은 그 일족은 정부와 오랫동안 대립한 끝에 화해하게 되었다고 합니다. 이 경우는 '풍수'의 논리가 저류에 깔려 있고, 일족을 초월하여 정부를 상대로 한 정치 운동을 일으킨 사례이지요. 이때 '풍수'의 논리는 출생 집단에게 정치적으로 결속하는 계기를 제공해주었습니다. 이처럼 '풍수'상의 이유 때문에 정부와 주민이 대립을 일으키는 예는 홍콩에 매우 많습니다(Hayes, 1983). 지금까지의 사례는 모두 홍콩 신계지구 하촌廈村의 등족鄧族을 중심으로 한 것이었습니다.

'풍수'의 논리가 조상숭배나 출생 집단의 성격을 규정하거나 깊은 영향을 미치는 예는 더 있습니다. 하지만 적어도 지금까지의 사례에서 짐작할 수 있는 것은 프리드먼이나 리이위안이 유형화한 것처럼, '풍수'는 조상숭배나 출생 집단의 분열이나 통합과 무관하지 않으며 서로 관련된다는 것입니다. 그 점에 관해 포이히트방은 매우 흥미로운 지적을 하고 있습니다(Feuchtwang, 1972: 213~214). 한족의 부계 출생 집단은 하이어라키적인 이념에 의해 뒷받침되는 집단 체계를 가지고 있습니다. 바로 이 하이어라키가 조상숭배에 의해 뒷받침되고 있는 거지요. 게다가 '풍수'의 논리도 이 집단 체계와 어떤 모순도 없이 관련되어 있습니다. 사실 그것[풍수의 논리]은 조상숭배도 지탱하고 있습니다. 이 집단 체계를 삼각형 모양의 위계라고 한다면, 조상숭배는 삼각형의 밑변, 즉 부계 자손들이 과거를 올려다보는 것이고, '풍수'는 삼각형의 정점, 즉 부계 조상이 미래를 내려다보는 것이라고 말할 수 있습니다.

─포이히트방의 그 지적은 전에 자네가 소개한 최길성의 '조상숭배 복합론'과 일치한다고 생각되네. 포이히트방의 지적에서도 '풍수'는 조상으로부터 자손으로의 방향이고 조상숭배, 곧 제사는 자손으로부터 조상으로의 방향인데, 최길성의 '무속' 모델은 상호적인 방향이니까 양자가 상관되어 있는 형태이지. 포이히트방과 최길성의 비슷한 언급을 통해 동아시아의 '풍수' – '조상' – '출생'이라는 삼자 상관의 이념형을 그릴 수 있을 것 같군. 그렇다면 한국의 사례는 어떻지? 한국은 동아시아 '풍수' 연구에서 가장 중요한 연구 지역이라고 생각하는데. 이번에는 한국의 '풍수' 민속에 관한 특징을 지금의 테마와 관련지어 소개해주었으면 하네.

3. 풍수·조상·출생: 한국 편

와타나베 한국은 '풍수' 판단이 지금도 활발히 이루어지고 있는 지역으로, 오랜 역사 동안 국가와 정부가 나서서 '풍수'를 장려하거나 억제하는 정책을 폈습니다(三浦國雄, 1988: 178~179). 이번 주제와 관련하여 먼저 이해하고 싶은 것은 한국에서의 '풍수 지식' 전파의 역사와 가족(친족)제도사와의 관련성입니다. 이러한 역사의 이해를 위해 중요한 실마리를 제공하고 있는 것이 현대 '풍수' 연구에서 선구가 된 아카타 미츠오赤田光男(1975)의 연구입니다. 아래에서는 그가 지적한 부분에서부터 시작하여 제도사制度史를 복원해보려고 합니다.

한국에서 '풍수 사상'은 신라 시대에 중국에서 전래되었다고 합니다. 전래된 후 신라 시대〔통일신라 시대〕와 고려 시대에는 '주택 풍수'가 우위였지만, 고려 말기부터 조선 시대에 걸쳐서는 '묘지 풍수'가 우위를 차지하게 되었습니다. 이번 주제와 관련된 사항으로 놓칠 수 없는 것은, 한국에서는 '풍수 사상' 수용에 앞서서 '유교 사상'이 보급되었다는 점입니다. 한국 사회사에서도 이 둘은 패럴렐한 관계에서 보급되어왔어요. 유교 사상은 『주자가례朱子家礼』의 형태로 제도화되어 한국의 가족제도를 확립시켰습니다. 한국에서는 14세기 말부터 『주자가례』를 바탕으로 하여 가묘家廟(祠堂)를 세우고 위패를 안치했습니다. 부계 시조 직계의 적장嫡長 자손이 조상 제사를 담당하고 일족은 종가宗家에 집합하여 제사를 지내는 것이 법적으로 규정되어 있었습니다. 부계 자손 전원을 조직화한 이 집단을 '종중宗中'이라 하는데, 종중은 같은 조상에게 지속적으로 제사를 드리고 분묘를 보존하며 가족 구성원 상호 간의 부조와 친목 및 복리 증진을 목적으로 하는 동성동본同姓同本의 부계 출생 집단으로 확립됩니다. 이에 더해서 15세기 전기에는 조정의 지시와 관습법에 의해 모셔야 하는 조상의 세대 범위가 정해졌고, 4대 고조까지 제사를 지내는 의례를 통해 '문중門中'이라는 단체가 성립합니다. 말하자면 광범위한 '종중' 집단 안에 가까운 조상을 모시는 내집단이 성립된 것입니다. 이러한 가족제도는 묘지, 묘역의 집중과 확대를 가져왔습니다. 즉 조선 중기 이후 '족분族墳〔가족묘〕'이 발생하게 된 것입니다. 족분은 원래 『주자가례』를 바탕으로 하는 조상 제사나 가족제 확립의 결과 발생합니다. 그러나 이에 더해 '묘지 풍수' 신앙의 보급도 중요한 요인이었다고 아카타는 지적하고 있어요. 즉 '유교 사상'이 도입된 조선 시대 이후 토장土葬이 일반화되기는 했지만, 시체를 길지에 매장하여 일족의 번영을 꾀하려는 신앙이 족분의 발생과 보급에 박차를 가한 것입니다. 동시에 같은 '풍수'상의 이유에서, 일족에게 불행이 계속되면 유골을 파내어 길지에 개장改葬하는 풍습 역시 고려 말기 이후 사회 습속習俗이 되어 오늘날 한국의 복장제複葬制 혹은 개장제를 낳은 것입니다(赤田光男, 1975: 214~215)

—지금 지적한 대로라면 한국에서는 거의 같은 시기, 즉 14~15세기경에 풍수-조상-출생의 삼자가 상호 연관되는 단서가 이미 성립되었다는 게 되는군. 또 '풍수'가 개장제(복장제)와 관련되어 있다는 것도 몹시 놀라워.

와타나베 물론 '풍수 사상'이 개장제 발생의 근거가 되는지에 대해 내가 단정을 내리기는 어렵습니다.[5] 다만 '묘지 풍수'에서 중요한 것

---

5) '풍수 사상'과 복장제의 관계에 대해서는 고쿠부 나오이치國分直一(1976: 546)의 유용한 지적이 있다. 복장複葬 관습은 화베이에서는 선사시대로 거슬러 올라갈 정도로 이른 시기에 발견되는데, 신석기 시대 말기에 황하 유역에서는 발견되지 않는다. 따라서 중국 고대 역사시대에 발생한 '풍수 사상'을 복장제가 이끌었다고는 생각할 수 없다. 또한 혼의 복귀를 빌기 위해 유체遺體를 보존하려고 한다는 복장 사상과 부모의 뼈가 생기에 닿으면 자손이 행복을 받는다고 하는 '풍수 사상'은 유래가 다른 사상이다. 그러나 '풍수 사상'이 복장 사상과 관계없이 형

이 묘지나 분묘 그 자체라기보다 망자의 '뼈'라는 것은 3장에서 지적한 대로입니다. 바로 '뼈'가 생기生氣를 타고 자손에게 영향을 준다고 한다면 그 뼈를 어떻게 채취해서 길지에 재매장하는 것이 좋은가 하는 것이 중요해집니다. 그 점에서 개장제는 '풍수' 이념에 잘 들어맞는 매장 방법이었다고 생각합니다. 아카타가 오키나와의 세골 습속에 주목한 것도 바로 그 점에서였습니다(赤田光男, 1986).

— 한국의 개장제(복장제)라고 하면 '초분草墳'이 떠오르네. '초분'은 개장제의 대명사이지. 그 매장법이 여러 종류인 것 같더군. 하지만 대체로 처음에는 사체나 관을 땅 속에 묻지 않은 채 일정 기간 지상에 안치했다가 나중에 그것을 해체해서 뼈를 주워 모아 땅 속에 매장하는 개장 방식이지. 그 과정에서 '초분'은 1차 매장에 해당하네(李杜鉉, 1974). 이처럼 일종의 풍장風葬으로부터 본장本葬인 토장土葬에 이르기까지 통상 3년은 걸린다고 하네. 3년이 지난 뒤에 세골하는 풍습이 널리 퍼졌지. 이런 2차 매장 때는 원형의 묘를 만든다는 것은 잘 알려진 매장 방식이네(竹田旦, 1983: 242~243). 2차 매장으로 조영된 '원분圓墳'은 묘역이 매우 넓어 평균 30평이나 될 정도의 대규모 묘이네. 묘역이 넓고 또한 분묘 그 자체도 비교적 크지만 오키나와의 '문중묘'처럼 묘실에 조상의 골호 전부를 납골하는 것은 아니고 말이야.

와타나베 나도 다카타 단竹田旦의 해설을 읽어 알고 있습니다. 다카

성되었다고 하더라도 '풍수 사상'이 일단 복장 관행이 이루어지는 세계에 받아들여지면 이 사상은 복장의 절차와 관계를 갖게 된다. 본문에서 풍수·조상·출생의 세 요소와 마찬가지로 복장제(개장제)와 '풍수'의 논리는 본래 패럴렐한 관계라고 생각해야 하며, 서로 독립변수로서 관계되어 있다.

타에 의하면(竹田旦, 1983: 244; 1988: 17), 이 원분을 '봉분封墳'이라 부르는데, 이 묘는 규모가 크기는 하지만 망자 1명당 1개를 조영하는 것이 원칙이기 때문에 설령 부부일지라도 대개 봉분은 따로 만든다고 합니다. 그래서 아카타가 말하는 '족분'은, 오늘날 한국의 묘제墓制에서 보면 다카타가 설명하는 '선산先山'에 해당할 겁니다. '선산'은 하나의 산 전부를 일족의 묘역으로 확보하여 산 정상부에 가장 오래된 조상을 모시고 이후 한 단씩 내려오며 세대가 낮아져, 한 산에 5~6대의 묘를 차례대로 만든 묘지를 말합니다. 그래서 오키나와의 '문중묘'와는 묘제가 다르지만, 슈의 보고(Hsu, 1948)에 있는 서남중국 바이족白族의 방식과는 유사합니다. 다카타는 지적하지 않았지만 한국에서도 '소목' 질서에 해당될법한 질서를 묘제에 적용하고 있는 것이 아닌가 생각합니다.

―그러면 이 같은 한국의 묘제가 한국의 '풍수'의 논리와 어떻게 관련되어 있는가? 한국에서는 '풍수' 판단이 1차 매장에서 이루어지는가 아니면 2차 매장에서 이루어지는가? 2차 매장에서 이루어진다면 '풍수' 판단의 대상은 '선산'인가 그렇지 않으면 '봉분'인가? 자네는 이 책의 3장에서, 홍콩에서는 주로 2차 매장에서, 그리고 타이완에서는 매장 과정의 모든 단계에서 이루어진다고 지적했네만.

와타나베 중요한 문제군요. 다카타의 설명을 따르자면 '풍수' 판단의 중점은 아무래도 2차 매장에 있는 것 같습니다. 1차 매장과 2차 매장 사이에 풍수사風水師에게 의뢰해서 길지를 찾는다고 합니다(竹田旦, 1983: 242). 또 풍수 판단의 대상도 '선산' 단위라기보다 '봉분' 단위가 원칙이어서 부부라도 따로 '풍수'를 보고 묘를 만든다고 하는군요(竹田旦, 1988: 17). 개인마다, 즉 묘마다 '풍수'가 다르기 때문에 묘 상호 간에는 '풍수'에 영향이 미치지 않도록 묘역을 넓게 하는 것입니다(竹田旦, 1983: 250). 원칙은 다카타가 지적한 대로인 것 같습니다. 그런데 일반적인지의 여부는 모르겠지만 시모노 도시미下野敏見가 보고하는 전라남도 연도鳶島의 사례는 위의 원칙과 다소 차이가 있습니다(下野敏見, 1989: 2~7). 연도에서는 해방[1945] 이전에는 1차 매장을 위해 모두 '초분'을 만들었습니다. 오늘날에는 풍수사가 죽은 자의 운運과 묘상을 대조하여 쌍방이 맞지 않으면 초분을 만들고, 잘 맞으면 본장인 토장土葬을 한다고 합니다. 죽은 자의 운이 묘상과 맞지 않으면 이후에도 초분을 유지한다고 합니다. '풍수' 판단에서는 물론이고 초분을 조영할 때도 풍수사가 주도한다는 점이 매우 흥미롭습니다. 물론 2차 매장에서 만들어지는 '산'(묘)도 장소 선정은 풍수사가 합니다. 그것은 한국에도 중국과 마찬가지로 두 가지 타입[type]의 '풍수' 판단 시기가 병존한다는 것을 의미합니다. 다만 매장 과정에서 '풍수'를 판단하는 시기가 다르다는 것이 '풍수 지식'을 구성하는 세계관의 차이로 드러나는지의 여부는 모르겠습니다.

—개장제와 '풍수' 판단의 관계에 대해서는 대강 윤곽이 잡혔네. 그런데 '묘지 풍수'가 한국의 조상 제사나 출성 집단과는 어떤 관련이 있는 건지. 물론 역사시대에 한국에 가족제가 성립되면서 그 제도에 걸맞게 조상을 길지에 안치해서 자손의 번영을 도모하기 위해 '풍수 사상'이 활용되었다는 것은 아카타의 설명으로 이해가 됐네. 그런데 여기서 알고 싶은 것은 중국이나 홍콩의 예와 마찬가지로 현대의 모습이야. 현대 한국에서 〈그림 10〉의 A 영역의 삼자 상관은 어떤 사례를 통해 확인할 수 있을까?

와타나베 한국에서 이번 주제인 풍수-조상-출생의 삼자 상관관계를 이해하려면 중국의 경우와 마찬가지로 사람들이 생활의 위기에 어떻게 대응했는가에 대한 사례를 보는 것이 중요합니다. 내가 앞에서 다룬 중국의 사례나 3장에서 '풍수 암투'에 주목한 것도 그 때문이지요. 그래서 한국에서는 넓은 의미에서의 '산송山訟'(묘지에 관한 다툼)을 다시 살펴볼 필요가 있습니다.

한국에서 '산송'이 빈번하게 일어난 것은, 길지를 찾아 자손의 번영을 얻으려고 하는 '풍수'에 대한 절대적인 신뢰가 서민층 사이에 광범위하게 침투해 있었고, 좁은 국토에서 광대한 묘역을 구하기 위해 서로 다투게 되었기 때문입니다(三浦國雄, 1988: 179). 이 묘지 다툼은 "묘가 어느 한 사람이나 한 집안이 아니라 일족의 것이기 때문에 일족 전체의 묘지 다툼으로 번지는 경우가 심심치 않게 있다."(竹田旦, 1983: 251)는 것이 특징입니다. 즉 "하나의 묘를 현무玄武 · 청룡青龍 · 주작朱雀 · 백호白虎의 산이 사방에서 넓게 둘러싸기 때문에 인접한 묘지와도 풍수상 저촉될 가능성이 높아 일족의 묘지 다툼으로 발전할 수 있는 씨를 품고 있는 것"입니다(竹田旦, 1983: 251). 다카타의 지적에서 중요한 점은 묘역의 넓이가 '풍수'상 얼마나 중요한지, 묘역이 넓기 때문에 묘지 다툼이 일어나기 쉬운지를 말하는 것에 그치지 않습니다. 이번 주제와 관련하여 중요하다고 생각하는 것은 한국에서의 묘지 다툼은 일족 간의 다툼이 되기 쉽다는 점입니다.

―그건 좀 이상하지 않나? 그러면 한국의 일반적인 '풍수'의 논리와는 모순이 발생하지 않는가? 앞서 자네는 선학先學의 지적에 의거해서 한국에서의 '풍수' 판단 대상은 일족 전체의 묘산이라기보다는 죽은 사람 개인의 묘라고 설명했어. 그렇다면 일족에서도 부모 · 형제

마다 '풍수'가 다르기 때문에 부모나 형제 사이에 '풍수'상의 수혜의 차이가 발생하거나 묘 상호 간의 위치에 따라 풍수가 좋은 곳이 나쁜 곳으로 바뀌는 디메리트〔demerit(불이익)〕가 생겨날 위험성이 매우 높아지겠지. 그 점은 중국의 사례에서도 봤지만, 중국에서의 묘지 다툼은 형제간의 다툼이나 같은 일족 내의 분절 간의 '풍수' 다툼으로 발전하기 쉬웠네(Freedman, 1966; 1979; Feuchtwang, 1972). 다카타가 말하는 것은 중국과 마찬가지로 일족 내에서 묘지 다툼이 일어나기 쉽다는 것이 아닐까?

와타나베 아니에요. 일족 간의 다툼이 생겨나기 쉽다고 말하는 것이라고 생각합니다. 그것을 보충하는 예로 스에나리 미치오末成道男(1975)의 보고가 있습니다. 종가宗家가 준비해두고 있던 묘역에 족내族內의 다른 파派 사람이 암장暗葬한 예가 있었습니다. 그런데 상의한 결과, "같은 일가一家이므로 너그럽게 봐주자."는 화의和議가 이루어졌다고 합니다. 중국에서 볼 수 있는 형제 사이의 '풍수' 다툼 같은 것은 가능성도 들을 수 없었다고 스에나리는 말합니다. 홍콩과 비교하면 한국에서는 '풍수'상의 이익보다 불행의 발생에 관심이 있어서 '종중'이나 '문중'은 불행을 피하기 위한 공동체로서 서로 협동한다는 점에서 어떤 관계가 있을지도 모릅니다. 하지만 그렇다고 해도 일족 내에서 '풍수' 다툼이 없지는 않아요. 그 유력한 사례로 경기도 뒤성뒤〔평택의 안동 권씨 동족 마을〕의 예가 있습니다(Janelli & Janelli, 1982: 71~79).

뒤성뒤에 있는 일족 내에서는 몇 세대에 걸쳐 '풍수' 다툼이 있었습니다. 〈그림 11〉로 설명해보겠습니다. 그림의 B가 사망했을 당시 그 장례를 도맡았던 사람은 직계 손자인 G였습니다. 단〔A의 양자가

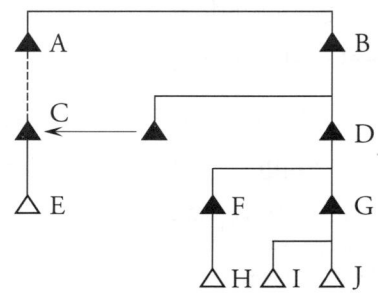

〈그림 11〉 '풍수'상의 불행에 관계된 사람들의 계보 관계

된] C는 [원래] B의 아들이었고 B의 일족이었기 때문에 풍수사를 부르는 등 C 또한 장례에 적극적으로 관여했지요. 하지만 G는 가능한 한 지출을 줄이려고 장례 날짜나 매장지 등 모든 사항을 자신이 결정했습니다. 결국 G의 지시대로 매장이 이루어졌는데, C가 고용한 풍수사가 판단하기에 그것은 날짜도 장소도 나빴습니다. 그 때문인지는 알 수 없지만 1년 후 D가 사망했고 G 자신도 곧 뒤를 따르게 되었지요. B 혈통의 직계는 J이지만 J는 아직 어렸기 때문에 F가 B 혈통(G家)의 가장권을 쥐게 됐습니다. G가 죽은 후 C와 F는 B와 D의 유체를 이장하기로 합의하고 이를 위해 각자 풍수사를 고용했습니다. 그런데 두 풍수사의 '풍수' 판단이 서로 달랐어요. 이에 C는 F의 아버지인 D의 묘는 F의 풍수사가, C의 아버지인 B의 묘는 C의 풍수사가 '풍수' 판단을 하여 매장 지점을 정하는 것이 어떤가 하는 절충안을 제시했습니다. 하지만 F는 이 절충안을 거절하고 B·D 둘 다를 서로 인접하여 매장했습니다. 매장 후 F는 재산이 불어났는데 J집에는 불행이 닥쳤어요. J의 가족들은 아이가 없이 죽어갔고 이윽고 J 자신도 세상을 떠나고 말았습니다. 그 뒤 F 또한 (C의 풍수사가 예언한 것처럼) 사업에 실패했고 F가 죽은 후 H가 그 부채를 떠안게 됐습니다.

　여기까지의 이야기에서 알 수 있는 것은 '풍수' 판단이 어떻게 자손의 성쇠盛衰와 관계되는지와 어떻게 '풍수'상의 불행이 일족 내에서 한결같지 않은가 하는 점입니다. B 혈통의 불행은 매우 심했는데도 A 혈통은 불행을 공유하지 않았습니다. 다만 자넬리 부부R. L. & D. Y. Janelli도 인정하고 있듯이 이런 예가 한국에서 일반적이지는 않습니다. 그렇다고는 해도 '풍수'의 영향력이 직계 혈통이나 모든 출생 집단의 중대한 관심사라는 증거로서 좋은 사례입니다. 결국 '풍수'는 출생 집단의 일부 또는 전부의 성쇠를 결정하기 때문에 조상 묘의 지리적 위치가 좋고 나쁜가는 일족의 중대한 관심사여서 묘지 다툼이 일어날 수도 있는 겁니다. 그런데 이 이야기에는 후일담이 있어요. 일족의 연장자들이 중재를 해서 '풍수' 다툼이 장기적인 분쟁에는 이르지 않았다고 합니다. 집단 내 '풍수' 다툼에 의한 분열과 통합을 동아시아 규모에서 살펴보면, 한국의 사례는 '풍수' 판단에서 이익보다는 재앙〔災禍〕을, 집단역학集團力學에서는 분열보다 중재와 통합을 강조한다는 점에서 중국과 비교하여 상대적인 차이를 엿볼 수 있습니다.

　—자네의 예에서는 조상숭배가 관여하는 측면에 대한 설명이 불충분한 것 같아. 홍콩의 예처럼 조상숭배가 집단 내부의 파벌 역학의 표현이었다거나 대외적인 정치 운동의 도구이지는 않았나?

　와타나베 '풍수'가 정치에 관여하는 일은 있었던 것 같지만(金兩基, 1988 참조), 홍콩과 같은 예가 있는지는 모르겠군요. 다만 영웅 묘의 숭배는 한국에서도 있었지요. 보다 넓게는 풍수가 좋은 곳에 묘가 있기 때문에 자손이 번영하고 재력이 쌓이며 관리가 많이 배출된다고 하는 관념은 있습니다(村山智順, 1931; 崔吉城, 1986). 요컨대 '풍수'에서 이익을 가져다주는 조상이기 때문에 그 조상을 숭배한다는 식의,

'풍수'와 조상숭배가 일의적—義的으로 관련되지는 않는다는 점은 최길성의 지적(崔吉城, 1986)에서 충분히 알 수 있습니다. 사례를 들자면 끝이 없지만 한국에서도 포이히트방의 집단 하이어라키에 있어서 '풍수'와 조상숭배의 벡터의 움직임(상관)이나, 최길성의 조상숭배에 관한 세 모델의 복합형을 지적할 수 있으며, 〈그림 10〉에서의 A 영역의 존재가 확인되었다고 생각해도 되지 않을까요.

—지면이 제한되어 있기 때문에 논의에서 부족한 부분이 있다면 다음 기회에 논의를 진전시키기로 하고 여기서 논의의 장을 다시 오키나와로 옮겨볼까 하네.

4. 풍수·조상·출생: 다시 오키나와 편

—이제 나의 관심은 오키나와에서는 〈그림 10〉의 A 영역, 즉 풍수-조상-출생의 세 요소가 상관하는 영역에 어떤 사실이 숨겨져 있는가 하는 점이야. 1장에서 다뤘다시피 오키나와의 '풍수 지식'이 문중이나 근원을 지향하는 집단의 형성 요인이었다는 자네의 가설을 증거에 의해 구체적인 형태로 보여준다면 이번 논의의 목적이 달성될 수 있을 거네.

와타나베 우선 한마디로 말해 문중의 특징이 무엇인지를 미리 이해할 필요가 있습니다. 그것을 히가 마사오比嘉政夫(1983a)의 지적을 통해 정리해보면 다음과 같습니다. 문중은 공통의 시조가 있으며, 그러한 의식의 기초가 되는 가보家譜가 있고, 가보 창성創成에 필요한 중국식 성을 가지고 시조의 묘와 공동 소유의 문중묘 앞에서 정기적으로 조상 제사를 지내는 집단입니다. 더불어 부계 출생에 의한 귀속歸屬 원리가 관철되는 한편 양자養子는 같은 일족에서 얻고, 장남이 배타적이고 우선적으로 위패에 제사를 지내는 권한을 계승하는 등의 규칙을 가진 집단이라고 말할 수 있습니다. 이웃 국가의 출생 집단과의 차이야 어찌되었든 위의 특징이 한국의 '문중', 중국의 '종족'과 대체로 비슷하다는 것은 여기서 다시 설명하지 않아도 될 것 같군요. 이런 유사성을 갖게 된 것이 14세기 이후 중국의 영향이었다는 것도 히가 등이 여러 번 지적했던 점입니다. 그러나 그 영향의 하나가 '풍수'라는 점에 대해서는 지금까지 거의 지적되지 않았어요. 그래서 여기서는 '묘지 풍수'가 출생 집단에 대해 갖는 영향에 주목하고 싶습니다.

나의 가설에 유력한 근거가 되고 있는 것은 오가와 도루小川徹(1987)의 연구입니다. 오가와의 지적을 요약하면 이렇습니다. 오키나와의 묘라고 하면 '구갑묘'가 떠오르는데 사실 이 형식은 아주 새로운 것입니다. '구갑묘' 중 가장 이른 시기의 묘는 이에무라伊江〔오키나와 현의 마을 이름〕 왕자가王子家의 묘로, 강희 26년(1687년)에 조영되었지요. 이 묘에 대해서는 명대 말에 오키나와로 망명한 조득로曹得魯에게 '풍수'를 보게 하여 축조했다는 얘기가 집안에 전해 내려오고 있습니다. 이 풍수묘는 사족문중제士族門中制가 확립되는 과정에서 탄생한 것입니다. 그 디자인〔意匠〕에 '풍수' 관념을 수용함으로써 중국적 성격을 갖추게 됩니다. 오키나와에는 이전부터 '굴취묘堀取墓', '파풍묘破風墓'*가 있었고, 절반은 지상에 묘를 만들어왔는데, 그러한 형식의 묘

---

* 굴취묘와 파충묘는 오키나와 특유의 묘 양식이다. 굴취묘는 구갑묘와 유사하게 언덕이나 둔덕을 굴처럼 판 묘이다. 파풍묘는 지붕이 삼각형으로 된 가옥과 같은 묘이다.

가 '구갑묘' 수용의 바탕을 제공했습니다. 다만 오키나와에서는 묘가 사족문중제의 기반이었기 때문에 중국적 관념을 수용하면서도 중국 이상으로 묘가 거대해지는 과정을 겪게 됩니다. 여기에 오키나와 '문중묘'의 독자성이 있습니다. 이리하여 '문중묘'로 상징되는 사족문중제가 1689년 게이즈자系図座[사족의 가계도를 관리하는 관청]의 창설 이후, 류큐 왕국의 근세 봉건제의 재편 과정의 일환으로 탄생하게 되는 겁니다.

'묘지 풍수'와 출생 집단(원래 처음에는 제도화된 사족 공동체였다)의 관계는 이제 분명해진 것 같습니다. '나시한조(産繁生)', 즉 자손 번영의 상징으로서 민간에서도 전해 내려오고 있는 이 '구갑묘'는 '풍수 지식'과 짝이 되어 오키나와에 전해진 것이 틀림없습니다(〈사진 8〉 참조). 그리고 나서 메이지 중기 이후, 미야지로 후미宮城文(1972)의

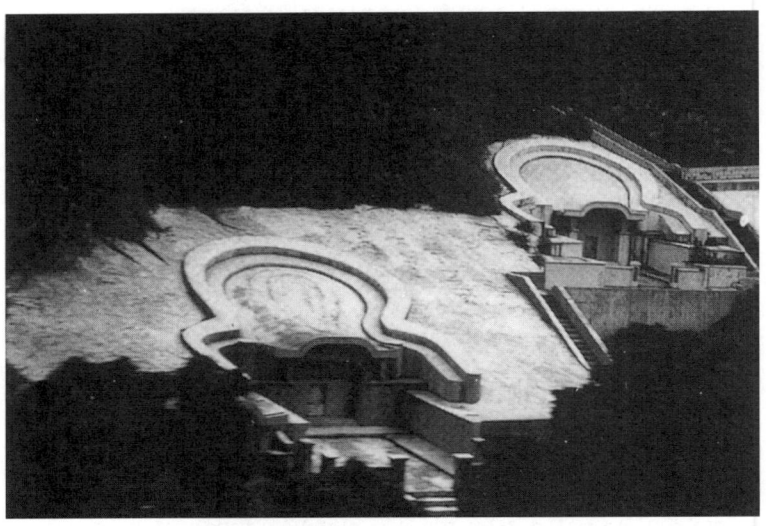

〈사진 8〉 오키나와 본섬의 구갑묘. 구갑묘는 자손 번영의 상징이다. 오키나와 본섬 중부(차 안에서 와타나베 요시오 촬영, 1989년 5월)

지적에서 알 수 있듯이, 민간에 유포되었던 겁니다. '구갑묘'가 민간에 보급된 시기야말로 오가와가 말하는 '백성문중百姓門中'이 각지에 창설되어가는 시기입니다. 그래서 아무리 민간의 문중이라 해도, 위패·가보家譜와 함께 묘의 공유 없이는 문중이 형성될 수 없었습니다. 선학들이 "문중門中은 묘를 공유하는 친족 집단이다."라고 설명한 점에서도 오키나와의 묘가 집단 형성에 대해 갖는 중요성을 이해할 수 있습니다(渡邊欣雄, 1940: 501; 1947: 56; 比嘉政夫, 1967: 10 등).

―놀라운 일이군. 자네가 다만 '가설'을 방증하는 사례 정도만을 제시할 수 있으리라 생각했는데 오키나와에서 A 영역의 삼자 상관의 실제 사례가 이렇게 많을 줄이야. '구갑묘' 형식의 묘가 '풍수 지식'과 함께 중국에서 전래되었고 그것이 사족문중제 창설의 상징이었다고 한다면, 또 '구갑묘'가 민간으로 보급된 것이 민간의 문중 형성의 계기가 되었다고 한다면, 청명제淸明祭나 그 밖의 조상 제사 때 문중 일동이 '구갑묘' 앞에서 조상에게 절하는 구도를 오키나와의 A 영역의 삼자 상관의 구체적인 모습으로 머릿속에 그릴 수 있을 정도야.

와타나베 하지만 현실은 그렇게 단순 명쾌하지 않아요. 모든 '구갑묘'가 '문중묘'였다고 할 수는 없습니다. 묘실 내에 들어 있는 성원이 같은 문중의 구성원이라고도 할 수 없고 또 배례하는 사람도 문중 성원이라고만은 할 수 없습니다. 예를 들어 요나구니 섬에서는 오키나와 본섬에서 말하는 문중이 존재하지 않는데도 엄청난 규모의 '구갑묘'가 존재합니다(〈사진 9〉 참조). 또 '구갑묘'만이 '풍수' 판단의 대상이었던 것은 아닙니다. 내가 조사한 바에 따르면, 오키나와 본섬의 히가시손에는 '구갑묘'는 없지만, 이 지역에서 '묘지 풍수'에 관한 사

〈사진 9〉 요나구니 섬의 구갑묘군. 당시 신축되는 무덤은 대부분 구갑묘였다. 60~70년 전에 세워졌다고 한다. 요나구니 섬의 소나이祖納(와타나베 요시오 촬영, 1975년 8월)

례를 많이 들을 수 있었어요. 아마도 당신이 머릿속에 떠올린 구도는 오키나와 A 영역의 삼자 상관을 바탕으로 한 이상理想이겠지만, '풍수'-'구갑묘'-청명제 외의 조상 제사-문중이라는 여러 요소가 서로 관련이 있는 것이 반드시 민간의 현실이라고는 할 수 없습니다. 따라서 현재 풍부한 사례가 있다고는 결코 말할 수 없으며, 아직은 '가설'로 놔두어야 합니다. 하지만 지금 진행 중인 나의 '풍수' 조사 연구 데이터를 바탕으로 '풍수'가 문중에 끼치는 영향을 생각해보면 보다 타당한 상관관계를 찾아낼 수 있습니다. 예를 들면 히가시손의 가와다에서는 문중 단위로 매년 묘를 만들고 있습니다. 다만 문중 단위라고는 해도 그것은 대문중 안에 있는 각각의 분절입니다. 각 분절이 묘를 조영할 때 신경 쓰는 것은 이시가키 섬 시라호와 마찬가지로 묘의 '훈시(풍수)'입니다. 아직도 새로 조영한 묘가 없는 분절의 사

〈사진 10〉 조묘 의례造墓儀禮. 묘를 신축한 후 묘광墓壙 안에 샤미센과 큰 북을 가지고 와서 묘 건립을 축하하는 노래를 부른다. 오키나와 본섬의 히가시손(와타나베 요시오 촬영, 1982년 8월)

람들에게 물어보면, 자금 부족 외에도 '훈시'의 좋고 나쁨을 묘 건립이 불가능한 이유로 듭니다. 연운年運이 나쁜 거지요. 그렇지만 운세가 좋은 해[好運年]이거나 길지, 그해의 길한 방위[惠方]에 묘가 만들어지면 자손이 장래에 번영하기를 기원하며 조묘 의례造墓儀禮(〈사진 10〉 참조)를 성대하게 엽니다. 풍수가 좋으면 자손에게 좋은 영향을 줄 것이라는 의식은 오키나와에도 있는 거지요.

―그럼 오키나와에도 중국이나 한국처럼 '풍수'를 둘러싼 묘지 다툼이 있는가?

와타나베 나는 전에 중국과 같은 '풍수 투쟁'은 오키나와에는 없다고 썼습니다(渡邊欣雄, 1988b). 확실히 표면화된 묘지 다툼은 내가 아는 바로는 없었습니다. 길지를 차지하기 위해 묘역 쟁탈전을 벌이거나 다른 사람의 묘지 환경을 망쳐 '풍수 암투'를 벌이는 일, 다른 사람의 '풍수'를 **훔치는** 일 등에 대해서는 들은 바가 없습니다. 오키나와에서는 이 같은 '풍수'의 논리를 필요로 하지 않았던 것이 아닐까 하고 생각합니다. 오키나와에서 최악의 재액災厄은 조상을 공경하지 않아서 생기는 자손의 요절[早死]이나 질병[病氣]입니다. 그래서 사람들은 위패를 모시는 방법을 바꿔서 재액의 원인을 제거하거나 회피하는 조치를 강구하는 위패 제사 문제에 일찍부터 주목해왔습니다. 이와 같은 위패[토토메] 문제는 집단 간이나 내부의 다툼이라기보다 조상-자손 간의 종교 윤리의 문제여서, 이웃 나라의 묘지 다툼과는 성질이 다릅니다. 물론 오키나와에도 묘의 조상이나 유골 문제가 있어요. 위패의 질서는 바로잡혔지만 골호의 질서가 묘실 내에서 바로잡히지 않았다든가 위패는 있지만 유골이 없다든가 또는 모시지 않는 유골이 발견되거나 하는 것 등이 모두 재액의 씨앗[種]입니다. 그러나 대체로 유골 문제가 '풍수'의 논리에서 해석되거나 해결되는 일은 없어요. 이것은 일반적으로 최길성이 말한 '무속' 모델(崔吉城, 1986)의 영역에 있는 것으로 '풍수 지식'에는 없습니다. 지금까지 지적해온 것처럼 '묘지 풍수'는 자손이 번영하거나 불행해지는 원인을 제공하고 있지만 오키나와에서는 '풍수 지식'이 집단역학을 위한 도구가 되지는 않았습니다. 그렇지만 이 문제가 앞으로 오키나와 연구에서 중요한 과제가 될 것이라는 점은 확실합니다.

―동아시아에서의 '풍수'에 관한 A 영역의 삼자 상관의 같고 다름이 대체로 이해됐네. 마지막으로 근원 지향과 '풍수'와의 관련성에 대해 아주 간단히 다뤄줄 수 있을까?

와타나베 지금까지 히가(比嘉政夫, 1983b)나 아카미네(赤嶺政信, 1983)는 오키나와 각지에서 문중 형성 이전에 '무투(본本·원元·원源)' 지향이 있었고 문중은 그 관념을 겉에서 둘러싸고 있는 것이라고 상정해왔습니다. 그들의 상정이 가능성이 매우 높기는 하지만 결국 상정은 상정일 뿐이기에 나도 거기에 한마디를 보태고자 한 것입니다. 즉 '풍수'의 논리에서 보면 '무투'는 '길지吉地 내지는 생기生氣를 매개로 한 '혈穴의 땅'이었을 것이라고 상정하는 겁니다. 실제로 '무투'와 '풍수'가 관련된 예는 역시 묘입니다. 그 예를 사쿠라이 도쿠타로櫻井德太郎(1973)와 그 밖의 보고(琉球大學民俗硏究クラブ 編, 1966; 1970)를 요약하여 설명하는 것에 그치기로 하지요.

미야코 섬宮古島의 가리마타狩俣에서는 묘를 '파포치무투パ-·ポチ·ムトゥ' 등으로 부르는데 이것은 매장식 묘掘拔き墓[굴착식 무덤]입니다. 묘를 조영할 때는 마을의 '풍수'에 맞추어 위치를 정하고 땅을 팝니다. 그 대부분이 '문중묘'이며, 실제로 여기서는 묘를 단위로 한 조직을 '문추[門中]'라고 합니다. 다만 묘의 소유는 꼭 혈연을 단위로 하지 않고 가까운 이웃이나 각별한 사이, 친구 등 친한 관계의 사람들이 공동으로 조영하고 있습니다. 그런데 이 내용에만 국한했을 때, '문추'가 출생 집단이나 친족 집단이 아니라는 점을 제외한다면 A 영역의 삼자 상관에 관한 한 오키나와 본섬의 예와 기본적으로 같습니다. 결론부터 말하자면 '풍수'의 메카인 홍콩에서도 '풍수의 수혜자'가 반드시 친족 관계인 것은 아닙니다(Baker, 1979a: 20 참조). 그래서 이 문제에 관해서는 수혜자 단위가 출생 집단인지 아닌지에 구애받지 않고 생각하는 것이 좋습니다. 요컨대 왜 '무투'를 공동으로 하는 집단이 형성되는가, 특히 미야코 제도의 경우에는 그것만 염두에 두면 됩니다(⟨사진 11, 12⟩ 참조). 그래서 아직 누구도 이 문제에 대해 납

〈사진 11〉 미야코 섬 가리마타에 있는 우야간 축제의 한 장면. 우타키에서 내려온 신녀神女들이 기원가起源家 '무투'의 앞마당에서 제사를 연행한다. '무투' 집단의 기원가는 이 부근에 집중되어 있다. 어째서일까?(와타나베 요시오 촬영, 1989년 12월)

〈사진 12〉 의례儀礼를 계기로 '무투'의 집에 '무투' 성원들이 모여서 '무투' 신에게 제사를 지낸다. 과연 이 집단은 어떤 구성 원리에 의해 만들어진 집단일까? 미야코·이케마 섬(와타나베 요시오 촬영, 1983년 11월)

득할 수 있을만한 연구를 하지 못한 겁니다. 흥미로운 점은 묘를 공동으로 소유하는 '문추' 외에 또 다른 '무투' 중심의 집단이 가리마타에 있다는 점입니다. 가리마타에는 "오래전에 마을에 덕德을 베푼 사람을 신으로 모시는" '무투' 집단이 있다고 합니다. 이 집단은 신을 모시기 위한 제사 집단인데, 관계되어 있는 사람들은 '남성 계통 혈연자〔男系血緣者〕'라고 합니다. 그런데 제사를 받는 이 신은 '조상신'이 아니라 마을을 세운〔村立〕 신, 여행〔旅〕의 신, 오곡五穀의 신, 물의 신 같은 뭇 신〔諸神〕이라는 겁니다. 그렇다면 그 신들의 '덕'은 뭔가, 왜 '남성 계통 혈연자'의 집단인가라는 의문이 남습니다. '풍수'에서 집단 형성의 초점이 되는 것은, 예를 들어 이웃 국가에서는 영웅이었습니다. 즉 반드시 계보상의 모든 조상이 아니라 자손에게 선택된 특정 조상이었습니다. 곧 '권위 혈통'은 계보의 유무라는 논리를 초월하는 것입니다.

미야코 섬의 스나가와砂川에도 기원 집안草分け家과 우타키御嶽(성림聖森) 모두를 가리키는 말로 '무투'가 있고 각각 씨족 집단을 형성하고 있습니다. 기원가起源家나 성림〔우타키〕이 '풍수'와 깊이 관련된 존재라는 것은 이 책 2장〔2장에서는 우타키를 다룸〕에서도 다뤘습니다. 이 장章만으로는 도저히 논의를 끝낼 수 없지만, '풍수'의 논리에서 '무투'의 모든 것에 대한 종래의 연구를 재검토할 필요가 있다는 것만은 마지막으로 말해두고 싶군요.

―그렇군. 향후의 사회 연구에 대한 중요한 실마리를 제공해주었네. 자네가 이 장에서 말하지 못한 문제는 다음 장에서 다시 논의했으면 하네. 이번 논의를 통해 A 영역의 삼자 상관에 관한 문제가 오키나와에도 있다는 것을 알게 된 것은 매우 뜻깊은 일이었어. 또한

그것의 상관이 이웃 국가와 같고 다름도 매우 뚜렷했네. 게다가 동아시아 전체의 과제로서, 특히 '풍수' 연구가 안고 있는 과제가 아직 많이 남아 있다는 것도 알았네. 특히 오키나와 연구는 '풍수' 연구 분야에서 일본의 연구를 이끌고 있지만, 오키나와 연구라 해도 아직 사례 보고를 하는 수준을 벗어나지 못한 단계에 있다는 짐작이 들어. 자네가 말하고 있듯이 연구자들의 '풍수 지식'의 부족이 원인이겠지. 전후戰後 일본에 오리지널한〔독자적인〕 '풍수' 연구서가 단 한 권도 없다는 것이 이를 상징하고 있는 것 같네.

와타나베 아닙니다. 현재 속속 간행되기 시작하고 있습니다. 이 책도 일본의 '풍수' 연구의 여명기에 나오는 책입니다. 앞으로 많이 기대해주기를 바랍니다.

6장 근원(무투)과 풍수
—대화 형식에 따른 오키나와 문중 형성론

1. 동아시아의 풍수·조상·출생(속)

—지금까지 화제를 바꾸고 논의의 방향을 바꿔가며 동아시아의 '풍수'에 관해 논의했는데 얘기가 좀처럼 마무리되질 않는군. 항상 과제를 다음으로 넘기는 형태로 끝내게 돼서 매우 유감이네.[1]

와타나베 어쩔 수 없는 일입니다. 우리가 몇 번이나 논의를 거듭해 오며 알게 된 것처럼, '풍수'라는 것은 어느 특정 지점에서 발하는 힘의 작용이 있어 그 작용에 순응하면 사회가 번영하고 거스르면 사회가 쇠퇴한다는 논리를 핵심으로 하고 있습니다. 그렇기 때문에 '풍수'라는 새로운 관점에서 환경을 어떻게 다룰 것인지, 힘의 발생을

---

1) 이 장은 대화 형식(자문자답 형식)에 따른 일련의 논의의 연장이다. 앞의 두 장을 아울러 참조하길 바란다.

어떻게 다룰 것인지에 관해 기존 자연과학의 모든 지식을 통합하여 생각해야 하고, 다른 한편으로 힘의 작용이 사회에 어떻게 영향을 미치는지, 힘의 작용이 사회에 영향을 미친다면 사회는 어떻게 될 것인지 등에 관해 인문·사회과학의 모든 지식을 재편성하여 다시 '풍수 지식'의 전체상을 새로이 세우지 않으면 안 됩니다. 연구 대상도 도시나 국가에서부터 묘지와 택지 등에 이르기까지 모든 '공간'에 미칩니다. 그래서 기존의 한 학문 영역으로는 '풍수'를 도저히 커버할 수 없으므로 오히려 '풍수학'이라는 새로운 학문 분야가 필요합니다. 다만 지금까지 나의 연구 계획은 문화인류학이라는 학문 분야의 틀 안에서 연구할 수 있는 부분까지는 연구해보고 싶다는 것이었는데, 아직 '풍수' 연구의 전체상을 살펴볼 수 있는 데까지는 이르지 못했다는 것을 스스로 알고 있습니다.

―그러면 이번에도 다시 논의의 연장전이네. 앞 장의 논의에서는 '풍수'의 원리나 원칙이 조상 제사의 실제 수행이나 출생 집단의 유지 및 형성에 어떻게 관여하고 있는지를 알 수 있었어(渡邊欣雄, 1990c). 그 내용은 일본을 제외한 오키나와·중국·한국의 풍수-조상-출생의 인과관계가 아니라 상관관계를 구명究明하기 위한 비교 연구라 할 수 있었지. 이 연구는 동아시아의 공통된 사회 원칙을 이해하기 위한, 말하자면 모험적인 시도였다고 말할 수 있을 거네. 내가 모험적이었다고 말하는 것은 논의 내용에 지금까지 쉽사리 증명할 수 없었던 많은 가설과 억측이 포함되어 있었기 때문인데, 증거로 제시할 수 있는 예가 매우 풍부하여 앞으로의 연구를 기대할 수 있을 것이라고 생각하네.

와타나베 그렇습니다. 확실히 동아시아 사회는 지금까지 인과론으로는 설명할 수 없었던 현상일지라도 같은 기본 원칙을 공유하는 패럴렐한 사회 원리가 병존하기 때문에 서로 관련되어 있다는 것을 자세하게 파악할 수 있어요. 그것은 무척이나 놀라운 일입니다. 이 기본 원칙만 발견한다면 세계를 일원적으로 설명할 수 있을 겁니다. 우리는 동아시아 각 사회에 존재하는 여러 원리를 동일시함으로써 이 기본 원칙을 발견할 수 있을 겁니다. 오키나와를 예로 들어 다시 생각해봅시다.

우선 1970년대 이후 갑자기 논의가 활발해진 것이 위패 제사 문제입니다. 불단에 안치된 조상의 친족 관계는 현세의 친족 관계의 사회 원리를 그대로 나타내고 있습니다.

〈사진 13〉 오키나와의 위패. 히가시손의 가와다
(와타나베 요시오 촬영, 1988년 7월)

즉 현세의 친족 관계의 이념인 생가生家의 장남 상속, 차남 이하의 분가 분립, 생가의 여자 상속 금기, 족내 양자 들임, 배행輩行〔가족 중 연장자를 존중하는 것〕의 준수, 부부 일체의 준수 이념은 모두 위패 제사 방법의 원리가 사회적으로 투영된 것이었습니다(渡邊欣雄, 1986d). 이런 위패 제사 원리와 현실의 사회조직 원리는 그 종류만 다를 뿐 유사성이 중국(한족)의 사례에서도 오랫동안 확인되었고(Lévi-Strauss, 1949; 渡邊欣雄, 1976; 1989d), 한국에서도 오키나와와 비슷한 사례가 확인되었다고 합니다.[2] 오키나와에서는 위패 제사 원리와 현세의 사회조직 원리의 유사성이 묘광墓壙 내의 골호의 위치에까지 미치고 있습니다.[3] 중국에서는 위패 질서와 분묘의 위치 관계의 유사성을 '소목' 질서의 응용으로 해석할 수 있고(Hsu, 1948), 한국에서도 묘지 전체를 '족분'으로 공유하며, 상단의 조상으로부터 하단의 자손에까지 이르는 질서를 통해 분묘의 위치 관계와 현세의 사회질서를 동일시하고 있습니다(赤田光男, 1975; 竹田旦, 1983).

지금까지의 내용으로 말할 수 있는 것은 결국 위패상의 조상 관계는 현존하는 성원의 사회조직 내의 인간관계이며, 묘광墓壙 내 또는 같은 묘지 내 분묘 사이의 관계이기도 하다는 것입니다. 또 그 삼자 간에는 공통의 원칙이 존재하는데, 각 민족 내부의 베리에이션〔variation〕을 무시하고 생각한다면[4] 이러한 기본 원칙을 쉽게 발견할 수 있습

---

[2] 한국의 계명대학교 교수인 최길성으로부터 직접 들은 내용이다. 즉 오키나와에서 잘 알려진 위패 제사 시의 금기가 한국에서도 확인된다는 것이다. 한국 연구자의 앞으로의 연구 과제가 되어야 할 것이다.
[3] 오키나와에서 위패는 그것을 향했을 때 오른쪽으로부터 왼쪽으로 세대가 내려간다고 하는 오키나와적인 질서를 따르는 데 비해, 묘광 내의 골호는 상단에서 하단으로, 중앙→좌측→우측이라는 교호적인 방식으로 배열된다. 이것을 중국적인 질서라고 해야 하는가? 또 오키나와에서 위패는 남편이 상단에 아내가 하단에 모셔지는 것에 비해, 묘에서 부부는 같은 골호를 쓴다. 조상의 위패를 제사하는 것과 묘광 내에 안치하는 것이 다르다는 것은 이렇게 명료하지만, 본문에서는 기본 원칙만을 문제시했다.
[4] 대원칙을 세우려고 하는 논의에 대해서는, 종종 사회의 지역성을 무시하지 말라는 반론이 돌아온다. 하지만 역으로, 사회의 지역성을 중시하려는 논의에 대해서는, 지역성의 범위를 설정하는 여러 사회에서 통하는 기본 원칙을 이해하지

니다.

—위패상의 조상 관계가 현세의 사회조직이며 게다가 골호나 분묘 사이의 관계 원리를 나타낸다는 것, 개개의 마을 단위나 지역성地域性과 상관없이 거기에는 단 하나의 기본 원칙이 있다는 것인데 그 원칙이 앞 장에서 나온 용어인 '소목' 질서라고 생각해도 될까?

와타나베 중국에서는 이러한 기본 원칙을 설명하는 데 '소목'을 사용할 수 있습니다. 하지만 오키나와나 한국에서 그것과 유사한 것을 '소목'이라고 말하면 오해하기 쉽습니다. 여기서는 동일시되는 지식이 있었다고만 말해두고 싶습니다. 이런 유사성은 더 지적할 수 있으며 단순히 '소목' 질서가 존재한다는 것만으로 그 유사성을 설명할 수는 없습니다.

예를 들어 동아시아에는 조상과 자손 관계에 상하우열의 질서가

않고 지역성을 묘사하는 것은 있을 수 없다는 반론도 가능하다. 중국의 사회 문화 인식에서는 "오 리가 떨어져 있으면 풍속이 다르고, 십 리가 떨어져 있으면 풍속이 변한다."라는 속담이 있다. 세상에는 '지역성'이 있다는 인식을 보여주는 것이리라. 그러나 중국에는 이와 동시에 "문자나 문화가 같으면 모두 같은 종류이다."라고 하는 인식도 있다. 양쪽 모두는 인식상의 기초인 동시에 지극히 초보적인 인식론이다. 핵심은 논문의 목적에 따라 어디에 중점을 둘 것인지의 차이밖에 없다. 이 장에서는 당연히 후자에 중점을 둘 것이다. 다만 굳이 말해두자면, 오키나와 연구에서 전자의 '지역성' 연구는 이론적으로는 이미 파산해버렸다(渡邊欣雄, 1985: 45~47). '지역성'이라고는 하지만 그런 연구를 주목적으로 하는 지리학에서는 분포론·경관론·입지론·환경론에서 '지역'이란 무엇인가에 관한 견해가 한결같지 않다(渡邊欣雄, 1978). 또 역으로 사람들의 지식에 초점을 맞췄을 때, 동일한 지역사회에 복수의 상이한 지식이 병존하는 현상은 극히 일반적이어서 그렇게 쉽게 어떤 지역에 같은 습속이 분포하고 있다고 잘라 말할 수 없으며 사람들의 지식도 역시 변화한다(渡邊欣雄, 1986b). 결국은 '지역성' 연구가 그리 생산적이지 않음을 보여준다.

있지요. 즉 조상은 자손보다 상위이고 우위優位에 있으며, 자손은 하위이고 열위劣位에 있다는 겁니다. 그것이 부모와 자식 사이의 윤리나 도덕에까지 미칩니다. 거기에는 조상과 부모가 있어야 자손이 있고 아이가 있다는 인과론이 있습니다. 틀림없이 그것은 '유교 예법〔儒禮〕'에 근거하는 것입니다. '유교 예법'을 바탕으로 하기 때문에 동아시아 사회의 전범을 이것저것 비교할 수 있지요. 하지만 지금 우리가 상대하는, 문자·전범을 근거로 하지 않는 민속의 논리는 '유교 예법'의 상의하달만으로는 해결할 수 없습니다. 그래서 여기서는 굳이 '유교 예법'의 원리라 하지 않고 조상과 인간 양쪽 세계에 걸쳐 있는 상하·우열 관계에 대한 지식이 존재한다고만 말해두고 싶습니다.

—중국의 표현을 빌려 말하면 양조陽祖(위패상의 조상)-음조陰祖(묘의 조상)-인간이라는 삼자三者에는 공통된 상하·우열의 질서 관념이 있고 그것이 동아시아가 공유하는 기본 원칙이라는 것인가? 그것은 조상 세계의 원칙이며 현세의 출생 원칙이라고 바꿔 말할 수도 있겠군. 하지만 이것이 어떻게 '풍수' 원리와 관계되는 거지?

와타나베 '풍수' 원리와 어떻게 관계되는가에 대해서는 일단 보류하려 합니다. 우선 이러한 상하·우열의 질서 관념이 동아시아 어느 지역을 불문하고 묘와 커뮤니티〔지역사회〕(도시·마을), 분묘·묘지와 가옥·택지와의 관계에도 자주 적용되어 설명될 수 있다는 점에 주목하고 싶습니다. 즉 동아시아에서 조상-자손 간의 관계는 지리학적 입지론에 내포되어 있는 겁니다. 예를 들어 자손의 주거가 평지나 저지대에 있는 경우에 묘는 '산山'에 있거나 또는 '산' 그 자체이기도 합니다(井之口章次, 1968; 竹田旦, 1983; 渡邊欣雄, 1985 등). 나카마츠 야

슈가 전에 지적했던 것처럼 우타키가 매장지였다고 한다면(仲松弥秀, 1968: 85), 오키나와에서도 '산'과 평지의 입지 관계는 조상-자손 관계의 지리적 투영입니다. 바로 그것을 나카마츠는, 우타키의 신이 "실제 혈연상의 씨족 신氏祖神"이며, 이 조상신과 자손의 관계는 "오소이おそい(애호愛護)하는 우타키의 신과 이를 쿠사티腰宛하는(신뢰하는) 마을과의 관계가 …… 실제 부모 자식 관계처럼 존재한다."(仲松弥秀, 1968: 22~23. 고딕체는 내가 했다)라는 말로 오키나와

〈사진 14〉 타이완 하카인客家人의 위패. 위패의 친족 관계는 오키나와와 타이완 모두에서 방 배치나 자리에 앉는 순서와 동일하다. 즉 오키나와는 좌→우 질서이고 타이완(客家)은 상→하 질서이다. 하지만 두 지역에서 질서의 '기본 원칙'은 같은 게 아닐까? 핑동 현屛東縣 네이프향內埔鄉(와타나베 요시오 촬영, 1984년 9월)

의 정신을 표현하고 있습니다. 결국 조상-자손 관계에 대한 지리학적 입지론인 거지요. 그래서 커뮤니티 주변에 산지山地[묏자리로 적당한 땅]가 있으면 묘는 대부분 산지에 위치하는데, 묘의 별칭으로서의 '산山'은 특별히 '산지' 그 자체를 의미하는 것은 아닙니다. 평지에 있더라도 묘지로서의 '산'(언덕·숲·특정한 방향 등)을 만들면 되는 겁니다. 게다가 같은 커뮤니티 안에서도 사회관계의 상하·우열 관계를 지리적으로 투영하려고 합니다. 즉 기원가起源家·성지聖地·공공

기관은 대부분 상위에 두고, 분가分家·일상적인 생활공간·일반 주택은 하위에 두는 방식입니다. 오키나와 연구에서는 나카마츠가 선구적으로 이런 종류의 지적을 했습니다. 같은 마을에 있어도 구가舊家(본가)-분가의 배치는 앞에서 말한 "오소이와 쿠사티의 신"이라는 관계의 구체적인 표현이며, 종가宗家(본가)를 상위에 두고 분가 집단을 그 하위에 두는 것이 오키나와 마을 입지론의 대원칙입니다(仲松彌秀, 1968: 24~26 참조). 여기서 말할 수 있는 것은 동아시아에서는 조형공간의 입지론이 그 자체로 인간관계의 사회론이 될 수 있다는 것입니다.

어째서일까요? 왜 위패 질서-분묘 질서-현세와 내세의 관계-도시 구성-마을 구성-가옥 배열-인간관계의 윤리가 모두 같은 원칙을 대원칙으로 하여 성립된 것처럼 보이는 것일까요? 이 점이 불가사의한 부분입니다. 나는 동아시아 여러 민족이 단순히 무의식 속에서 우연히 여러 원리를 비슷하게 만들었다고는 도저히 생각할 수 없습니다.

―거기에는 사람들의 어떤 의도·작의·의식·플랜이 있어서 동일한 플랜이 동아시아 전역에 보급되었다고 상정할 수밖에 없다는 것인가?

와타나베 그래서 종래의 상징 분석이나 에틱[etic(외부자)]으로서의 세계관 연구가 아니라, 주민들 자신에 의한 조형공간의 설계 플랜을 찾아야 한다고 생각해왔습니다(渡邊欣雄, 1988a). 그리하여 거기서 연구자들 사이에서도 오랫동안 '미신迷信'으로 여겨져온 가상家相·묘상墓相에 관한 철학을 찾아냈지요. 가상이나 묘상이라고 하면 어폐가 있지만 결국은 '풍수'입니다. 그것은 스스로를 합리적 지식과 과학적 지식의 소유자라고 자부하는 연구자들이 도저히 알아낼 수 없었던 동양 사상의 하나였습니다(渡邊欣雄, 1990d). 탈아입구脫亞入歐를 주장해온 이후, 즉 유럽의 지식을 흡수하기에 급급했던 최근 100여 년 사이에 우리는 그 이전에는 생활 지식으로 중요하게 여겨지던 '풍수 지식'의 존재를 완전히 망각하고 그것을 '미신'이라는 이름 아래 학문적 연구 대상에서 배제하려고 해왔습니다. 물론 그 지식이 사회에 폐해를 가져왔던 것도 사실입니다만, 그렇기 때문에 이 동양의 지적 유산을 '당위'의 논의 대상으로 보는 것이 아니라 그것의 '존재' 자체를 시인하는 입장에서 새로이 재고해볼 필요가 있다고 여기게 됐습니다.

지금까지의 유추를 심화시키면, 내가 여기서 조상이나 출생 집단의 원리와 '풍수'와의 관계가 어떤지를 설명하려 하기보다는, 어떤 의도를 가지고 '풍수' 문제를 다루려고 한다는 것이 자연스럽게 분명해졌을 겁니다. '풍수'의 사고 방법, 즉 조상을 통해 자손에게 영향을 주는 '기氣'의 작용은 내세와 현세 사이의 벡터〔방향〕나 현세에서의 부모와 자식 관계 혹은 출생 집단의 구성 원리와 그 기본 원칙을 공유하고 있다는 게 점점 보이기 시작하고 있습니다. 달리 말하면 먼 조상→가까운 조상, 조상→자손, 구가舊家(노프·老家·본가·생가)→신가新家(분가), 부모→자식, 연장자→연소자 등 전체적으로 '오래된 것'으로부터 '새로운 것'으로 규정되고, 거기에 상하·우열의 가치가 부여되는 기본 원칙은 '풍수'상의 '기'의 작용과 전적으로 패럴렐한 관계에 있다는 것을 알 수 있습니다. 오키나와에서는 사회적, 종교적인 상징 관계라고 불러야 할 '무투'와 '와카리ワカリ'의 관계가 이 안에 포함되어 있으리라는 것을 나는 이전에 지적했습니다(渡邊欣雄, 1989a).

2. 오키나와의 무투와 '풍수'의 논리

―이번 논의에서는 기존의 위패 제사 연구, 분묘 연구, 문중 연구 등을 요약하고 추상화하는 방식으로 자네가 말하는 '기본 원칙'의 이미지를 그려보고, 그것이 '풍수' 원리와 패럴렐하게 관계될 수 있고, '풍수' 또한 이 '기본 원칙'을 공유하고 있다는 얘기를 우선 들었네. 그런데 '무투' 이야기가 나왔으니 자네가 앞 장에서 미처 말하지 못해서 설명이 부족했던 부분을 이어서 얘기해줬으면 하네. 이를 위해서 앞 장의 논의 내용을 여기서 간단히 요약해야겠군.

앞의 논의에서는 '무투'와 '풍수'의 관계를 설명할 때 문중 형성론 상의 가설이 문제로 떠올랐네. 결국 자네는 앞 장의 논의에서 히가 마사오(比嘉政夫, 1983a)나 아카미네 마사노부(赤嶺政信, 1983)가 제시한 '무투(본본·원元·원원源)' 지향과 문중과의 관계론에 한마디를 덧붙였어. 그들은 모두 현재 오키나와 본섬의 문중은 문중 형성 이전에 어떠한 '무투'를 지향하는 집단이었고, 현재의 문중은 그 관념의 곁을 둘러싸며 형성된 것이라는 가설을 제시하고 있네. 이 '무투'는 원래 본本·원元·원원源 등의 이른바 '근원'을 의미하는데, 실제로 오키나와 각 지역에서는 제사 집단·사회집단의 이름이기도 하고, 혹은 성지·배소拜所〔우간주라 하여 오키나와 지역에서 신을 모시는 곳〕·종가·묘 등의 특정한 조영물을 가리키는 경우도 있지. 그렇다고 해서 이 '무투'를 바로 '본가本家'로 해석하는 것은 타당하지 않지만, 오키나와 본섬의 문중이나 미야코·야에야마의 제사 집단 조직의 중핵에 있는 것이 바로 '무투'라는 점은 공통적이야(比嘉政夫, 1983a: 19).

이와 같은 전제에 대해서 자네는 '풍수'의 논리에서 이 '무투'가 '길지' 또는 생기를 매개하는 장소인 '혈의 땅'이지 않았을까 하고 상정했네. 하지만 앞의 논의[5장 4절에서 언급한 내용]에서는 '무투'와 '풍수'에 관해서 두 가지 내용이 있었던 것 같아. 하나는 실제로 '풍수'에 의해 '무투'가 나왔다고 해석할 수 있는 것인데, 그것은 묘의 '풍수'에 관한 것이었네. 곧 묘(무투)를 만들 때는 마을의 '풍수'에 따라 위치를 정해 조영한다는 미야코의 사례가 그렇지. 이 같은 사례가 있다면 '무투'와 '풍수'의 관계는 상관론적이 아니라 충분히 인과론적이라고 할 수 있어. 그런데 자네가 제시한 또 한 가지 유형의 설명도 역시나 가정이라고 불러야 할만한 것이었어. 종가宗家[무토야]에서 마을의 '풍수'를 판단했다는 오키나와 본섬 히가시손의 가와다의 예(渡邊欣雄, 1988b)에서 유추하여 '무투'를 [풍수와] 동일시하거나 또는 '문추[문중]'를 구성하는 사회집단(제사 집단)이 '풍수'에 의해 생겨났을 것이라고 가정한 것이었지. 자네가 그러한 유추를 강하게 밀어붙이는 것은, '무투'를 공유하는 집단이 왜 형성되었는가라고 하는 미야코의 사례가 제기한 문제가 있기 때문이었네. 즉 '풍수'의 논리가 있다면 그 수혜자 집단이 있어야 한다는 것이지. 히가 마사오의 지적처럼 일단 '무투'는 '본가'가 아니라 더 넓은 개념의 단위이네. '풍수'의 논리도 히가의 이러한 지적과 크게 모순되지 않아. 자네는 베이커가 말한 홍콩의 사례(Baker, 1979a: 20)를 제시하면서, 이를 응용하여 '풍수'의 수혜자가 꼭 친족 관계자가 아닌 경우도 있다고 설명했네. 이 두 번째 해석은 어쨌든 가정에 그칠 수도 있지만.

와타나베 그것은 '무투'와 '문중(문추)'의 정합整合과 부정합不整合이 논의되고 있는 단계라서(赤嶺政信, 1983) '풍수'와 '무투', '풍수'와 '문중(문추)'과의 관계에 대한 사례 연구가 아직 미지의 단계이기 때문입니다. 내가 앞 장에서 다 설명하지 못했던 부분은 주로 당신이 말한 것 중에서 후자의 가정입니다. 물론 전자는 현재 조사 연구가 가능하고 오키나와의 민속 '풍수'론으로서도 충분히 가치 있는 연구 과제이지요. 다만 이번 논의는 문중 형성론이라는 문제에 '풍수'의 논리를 대응시키려는 것이기 때문에 현재의 문화인류학에서는 단지 가정하는 데 그칠 수밖에 없습니다. 다른 한편으로는 역사학에 의해 사족문중제의 기원에서부터 어프로치가 이루어지고 있는데, 미야코에서 볼 수 있는 묘 단위로 조직된 볼런터리〔자발적인〕 '문추' 그룹에 관한 내용을 과연 사족문중이라는 체계 안에서 발견할 수 있을까요? 미야코의 '문추'도 오키나와 본섬의 '문중門中'도 그 형성론을 다룰 때 동일한 맥락에서 취급해야 한다면, 이미 사료史料는 물론이거니와 우리의 민속자료조차 부족한 형편입니다. 실증주의적 입장에서 본다면 '상정〔가정〕'은 맞을 수도 있고 맞지 않을 수도 있는 것처럼 생각되기 때문에 오히려 경원시됩니다. 그러나 우리 연구자들은 누구든지 주관이나 직관을 가지고 있다는 점을 잊어서는 안 됩니다. 실증주의적으로 말하면 '가설'이지만 학문 연구에서 이 '가설'을 강하게 밀어붙이는 일도 없어서는 안 되지요. 그래서 앞으로의 연구를 위해 나 혼자라도 정면으로 비판받는 처지에 서고 싶다는 생각입니다.

─기개氣槪가 훌륭하군. 그럼 하나 묻겠네. 지금까지의 자네의 '가정'은 '풍수'의 논리와 그 외 요소 사이에 패럴렐한 상관관계가 있다는 것이었어. 즉 '풍수'와 그 외 요소들의 질서는 각각이 독립변수로서 별개의 기원을 가지고 있지만, 그 여러 원리 안에서 통일된 기본원칙을 찾으려고 한다고 말했지. 그런데 왠지 '풍수'의 논리를 다른 모든 질서의 원인으로 놓으려고 하는 것 같군. 예를 들어 '문중(문추)' 형성을 '풍수'의 결과로 다루려고 하는 것처럼 여겨진단 말일세.

결국 자네는 '풍수' 상관론이라고 하면서 인과론을 이끌어내려고 하는 것은 아닌가? 만일 그렇다면 오키나와에서 얘기된 '근원(무투) 지향'은 중국에서 '풍수' 사상이 도입된 이후 시작되었다고 볼 수밖에 없네. 자네도 알다시피 문헌상으로 확실한 것은 17세기 이후로서, 가능성을 거슬러 올라가 봐도 기껏해야 민인閩人이 건너온 이후인 14세기 말이 되네. 그렇다면 자네는 문중 형성 이전에 형성된 '무투' 지향 역시 결코 오래된 것이 아니라고 말하고 싶은 건가?

와타나베 만일 인과론으로 문중 형성론을 설명할 수 있다면 그게 가장 좋겠지만, 유감스럽게도 중국이나 한국의 연구를 통해 미루어 봐도 '풍수'에서 인과론을 전개할 수는 없을 것 같습니다. 사료에 의거해 본다면 당신이 말한 대로 '풍수 지식'은 분명 중국에서 전래되었는데, 그나마 사료로서 확실한 기술이 남아 있는 것은 17세기입니다. 그런데 유감스럽지만 우선 역사 곧 사료상의 '상관론'을 대강 복습해두어야 하겠습니다.

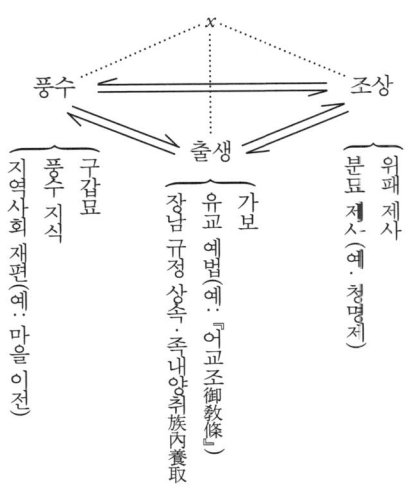

〈그림 12〉 오키나와의 삼자 상관

〈그림 12〉는 간략한 도식화에 지나지 않습니다. 내가 오키나와 사회 형성을 위해 필요한 구성 요소의 독립변수라고 생각하고 있는 삼자 상관을 사족문중제를 바탕으로 그려보면 위패 제사 이하의 하위 항목이 고려될 수 있다고 생각합니다. 다음은 주로 도구치 신세(渡口眞淸, 1969; 1971), 오가와 도루(小川徹, 1987), 다나 마사유키(田名眞之, 1988)의 지적을 바탕으로 재구성한 것입니다. 그들에 의하면 15세기에 확인되고 있는 위패 제사는 17세기 이후에 일반에 보급되었는데, 분묘 제사의 시작을 '청명제'로 본다면 1736년 이후입니다. 가보家譜의 성립은 1689년 전후에 시작되었고, 유교 예법을 『어교조御敎條』의 성립기부터라고 보면 〔분묘 제사는〕 1732년 이후의 일입니다. 구갑묘는 1685년경부터 시작되었고, 풍수 지식의 도입은 『구양』의 기록에 의하면 1650년 이후, 지역사회 재편의 움직임은 18세기 이후이며, 장남에게만 생가를 잇게 하는 '장남 규정規定 상속', 일족 내에서 양자를 들여야 하는 '족내양취族內養取' 원칙은 그보다 훨씬 뒤에 생겼지요. 이 모두가 중국에서 유입되었다고 할 수는 없지만 현재로서는 이 모든 제도 곧 지식이 모두 17~18세기 이후에 성립 또는 보급되었다고 생각할 수밖에 없습니다. 우선 사족문중제만 보더라도 그것이 시작될 때부터 '풍수'가 있었던 것이 아니라 '풍수 지식'을 포함한 모든 요소가 거의 동시다발적으로 성립했다고 생각할 수밖에 없습니다.

그럼 민간 사회의 형성은 어땠을까요? 여러 제도가 보급된 것은 메이지 시기 이후의 일입니다. 하지만 예를 들어 『어교조』 등은 성립 이후에 왕실에서 상의하달 방식으로 보급을 위해 노력했고(高良倉吉, 1982; 糸數兼治, 1989), 마을 건설이나 마을 이전에 있어서의 관리의 '풍수' 판단 역시 메이지 시기 이전부터 민간에 영향을 주었을 것이라고 추측할 수 있습니다(渡邊欣雄, 1988b). 따라서 사족층士族層과는 달리 〈그림 12〉의 모든 지식이 같은 시기와 같은 시대에 민간에 보급되었다고는 말할 수 없습니다. 위패 제사나 분묘 제사는 있는데 구갑묘나 가보 및 가례家禮가 없는 민간 문중이 있다든지, 그런 것은 있지만 위패와 분묘 안의 조상에 다른 민간의 문중 조직이 있는 등 그 베리에이션은 다양하지요. 문중은 종가[무토야] 중심으로 조직되고 '문추'가 분묘[무투] 중심으로 조직되었다는 등의 종래의 설說처럼, 마치 문중 관념 자체가 세트가 되어 슈리首里[류큐 왕국의 수도]에서 지방으로 파급된 것처럼 보는 해석은 성립하지 않는다고 봅니다. 이런 상황을 고려했을 때 각 마을과 커뮤니티에 '무투' 또는 '문추'가 형성된 계기가 무엇이었는지를 살펴보아야 하는데, 이것에 대해서는 〈그림 12〉의 x를 어떤 마을에서는 조상관觀이라고 하고 다른 마을에서는 풍수 지식이라고 하는 것처럼, 전체적인 상관관계하에서 생각해야 합니다. 다만 나는 앞에서 열거한 기본 원칙으로서의 성질을 갖는 x와 같은 공통점이 있다고 생각합니다. 전체적인 상관관계는 개별적인 사례로 인과론을 설명할 수 있어요. 따라서 묘의 '풍수'에 의해 '문중'이 형성되었다는 것은 개별 사례에 의한 인과론적 설명입니다. 이 같은 상관관계를 전제하면서 '풍수'로부터 집단 형성에 대한 어떤 가설이 가능한지를 제한적으로나마 상상해보려고 하는 겁니다.

3. '풍수'에서 본 '무투'와 '문추'

―사회 형성이라고 하는 것은 역사적으로는 어쨌든 사료나 자료로 근거를 댈 수 없기 때문에 가설을 위한 전제의 가설처럼 늘 몇 겹의 가설이 따라붙게 되지. 약간은 억지스러운 상관론에 대한 설명보다는 구체적인 내용이 있는 자네의 사회 형성론에 대해 듣고 싶네. '풍

수'의 논리에서 봤을 때 오키나와에서는 어떤 사회 형성 과정을 거쳤다고 가정할 수 있는가? 자네의 문중 형성론을 이야기해주길 바라네.

와타나베 우선, 오키나와 각지의 농촌에 문중이 형성되고 인간관계가 질서를 갖추기 이전부터 그곳에는 이미 공동묘가 있었다고 생각하고 싶군요. 공동묘의 형식은 굴입묘堀込墓든 뭐든 상관없습니다. 어쨌든 유골을 무질서하게 유기하는 것이 아니라 이를테면 넓은 의미로 '기합묘寄合墓〔유레바카〕'*처럼 묘를 구축하는 관념이 이미 존재했다고 가정할 수 있어요. 이 공동묘의 구축 여부를 정한 동료들이 반드시 친족 관계에 있는 사람들이었다고는 할 수 없습니다. 아니, 묘의 조영에 필요했던 것은 인간관계에 대한 배타적인 원칙보다는 오히려 인간 상호 간의 행위에 대한 친근성이나 친연성親緣性이었지요. 즉 당초부터 혈연이나 지연과 같은 배타적인 관계의 원칙이 중요했던 것이 아니라 유이마루ユイマール〔우리나라의 품앗이와 비슷함〕나 무에ムㅡ-〔우리나라의 계와 비슷함〕처럼 일상생활의 상호부조·교제·노동 봉사의 호혜互酬와 같은, 말하자면 행위의 원칙이 지배적이었다고 생각합니다.

—자네가 말하는 관계의 원칙과 행위의 원칙이란 구체적으로 어떻게 다르지?

와타나베 관계의 원칙은 예를 들어 가족 관계에서 말하는 그것으로, 오키나와의 말에서 "미툰타 티치(부부는 일심동체)"라고 설명되

---

* 굴취묘, 파풍묘, 굴입묘, 구갑묘, 기합묘 모두 가족 공동묘인데, 기합묘는 개인별 비석을 세우는 것이 특징이다.

는 것과 같은 관계입니다. 행위의 원칙은 "이차리바 초데(교제하면 형제나 다름없다)"라고 설명되는 친연성을 말합니다. 후자는 행위가 있어야 가능한 관계지요. 행위가 없으면 관계는 해소되어버리고 맙니다. 그러나 전자는 관계가 행위를 규정합니다. 부부(관계)이기 때문에 행위도 하나로 보지요. 즉 현재의 문중 이념, 특히 오키나와 본섬에서 지배적인 출생 '관계'라는 이념에 얽매이는 관계가 이전에는 지배적이지 않았다는 것이 나의 가정입니다. 바로 '우인友人 관계'가 지배적이었어요. 이렇게 말하면 행위 원칙에 친연적 관계에 있는 사람 모두가 포함되는 것으로 오해하기 쉬운데, 보다 좁은 의미에서는 우인 관계의 사람 중에서도 오랫동안 꾸준한 교제를 이어온 '연고緣故' 관계에 있는 사람들이었다고 생각합니다. 그들이 서로 노동을 제공하고 물자를 출자하여 묘를 구축하거나 새롭게 만들었던 겁니다. 지금은 가족 단위의 묘가 많은듯하지만, 마을이 형성될 때의 사정을 잘 전해주는 새로 개척한 마을[開拓新村]에서는 오히려 지금까지도 공동묘를 구축할 당시의 사정이 잘 전해지고 있어요. 시설이 두루 잘 되어 있는 오래된 마을의 시설을 이용하여 유골 처리나 유체 안치를 할 수 있는 마을도 있었지만, 일찍이 새로 개척한 마을에 대한 오래된 마을 측의 차별은 매우 심했습니다. 항구묘恒久墓[영구묘]를 오래된 마을 지역에 건설하는 일을 허용하지 않았던 겁니다. 이리하여 새로 개척한 마을에서는 오래된 마을이 그랬던 것처럼 항구묘를 공동묘로 건설한 예가 많아요. 여기서 유추해보면 그 공동묘는 소규모였으리라고 생각됩니다.

　이런 공동묘를 만든 후, 노동을 제공하고 비용을 댄 가족의 자손들은 묘에 납골할 수 있는 공간이 허용되는 한 납골을 해왔을 겁니다. 그래서 문중이 문중으로 조직화되기 이전부터 친연 관계가 있는 사람의 자손들은 묘를 공유하는 집단으로서의 이해관계를 가지고 있었어요. 묘를 '무투'라고 부르는 지역이면 그것은 '무투' 집단이었습니다. 이 '무투' 집단은 일단 형성되면 점차 배타적인 집단이 되어갑니다. 결국 묘를 만든 초기와는 달리, 우인 관계를 맺었다고 해서 관계자의 유골을 매장할 수 있었던 것은 아니었습니다. 초대初代 조상을 매장하고 납골한 이후 다음 세대의 조상부터는 초대 조상과의 관계에 따라 '연고' 범위도 점차 결정되었기 때문일 겁니다. 범위의 한정은 곧 행위 주체의 원칙에서 관계 주체의 원칙으로의 변화를 초래하게 되지요. 바꿔 말하면 친밀한 관계이기 때문에 매장하는 것이 아니라 공동묘를 공동으로 구축한 관계자이기 때문에 매장하는 것처럼 말이지요. 이렇게 해서 공동묘에 매장할 수 있는 관계자에 대한 원칙이 형성됩니다. 다만 여기서 이 관계자는 여러 세대를 거치며 혈연관계와 상관없는 사람을 상당히 포함하게 되었을 겁니다. 초대의 우인 관계는 아직 사람들의 의식 속에 있었겠지만, 평생 교제를 깊게 한 친족이 없는 사람, 연緣이 닿아 마을에 들어온 외부인도 '무투' 집단에 사정이 받아들여지면 공동묘에 묻히는 일이 허용되었을 겁니다.

단 혈연 관계자(친족 관계자)도 부모 자식 관계, 형제자매 관계, 부부 관계 등에 의해 매장될 수 있었고, 그러한 원칙에 준하는 자는 세대를 거치며 형성되었을 겁니다. 그것은 아무리 문중 이전이라 해도 대부분 "부계에 편중된"(渡邊欣雄, 1986e) 관계자였을 게 틀림없어요. 오키나와 각지에서 보고되어왔듯이, 처음에는 양처兩處 거주 풍습에서 남편 쪽 거주(夫方居住)로 바뀐 '혼인 과정'의 오랜 거주 양식은 오키나와에 꽤나 널리 보급되어 있지 않았나 생각됩니다. 이 양식대로라면 결국 아내는 남편 쪽에서 사망하게 되므로 남편에게는 생가이고, 아내에게는 시가가 되는 곳의 공동묘에 매장될 수 있었을 것이라고 추정됩니다. 만일 그렇다면 현세의 집단에 귀속되거나 성원으로서의 권리가 성립되기도 전에 내세來世, 즉 공동묘에 매장될 권리가 먼저 원칙으로 굳어졌는지도 모릅니다. 그렇게 되면 원칙은 부계 귀속이지만 그저 이 원칙은 사람들에게 '바람직한' 귀속으로만 여겨졌을 겁니다. 예를 들어 딸밖에 없는 가족이 족외族外에서 양자를 들이는 일이 용인되었다면, 거주 양식을 우선하여 아내 쪽〔妻方〕·어머니 쪽〔母方〕귀속도 그 관계 원칙에 의해 용인되었다고 생각할 수 있어요. 결국 문중 형성 이전에는 초기의 행위의 원칙을 이어받아 '연고'자도 공동묘에 매장될 수 있었고, 친족 관계의 인물이라면 남편 쪽 묘에 매장되는 경향이 있었지만 사정이나 경우에 따라 관계자의 범위는 지금보다 훨씬 넓어서 아내 쪽이나 어머니 쪽 관계자의 묘에 매장되는 것도 허용되었을 것이라고 상상해봅니다.

―문중 이전에는 부계에 편중되었다기보다는 코그내틱〔cognatic(혈족 중심)〕사회였다든지 쌍계제雙系制가 두드러졌다는 주장이 많았던 것 같네만, 문중 이전에는 쌍계제였다는 가설을 어떻게 생각하는가?

와타나베 묘 귀속의 쌍계제, 아니 오히려 코그내틱이었다는 것인데, 구체적으로 말하면 결혼한 부부가 각자의 성가 묘에 매장되는 원칙이 지배적이었다면 그럴 가능성도 있을 겁니다. 즉 결혼 유무에 관계없이 형제자매는 그 관계에 의해 동일한 공동묘에 묻히는 권리를 갖기 때문에 이것을 코그내틱이라고 말할 수 있는 거지요. 쌍계제라기보다 공계제共系制인 겁니다. 이 예로는 일찍이 노구치 다케노리野口武德(1972: 303)가 지적했던 '부부별입묘제夫婦別入墓制'가 있습니다. 노구치가 조사한 미야코·이케마 섬池間島에서는 부부별입묘가 45%,

부부공입묘〔夫婦同入墓〕가 55%로 별입묘가 상당히 높은 비율을 차지합니다. 덧붙여서 공입묘라고는 하지만 아내 쪽으로의 공입묘인 경우가 있기 때문에 부계 편중의 한 근거인 남편 쪽으로의 부부공입묘 비율은 더욱 낮아지게 되지요. 이 이케마 섬의 예는 부계 편중이라고는 말하기 어려울 겁니다. 그렇다면 문제는 이런 부부별입묘제가 오키나와에서 이전부터 지배적이었는가 하는 것입니다. 이 점은 오늘날까지도 아직 충분히 밝혀지지 않았어요. 그래서 노구치의 결론에 의지할 수밖에 없는데, 노구치는 이케마 섬의 예는 미야코 북부 지역에서조차 일반적인 예라 할 수 없다고 결론지었습니다(野口武德, 1972: 307). 그러므로 공계제와 쌍계제 모두 일반적인 사례로 보기에는 무리가 있어요. 그렇다면 가능한 것은 부계 편중밖에 없지 않을까요? 쌍계제에서 가능한 것은 개인묘個人墓이지만[5] 개인묘가 이전부터 오키나와에서 두드러졌다는 주장에 대해서는 아는 바가 없습니다.

— 계속 궁금했던 게 있는데, 자네는 어디에 '풍수'의 논리가 관련되어왔다고 생각하고 있는가 하는 점이야. 어떤가?

와타나베 '묘' 자체와 '풍수'와의 관계에 대해 나는 두 가지를 가정하고 있어요. 하나는 묘지 풍수의 논리의 영향이라는 것이고, 다른 하나는 이전부터 존재하던 '풍수'의 논리와 유사한 논리의 영향이라는 것입니다.

전자의 관점에서 보면 시대는 훨씬 나중이 되는데, 오늘날의 문중

---

5) 부계제 사회인 중국과 한국도 개인묘 중심이다. 다만 묘의 귀속 이외에 성원으로서의 권한을 한정하는 것이 없다고 가정하면 개인묘는 쌍계제의 전형적인 사례가 된다. 쌍계제가 결국 다계제라는 것을 가정한다고 해도 마찬가지이다.

묘(구갑묘)처럼 묘의 형식이 풍수적으로 길한 형국에 딱 맞게 분묘 건축을 할 수 있는 자유가 허용된 메이지 시기 이후의 일입니다. 그 형식은 이전의 공동묘와 비슷하거나 또는 그 이상으로 많은 유골을 넣을 수 있는 형식이었어요. 구갑묘는 그야말로 자손 번영의 상징입니다. 어쩌면 지방 농촌의 사람들은 종종 중앙에서 농촌을 다녀간 관리로부터, 좋은 묘가 자손의 번영을 가져온다는 이야기를 들었는지도 모릅니다. 그것은 동시에 부계 자손만의 번영을 보증한다는 논리에 의존하고 있었어요(Freedman, 1966 참조). 물론 그렇다고 해서 구갑묘만이 부계 자손을 번영시킨다고는 생각하지 않았겠지요. 요컨대 구갑묘가 출현한 후에는, 그 이전의 파풍묘도 '풍수'를 판단하여 입지했다면 부계 자손을 번영시키는 신비로운 힘을 발생시키는 시설로서 재인식되었던 겁니다. 그리고 '풍수 지식'이 영향을 미치기 시작한 이후에는 묘가 유골 처리 시설이라기보다는 그 이상으로 사람들의 길흉吉凶을 좌우하는 시설로 여겨졌던 것은 아닐까 합니다. 사족 사이에서는 이와 같이 묘를 공유하는 집단을 속칭 '문중(문추)'이나 '일문一門(이치문)' 등으로 칭하고 있습니다. 바로 이 '문중'이 묘로부터 오는 이익을 받는 집단이었다고 생각합니다.

 이처럼 묘가 길흉에 영향을 준다는 관념이나 부계 자손을 번영시킨다는 관념이 보급되면, 이전에는 허용되었던 모계의 일족이나 타인을 공동묘에 매장하는 일을 기피하게 됩니다. 모계친족이나 타인은 자손에게 아무런 이익을 주지 않는다는 이유도 있었겠지만, 반대로 모계친족이나 타인의 '뼈'가 종종 자손에게 악영향을 미친다고 알려져 있었는지도 몰라요. 사람들이 이런 사고방식을 자신들의 실제 생활에 적용해야 하는 사태에 이르렀을 때, 다음과 같은 여러 가지 문제가 일어났으리라고 생각합니다.

그중 첫 번째가 묘광 내의 조상은 모두 같은 일족이어야 한다는 부계 일족으로의 일원화입니다. 중국과 한국의 묘는 개인묘가 원칙이지만 '풍수'의 논리와 공동묘가 결코 양립하지 않는 것은 아닙니다. 오키나와에서는 '풍수' 이전에도 공동묘라는 발상이나 전통이 이어져 내려왔는데, 다만 묘광 내의 조상을 부계화하는 전통은 없었습니다. 문제는 거기서 생깁니다. 처음에는 묘의 귀속이 부계로 편중됐지만 사람들이 계보系譜를 인지하는 것은 기껏해야 5~6대까지였어요. 강한 동족 의식이나 계보 의식을 필요로 하는 '무투' 집단이 아니었기 때문에 이러한 이념이 보급되어도 시조부터 대대로 내려오는 조상의 계보 관계를 알고 있을 이유도 없고 생각하지도 못했던 겁니다. 어느 뼈가 누구인지, 그 뼈가 과연 부계 조상의 것인지 등을 묘광 내에서 식별하는 습관도 없었기 때문에 조상의 친족 관계를 모르는 경우에는 그 시점에서의 '무투' 집단의 친족 관계에서 추측하는 수밖에 없었을 겁니다. 그러나 '무투' 집단은 형성 당시의 친밀한 관계를 계속 유지해왔기 때문에 '무투' 집단에는 친족 관계가 아닌 그룹이 많이 존재했으리라고 생각합니다. 그래서 사람들은, 까마득한 옛날에 형제 관계였다거나 양자養子 교환에 의해 동족화同族化되었다는 것을 그 가능성으로서 가정하는 겁니다. 여기서 묘광 내의 일족을 창조, 즉 일원화하여 모두가 동일한 부계의 일족이라고 신화화神話化하게 되는 일이 생깁니다.

이런 방법으로 신화화의 창생을 이룬 일족도 있었지만 다른 길을 가는 경우도 있었어요. 즉 두 번째는 계보가 인정되는 범위 내에서, 다른 일족의 묘에 모계친족이나 연고자의 조상이 모셔져 있다는 것을 알게 되면 그것을 부계화하는 것, 즉 귀속을 바꾸는 것(시지타다 シジタダシ)입니다. 세 번째 방법은 공동묘에 안치된 조상을 식별할

수 있으면 (이것은 매우 어려운 일이지만), 그 유골을 옮겨서 부계 조상만을 모시는 묘에 재편하거나 새로이 묘를 만드는 겁니다. 이리하여 묘로부터 영향을 받는 집단을 부계화하고 부계를 관철하는 일이 이루어지게 됩니다. 그렇지만 알다시피 현실에서는 누구에 의해 만들어졌는지를 알 수 없는 묘가 여전히 존재하고 있어요.

—그렇군. 우리는 현재 남아 있는 모든 묘를 무조건 이것을 모시는 사람들의 관계에서 추측하려고 하는데, 옛날의 묘가 행위의 원칙에 의해 만들어진 것이라면 현재의 혈연이나 지연 관계로는 추측이 불가능하게 되겠지. 그런데 '풍수'의 논리가 사회의 원칙을 바꿀 수 있을 만큼 강력했는지는 아직 모르겠네.

와타나베 정말 그렇습니다. 그래서 현재로서는 가정 이외에는 설명할 길이 없지만 굳이 '풍수'라고 말하지는 않더라도, 지금까지 설명한 것처럼 '기본 원칙'에 따르려고 한 시대가 있었고, 이에 비로소 '문중'이 생겼다는 것은 의심할 여지가 없을 겁니다. 어떤 지식이 사회의 원칙을 행위의 원칙에서 관계의 원칙으로 변화시키고 관철시켰는지에 대해서는 앞으로의 연구를 기다려야 하겠습니다.

—지금 자네의 문중 형성론은 오키나와 본섬의 경우에는 가정할 수 있다고 해보지. 하지만 자네가 자주 언급했던 미야코 제도의 사례에는 안 들어맞지 않는가?

와타나베 묘의 신비로운 힘이 묘를 공동으로 모시는 사람들에게 번영을 가져다준다는 인과관계를 인정하면서도 부계화를 도모하지 않

〈사진 15〉 의례儀礼 시작을 기다리는 '무투' 장로들. '무투'는 '혈연집단'이나 '지연집단'이 아닌 '의례집단'이라고 하지만, 보다 적극적인 의미에서 이익의 수혜자 집단은 아닐까. 미야코·이케마 섬(와타나베 요시오 촬영, 1983년 11월)

은 지역이 미야코입니다. 예를 들어 가리마타는 메이지 시기의 유행에 편승해서 '무투' 집단을 '문추'라고 부를 정도였지만, 합사合祀한 조상의 유골로부터 나오는 신비로운 힘이 친족 관계가 아닌 사람들에게는 영향을 미치지 않는다고는 생각하지 않았던 게 아닐까요? 굳이 표현하자면 오키나와 본섬의 논리는 프리드먼(Freedman, 1966) 식의 '풍수'의 논리이고, 미야코의 논리는 베이커(Baker, 1979a) 식입니다. 그러나 거기에는 이유가 있어요. 미야코 사람들은 오래전부터 장례가 다 끝난 조상은 모두 똑같아서 계보系譜 관계와 무관하게 조상신이라고 생각해왔을 겁니다. 그래서 하나의 묘에서 신비로운 힘이 발생한다는 것은 인정하면서도 특정한 조상으로부터 오는 신비로운 힘의 영향은 인정하지 않았던 거지요. 따라서 '무투' 집단은 묘로부터 오는 영향을 공유한다는 의미에서 '문추'이기는 해도 우리가 분석적으로 사용하는 부계 출생 집단일 필요는 없는 겁니다. 오키나와 본섬에서는 단지 그것을 특정 조상으로부터의 영향으로 한정했던 것인데, 미야코와 본섬은 기본 원칙만 본다면 동일하다고도 말할 수 있습니다. 따라서 오키나와 본섬과 미야코 모두에서 공통적으로 근원(무투) 지향이 있었던 이유는 근원(무투)으로부터 생기를 받는다고 하는 이익을 지향했기 때문이라고 말하고 싶습니다. 그 이익이란 곧 '나시한조'(자손 번영)이기 때문입니다.

― '풍수'의 논리에 담긴, 조상에서 자손으로의 좋거나 나쁜 영향이라는 사상, 그로부터 이익을 누리는 집단이 한정적이라는 것, 즉 만인에게 개방된 영향이 아니라는 것, 이러한 '풍수 지식'의 두 가지 특징이 근원(무투) 지향의 논리와 합치되고 나아가 그 지향성의 이유가 된다는 것인가? 계속 논의를 해오면서 근원(무투) 지향과 '풍수'의 논리와의 관계는 이해가 됐네.[6] 하지만 역시 계속 마음에 걸리는 부분은 '무투' 형성의 시대성時代性인데, 자네의 가설에 의하면 그건 역시 새로운 시대의 산물이라고 말할 수밖에 없네.

와타나베 원래 '무투'라는 발상은 새로운 것인지도 모릅니다. 사실 오키나와에서는 어느 지역을 불문하고 마을의 재편이나 이전이 있었어요. 따라서 지금 어느 마을이 고대 오키나와의 모습 그대로라고 하는 것만큼 위험한 가설은 없을 겁니다. 하지만 그것을 무시해보지요. 처음 마을이 어떻게 발생하는지에 관한 유력한 힌트가 있습니다. 그것은 후루하시 노부요시古橋信孝(1989: 30)의 해석입니다. 그의 언어

---

6) 이번의 논의는 '무투'로서의 묘의 귀속에만 초점을 맞췄다. 그 이외의 '무투'에 대해서는 앞으로의 논의에 맡기고자 한다.

학적 분석에 의하면, 집단 마을[集落]을 사토里라고 부르는 일본의 고대 표현에서 사토サト는 '사サ'(영험한 힘으로 충만한 상태)와 '토ト'(장소)이므로, 즉 마을이란 "영험한 힘이 충만하게 드러나는 장소"라고 합니다. 사토란 조상이 좋은 땅을 찾아 방황한 끝에 선택한 땅이라는 것이지요. 나는 후루하시의 설명을 빌려 오키나와 말에도 있는 사토의 어의 해석을 하려는 것은 아닙니다. 일본 고대의 이런 발상과 유사한 것이 오키나와 고대에도 있지 않았을까 하는 연상連想을 해보고 싶은 것입니다. 조상은 어떻게 그토록 좋은 땅을 고를 수 있었을까? 야마토大和의 중흥기처럼 조상은 "나라를 살피고[國見]", "나라의 형태[國形]"를 샅샅이 확인하고서는 "나라의 거처[國處]"를 정하지 않았을까? 나는 후루하시의 해석을 보며 "그것은 고대 중흥기의 '풍수' 판단이지 않은가!" 하고 놀라움을 금할 수 없었는데, 그것은 아전인수일지도 모르겠군요.

그러면 '풍수'의 논리를 제외하고 생각해보지요. 그래도 아직 의문이 남습니다. 즉 오키나와의 조상들은 어떻게 땅을 선정하여 마을을 세웠는가 하는 의문 말입니다. 오키나와에서도 마을 창생 전설에는 이와 같이 "나라를 살피는" 판단이 있습니다(渡邊欣雄, 1985: 196). 물론 그것은 전설이기는 합니다만, 그러면 이 전설을 제외시켜놓고 어떻게 마을의 건설을 역사적으로 복원할 수 있겠습니까? 굳이 '풍수'라고 말하지 않더라도 말이지요. 오키나와에서도 조상들은 '풍수' 이외의 지식을 이용해서 "영험한 힘이 충만하게 드러나는 장소"를 신중하게 탐색했을 겁니다. 그러면 그런 토지 판단이나 지형 판단을 우리는 뭐라고 불러야 할까요? 나는 '풍수' 사상을 승화昇華시키면 '흐름의 사상'이 된다고 생각한 적이 있습니다만(渡邊欣雄, 1989a: 449), 오키나와 마을의 발생도 이런 '흐름의 사상'을 따른 것이 아니었을까요? 즉 영험한 힘(신비로운 힘)의 발생 지점, 영험한 힘이 넘치는 장소에 마을을 세웠다고 한다면, 그 발생 지점, 영험한 힘이 흘러나온 장소에는 마을이 있어야만 합니다. 영험한 힘의 발생 지점이 곧 '무투'였던 것은 아닐까요?

―그렇군. 그 '무투'가 지금은 기원가이고 묘이며 성지 혹은 배소라는 것인가? 이제 남은 문제는 지금의 '무투'가 이러한 '흐름의 사상'의 원점이 될 수 있는지의 여부, 그리고 이러한 자네의 가설이 실증적으로 입증 가능할 것인지의 여부일 거네.

와타나베 그보다 오키나와 연구가 지금처럼 실증적인 상태여도 괜찮은가도 문제일 겁니다. 지식론에서 본다면 앞으로 연구자가 가지고 있는 지식이 더욱 의문에 부쳐지지 않을까 생각합니다. '풍수 지식'이 없이는 오키나와의 '풍수 지식' 등을 완전히 이해할 수 없습니다.

덧붙이는 장
대담: 동아시아의 풍수 사상

다케무라 신이치
와타나베 요시오

1. 동아시아 '풍수' 문화권

다케무라 최근 일본에 이어 NIES(한국, 타이완, 홍콩, 싱가포르 등의 신흥공업지역)의 급격한 대두로 동아시아가 갑자기 주목받고 있습니다. "아시아 문화권의 시대" 등으로 얘기되며, 경제 발전의 문화적 기반을 '유교' 윤리에서 찾는 논의도 나오고 있습니다. 이런 와중에 넓은 의미에서의 중국 문화 영향권하에서의 독특한 정신성〔멘탈리티〕을 다시금 물어야 할 시기가 되었습니다.

 그런 의미에서 타이완과 홍콩으로부터 시작해서 동남아시아 화교華僑 사회에 이르는 한인漢人의 문화를 정력적으로 연구하고, 또 남도(오키나와)의 사회와 종교에도 정통한 와타나베 씨의 업적은 우리에게 풍부한 시사를 줄 수 있을 것입니다. 특히 그중에서도 동아시아 전역에서 아직도 큰 영향력을 가진 중국의 '풍수〔풍슈이〕' 사상에 주목하는 관점, 이것은 동아시아 문화론을 말함에 있어서 극히 독창적인 방법으로서 주목할만하다고 생각합니다.

지형이나 방위로 가상이나 묘상을 점치는 옛 신앙으로 치부되던 '풍수'입니다만 실제로는 서양의 과학이나 지리학에는 없는 심도 있는 사상적 패러다임을 간직하고 있는 체계이지요?

와타나베 그렇습니다. '풍수'라는 것은, 한마디로 말하면 '천지의 기 측정법'입니다. 즉 지형, 바람이나 물의 흐름, 방위 등으로부터 환경과 인간의 상관관계를 정확하게 앎으로써 자연의 움직임과 잘 어울리는 인간(과 죽은 사람)의 생활을 조직하고자 하는 일종의 환경 인식 과학環境認識科學, 또는 주 공간 설계主空間設計 플랜입니다. 그것의 독자적인 과학성에 대해서는 차차 얘기하기로 하고, 어찌 되었든 중요한 것은 천지자연을 살아 있는 것, 동태적인 것, 따라서 그 형태나 움직임이 인간 생활에 좋고 나쁜 여러 가지 영향을 줄 수밖에 없는 것으로 파악하는 사상이 그 배경에 있다는 겁니다. 그것은 달리 말하면 사람이 사는 땅 저마다에 고유한 특성이 있음을 인식하고, 그것에 영향이나 구속을 받는 대신 그것을 되살려서 조화를 이루자는 자세이지요.

다케무라 정말 어디든 아랑곳하지 않고 획일적으로 빌딩을 세우고, 경제성만으로 토지를 사기 위해 광분하는 요즘의 도쿄 사람으로서는 상상도 못할 일이겠습니다만, 실제로 토지나 환경이라고 하는 것은 결코 경제원칙만으로 자기 좋은 대로 판단하여 조작[컨트롤]할 수 있는 심플한 공간이 아닙니다. 하드웨어인 지형이나 물의 흐름으로부터 그 땅 나름의 소프트웨어(개성)를 읽고, 이런 바탕에서 그것에 어울리는 인간 생활[휴먼웨어]을 구축할 수 있는 거지요. 그런 종합 인문

과학으로서의 '풍수'를 우리 일본인도 옛날에는 잘 이해하고 실천하고 있었습니다.

와타나베 그렇습니다. 그리고 지금도 오키나와나 한국, 중국, 베트남, 말레이시아, 싱가포르 등의 여러 나라에서는 명확하면서도 독특한 '과학'으로 인식되어 사람들의 생활 속에 살아 있습니다.

제가 '풍수'에 관심을 갖기 시작한 것도, 오키나와 타이완의 마을 및 가옥 구조가 기묘하게도 교토 등과 닮았다는 것에 소박한 의문을 가진 데서부터였습니다. 풍수 사상의 골격으로는 대략, 북쪽으로 산을 등지고 거주 공간(도시·마을, 가옥·묘지)은 남면南面해야 하며, 동서 양쪽에는 북쪽에서 갈라지는 산맥의 안쪽에 수류水流와 하천이 존재해야 한다는 이념도理念図〔마스터플랜〕가 있는데, 교토와 남도의 오래된 마을 모두가 대체로 그러한 구조로 되어 있습니다. 사회·종교적 중심(마을의 경우, 남쪽으로 넓게 퍼지는 **분가**分家에 대한 **본가**本家)이 대체로 **북쪽에 가까운** 중앙에 위치하고, 생활공간 전체를 좌우 동서로 양분된 상징 구조로 이해한 후에 정연한 바둑판 형태의 거리〔街路〕로 구획했다는 점에서도 공통적입니다. 이 점은 이 책의 1장에서도 말했습니다.

많은 오키나와 마을은 풍수 판단에 근거해 마을을 이전하고, 불운이나 재액을 회피하고자 했다는 구체적인 역사 전승伝承을 가지고 있습니다. 그리고 지금도 "풍수가 가장 좋은 곳"(길지)에는 우후무토總宗家나 제사 지내는 곳이 위치하고, 식수 풍수植樹風水(산림 정책)에 의거한 풍부한 숲의 모습 등으로부터 이 사상을 명확히 볼 수 있습니다. 오키나와의 속담에는 "풍수는 자기 안에 있다(드러난다)."는 말이 있을 정도로, 풍수 지식은 단순한 자연환경 평가를 넘어 인생이나 인격을 평가하는 커다란 기준으로까지 인식되고 있는 겁니다. 이 점도 2장에서 언급했습니다.

다만 일본의 풍수는 오키나와까지 포함된 중국 문화권의 풍수와는 공통점도 있지만 큰 차이점도 있습니다. 가장 큰 차이점은, 전자의 풍수가 가상(살아 있는 사람이 사는 공간)을 평가하고 설계하는 데 특히 신경을 쓰는 데 비해, 후자의 풍수는 묘상(죽은 사람이 있는 곳)을 우선적으로 고려한다는 점입니다. 그것은 후자의 사회가 모두 (일본이 본가—분가 '이에家' 사회인 데 비해) **조상**으로부터의 부계적父系的 연결을 중시하는 **혈연** 중심 사회라는 것에 그 원인이 있다고 생각합니다. 일본에서는 누구의 직계 자손이라는 것보다는 지금 살고 있는 이에〔자기 가정〕의 집터인 '장소〔場〕'가 개인의 아이덴티티를 규정하는 데 보다 중요하기 때문입니다. 일본 이외의 유교 사회에서는 조상(와 그가 주거하는 무덤 곧 음택)의 안녕이야말로 자손 곧 살아 있는 사람의 생활에 있어서 보다 중요한 열쇠가 되며, 무언가 불행이 닥쳤을 때에도 그 원인遠因〔간접적인 원인原因〕을 조상(묘상의 풍수)으로부터 구하는 경향도 나타나곤 합니다.

2. 풍수 사상의 근저에 있는 것

다케무라 과연 그렇군요. '풍수' 자체가 민속 인간학인 동시에, 또한 그 사상이 그 지역 사회 고유의 **민속 인간학**의 영향을 받아 변질되고 있군요. 정말로 '풍수'를 무시하고는 동아시아 사회나 문화에 대해서 아무것도 말할 수 없다는 것을 잘 알겠습니다.

그런데 이것이 현재와 같은 형태로 체계화되기까지는 상당한 우여곡절이 있었겠지요. 중국 3대 점법 중에서 '풍수'는 다른 두 가지(거북이 등껍질이나 뼈의 갈라진 곳을 읽는 방법과, 시초蓍草를 이용한 역법)에 비해 성립 연대가 그렇게 오래되지 않았다고 하던데요…….

와타나베 '풍수'가 처음 체계화되기 시작한 것은 3세기 정도라고 하는데, 그 이전에 '팔괘' 이론을 포함한 『역경易經』 등 이 세계의 기의 흐름(운기運氣, 천기天氣……)을 읽어 미래를 예지하려 하거나 이 우주의 움직임과 조화를 이루는 행동·생활을 하고자 하는 사상 체계가 이미 확립되어 있었습니다. 이들 여러 이론이나 토착 사상을 **환경(지형) 평가**라는 측면에서 다시금 체계화하고자 하여 생겨난 것이 '풍수'라는 동양 지리학인 것입니다.
  그렇긴 해도 루트가 다양할 뿐만 아니라, 현재의 풍수 체계를 봐도 크게 나눠서 '경관景觀(지형)' 학파와 '방위' 학파〔흔히 형세학파, 이기학파(원리학파)라고도 불린다〕라고 하는 두 가지 계통이 있어서, 좀처럼 한 가지의 일관된 이론으로서는 파악하기 어려운 면이 있습니다만.

  다케무라 전자는 어쨌든 "산을 등지고 평야를 향한다." "양쪽이 산맥으로 둘러싸인 완만한 경사를 좋은 것으로 본다."라는 **지형 감정**地形鑑定에 얽매이고, 후자는 무엇보다도 "북쪽을 등진다."고 하는 **방위**를 우선시하겠네요. 그러나 어떨까요? 일반인의 민속 지식 수준으로는 양자 다 그렇게 확연히 구별되는 양자택일의 이론은 아닐지도……?

  와타나베 그렇죠. 꽤 섞여 있어서 이론적 모순 같은 문제는 없지요. 거기서 언제나 나오는 문제는, 대체 풍수는 **누구의 지식인가**라는 것입니다. 처음에는 다양한 토착 사상이었던 것이 3세기경부터 궁정宮廷의 상층 문화로 흡수되어 체계화되었습니다. 그렇게 해서 궁정 소속의 전업 풍수사나 천문방天文方이라고 하는, '정사[政]'를 위해 미래를 예지하는 일을 담당하는 관직이 힘을 갖게 되었고, 이론적으로도 많은 분파分派나 아류가 생겨나서 7세기경부터는 국가의 권위로 '정통正統' 이론을 선별하고 인정하게 되었습니다. 그후 그것들이 넓은 중국 문화권역에 전파됨과 더불어 토착화되었습니다. 한편 11세기경(송대) '나침반'의 발명과 함께 앞에서 말한 '방위'학파, 또는 '나경羅經' 학파라고 불리는 체계가 최첨단 이론으로 명확한 형태를 가지고 나타났습니다……

결국 '풍수'라고 하는 하나의 지식도 이러한 상층 지식인의 최첨단의 발명·이론화[이노베이션]와 그것이 돌고 돌아 뿌리를 내린 토착 민속 지식들 간의 끊을 수 없는 역동[다이나미즘] 속에서 늘 변화하고 재창조된 것입니다. 그것이 재미있기도 하고 어렵기도 한 부분입니다.

다케무라 그렇군요. 자주 하는 생각입니다만, 상층의 학자와 지식인층이 명확하게 이론화(언어화)시킨 수준에서 나타나는 모순이나 대립이 민속 지식의 수준에서는 문제되지 않은 채로 생활의 여러 모습 속에 잘 통합되어 있는 경우가 있습니다. 그것도 단순히 실천적인 조정調整을 통해 이론적 모순을 은폐해버린 것이 아니라, 보다 깊은 수준의 직관적 인식이라는 점에서 보자면, 별개로 보였던 것이 실은 하나의 실재[리얼리티]가 달리 나타난 것으로 통합될 수 있을 정도로…….

예를 들어 '풍수'의 두 가지 이론에서 한쪽이 '산의 형태[지형]'(이를테면 '바람의 흐름')와 '물의 흐름'을 중시하고, 다른 쪽이 (방위에 의한) '땅의 자기[地磁氣]의 흐름'에 의미를 둔다고 생각하면, 이들은 다양한 현상과 형태를 갖는 모종의 '형태[흐름]'에 대한 미세한 감수

성의 과학으로서, 공통의 패러다임이라고 파악할 수 있습니다. 물론 '땅의 자기'라고 하는 분석 개념은 없었다고 할지라도, 그렇게 무언가 눈에 보이지 않는 힘의 흐름이 존재하고, 그것이 삼라만상과 우리의 생활에 어느 정도 영향을 미치고 있다는 것은 단순한 자성체磁性体나 금속 반응과 같이 우리에게 익숙한 경험으로도 알 수 있는 거겠지요. 과학적 분석보다는 아날로지〔유비〕와 종합을 지향하는 지성知性이 바람 및 물의 흐름과 땅의 자기의 흐름의 배후에서 양자를 포괄하는 큰 역학力學을 상정한다고 해도 이상하지 않을뿐더러, 또 그것의 과학적 진실성이 최근 물리학이나 생물학의 최전선에서 증명되려 하고 있습니다…….

와타나베 그런 일이 있을 수 있지요. 예를 들어 우리가 과학 상식의 차원에서만 파악하고 있는 기술技術도, 그것이 발명된 오리지널한 컨텍스트와는 전혀 별개의, 보이지 않는 리얼리티 차원을 다루는 기술이었던 경우가 있습니다. 중국에서 발명된 '화약'도 원래는 마귀를 쫓는 수단으로서 발달해왔음에도 불구하고, 서양은 그것을 오로지 즉물적이고 실용적인 차원에서 개량하고 응용했습니다. '나침반'도 원래는 '보이지 않는 흐름'의 형태를 보려고 하는 환경 인식의 수단으로서 기술 혁신〔이노베이션〕되어왔을지도 모르나, 서양에서는 그것이 원양항해와 식민지 정복의 실질적인 수단이 되어버렸습니다.

3. 신체와 대지―동양의 '과학'

다케무라 유럽에서도, 예를 들어 근대과학의 시조로 불리고 있는 사람들의 연구가 사실은 비과학적이고 초자연적인 동기에 의해 이루어졌다는 예는 자주 있지요. 케플러가 천체 법칙을 발견한 것도 "이 우주가 신의 피조물인 이상, 행성 간에는 음악적인 진동의 조화〔하모니〕가 존재할 것이다."라고 하는 우주론적 신앙 때문이었고, 갈릴레이가 진자나 탄환의 움직임과 함께 주사위의 움직임, 즉 확률에 관심을 가졌던 것도 말하자면 "운명의 과학"에 대한 관심이었습니다. 결국 보이지 않는 힘의 세계로 들어가고자 했던 거지요.

이러한 과학의 창시자의 초과학적인 내면의 깊이는 시대가 바뀌면서 차츰차츰 잊혀졌지만, 최근 과학이 스스로의 틀을 벗어나 동양 사상과 비슷한 세계관을 제시하기에 이르러 다시금 주목받기 시작했지요. 그렇다면 근대과학의 토대는 〔현대 과학보다〕 한층 더 풍요로웠던 게 아닌가 싶어요. 그 배후에는 근대 합리주의에 의해 서구 문명의 뒤안길로 밀려난 연금술이나 점성술, 그리스와 이슬람 계통의 의학 등의 전통이 있었고, 그것들은 역사를 통해 '동양'과 늘 밀통蜜通하고 있었습니다. 그러니까 거기에서는 인도나 중국의 전통과 같이 인간 신체(소우주)와 세계(대우주)를 밀접한 조응 관계로 파악하는 패러다임이 독자적인 발전을 이루고, 의학과 천문학이 패럴렐한 것으로서 인식되었던 것입니다.

와타나베 그것은 중국에서도 마찬가지에요. 도교〔타오이즘〕는 기본적으로 '장수(신선)의 종교'입니다만, 그것과 밀접하게 관계되어 발달한 중국 의학인 '경락'(기의 통로)이나 '경혈'이라는 신체론은 풍風과 수水의 흐름길〔流路〕을 인식하면서 그 지형의 중심부에 '혈穴'이라는 기가 모인 곳을 찾아내는 '풍수' 지리학과 전적으로 유사합니다. 신체를 진찰하고 혈을 찾아서 침을 놓는 것도 결국은 환경을 자세히 살펴서 '혈'이 있는 부분에 인공적인 공간을 건설하는 것과 기본적으로 같은 행위인 것입니다.

다케무라 인간의 신체를 보는 눈과 대지의 신체를 보는 눈이라. 소우주든 대우주든 그 기의 흐름인 **기후**氣候를 정확하게 판단해서 적절한 곳에 인위적인 **작업**을 가함으로써 그 자연(신체·대지)이 재조정[튜닝]되고 활성화된다는 발상이군요. 그것은 인위적인 것이 자연을 일방적으로 정복하겠다는 것도, 또는 역으로 완전히 자연과 화합을 이루어 그대로 내맡기겠다는 **무른** 발상도 아닌, 인위(문화)와 자연이 밸런스가 잡힌 관계의 한 범위[패러다임]를 보여주고 있군요.

와타나베 서양은 근대뿐만 아니라 고대부터 상당히 일관된 아토미즘(원자론)을 가지고 있었기 때문이지요. 모든 것을 요소로 분할하고 분석해가면서, 개個[아톰]로 환원하려고 합니다. 이에 비해 중국 등에서는 역으로 모든 것을 통합해가려 하고, 다른 분야에까지 응용해서 종합해가려고 하는 지향志向이 현저합니다.

[동양에서는 모든 것을] 신체, 그 신체가 살고 있는 집, 그 집이 놓인 장소[세팅(배경)]와 지형, 그에 더해 점성술적인 맥락에서 우주 전체에 이르기까지 하나의 일관된 흐름 안에 있는 현상으로 **원심적**遠心的·**포괄적**으로 파악해가는데, 여기에 서양 근대의 과학과는 다른 별개의 '과학'의 기초가 있다고 생각합니다. 내가 '풍수'를 "동양 지리학"으로 파악하는 것은 그것을 중국의 지엽적인 미신으로서 취급하는 것이 아니라, 서양식의 "지리학"과는 별개의 (하지만 그것과 맞먹을 정도로 글로벌한 적용 가능성을 가진) 독자적인 사고 양식으로서 재평가하고 싶었기 때문입니다.

다케무라 잘 알겠습니다. 진부한 말이지만, 서구 근대과학의 패러다임은 **균질**한 원자론에 따른 '균질 공간론'이지요. 그래서 하나의 장소〔토포스〕를 전체로 보고 그 자체의 독자성을 파악하지 않기 때문에, 장소가 그것을 경험하는 **주체**와의 관계에 따라 달라질 수 있다는 사고방식은 나오지 않습니다. 신체도 균질한 원자〔아톰〕의 집합체에 지나지 않기 때문에 기계처럼 자르거나 부품을 바꾸는 장기이식과 같은 테크놀로지도 나오고 있습니다.

동양 문화권에서는 그와는 대조적으로 인도와 중국, 일본 모두에 공통적으로 '신토불이'라는 사고방식이 있어서, 인간(의 신체)을 그 신체가 있는 땅(특히 생명의 안전을 기할 수 있는 땅, 생지)과 떼어놓고 생각할 수 없는 것으로 다루고 있으며—그렇기에 "그 땅에서 나는 것을 먹으라."는 것이고—, 또 역으로 땅도 그 땅에 관여하는 사람에 의해 의미가 크게 바뀌는 "균질적이지 않고 개성적인 공간"인 것입니다.

인도 등지에는 신체-집-땅-우주라고 하는 원심적이고 포괄적인 인식과 더불어 다른 한편으로는 신체나 땅의 조성組成〔컴포넌트〕을 구심적이고 분석적으로 파악하는 아토미즘적 사고도 있습니다. 그러나 그 경우의 조성물組成物〔아톰〕은 서구 근대의 '균질 원자'가 아니라, 예를 들어 "브라만(승려 계급)의 신체는 저 산기슭 부근의 달콤한 흙과 공통의 요소〔서브스탠스(물질)〕로 이루어진다—따라서 그들이 매운 땅에 사는 것은 좋지 않다(조화를 흐트러뜨린다)."라는 식으로 카스트적으로 **랭크**가 매겨지고 **개성화**된 물질입니다. 구심적 원자론이 원심적이고 포괄적인 우주론에 직결되는 계층론〔카스트〕적 코스몰로지〔우주론〕인 것이지요.

와타나베 그렇군요. 인도에서는 신체나 환경 인식에 이르기까지 [모든 것이] 카스트적 관점으로 일관되어 있다는 거군요.

다케무라 삼라만상을 일관된 계층구조[하이어라키]로 파악하고, 그러한 (현시점에서의) 상하 관계 곧 불평등을 설명하는 논리로서 '업業[카르마]'이라는 것이 나옵니다. 즉 네가 지금 **축생**畜生(또는 하층 카스트)으로 태어난 것은 전생의 업의 결과니까 그 계층에 따른 의무[다르마]를 제대로 완수하면 내세來世에서 입신立身할 수 있다는 거죠. 이러한 사고방식의 옳고 그름에 대해서는 관점에 따라 실로 여러 가지 답이 있을 수 있겠습니다만, 어찌됐든 원자론적 신체관이나 자연관에서부터 실천적 환경 인식, 사회관계에 이르기까지의 일관된 우주론을 형성하는 근간 개념으로서, 계층 질서[하이어라키]와 (이 말을 당대의 언어로 바꾸면) '윤회輪廻'라는 것이 있습니다.

와타나베 음. 중국에도 '윤회'적인 사고방식이 들어와 있기는 하지만 그렇게 일관된 체계를 가지고 있지는 않아요. 대체로 중국의 종교, 특히 현세 이익적인 종교의 구조[판테온]는 이미 잡다한 신과 영혼 개념의 집합이기에 일관된 것은 아니지만, 새로운 이데올로기가 들어온다고 해서 종래의 모순된 요소를 버리지는 않습니다. 전부 통합[인티그레이트]시켜버리는 거지요.

다케무라 민속적인 종교 생활의 차원에서는 인도든 어디든 그렇습니다. 그게 가장 현저하게 나타나는 것이 '의료 행위'라는 상황이지요. 즉 서양의학의 병원, 전통 의학의 약초의藥草醫, 샤먼·점쟁이 등의 잡다한 구제 체계救濟体系가 어디에서든 병존하고 있어서, 환자는 치료가 될 때까지(그 병에 맞는 치료 체계를 찾을 때까지) 여러 치료자 사이를 돌아다닙니다. 서양의학을 신용하면서도 옛 방법대로 액막이도 한번 해본다든지…….

와타나베 아, 한문화권漢文化圈에도 그러한 경향은 현저하지요. 그래서 의사 측에서 말하자면, 자기가 있는 곳에 그것들 전부를 갖추고 있는 게 좋다고 합니다. 내가 말레이시아의 이포Ipoh인가에서 본 '덕교德敎'라는 의원(아니면 사원)에는 서양의학의 뢴트겐〔X-ray〕실과 후우키扶乩(샤먼)와 한방 약국이 전부 들어가 있었습니다.

다케무라 네? 전부 한 장소에 말입니까? 그것은 정말로 **통합**이라 할 수 있겠군요. **치료자 쪽이** 그렇게까지 절충적이었던 건 본 적이 없습니다. 보통은 거리나 마을에 따로따로 있어서 환자 쪽이 자유롭게 그것들을 병용하는 형태였습니다만…….

와타나베 특별히 유니버설리즘(통합주의)이 강한 교단敎團이었기 때문이지요. 사실 환자는 우선 후우키에게 병을 진단받고(그것도 알라나 그리스도나 관우가 후우키에게 내려서 공수를 준다!) 그 차트〔신의 계시〕를 가지고 서양의西洋医가 있는 곳으로 갔다가 맨 나중에는 같은 건물의 한방의漢方医가 있는 곳에서 약을 받아 돌아갑니다.

다케무라 그 모든 체계를 잇는 코드를 어떻게 만들어냈을까요? 그렇지만 이것이 최근 퍼지고 있는 '유교 문화권'이라는 동아시아 우등생 사회의 **실상**을 어느 정도 상징적으로 보여주고 있군요.

4. '유교 문화권'과 일본

와타나베 그렇습니다. 확실히 동아시아뿐만 아니라 (화교나 화인華人을 통해서) 동남아시아 전역에까지 그 영향이 퍼지고 있는 '유교 문화'는 이렇게 무절제한 보편주의(유니버설리즘)와 상반되는 것이기 때문에 그런 의미에서 이는 얄궂은 현상이지요.

유교라는 것은 한마디로 말해 '질서의 사상', '차별화와 배제의 사상'입니다. 중국에서는 '서열 체계(差序体系)'라고 하는데 혈연, 출신지, 연령이라는 서열화의 지표에 매우 얽매이지요. 모든 인간을 그런 기준으로 명확하게 분류하고 차별하는 사회이기 때문에, 기업 조직에서도 '동족同族'이 아니면(설령 '동족'이라도 출신지가 다르면) 배제해버립니다. 그러니까 중국과 한국에서는 순수한 의미로서의 '기업 경영'이라는 이념이 아직 없는 것이지요.*

다케무라 그러한 사회·윤리적 배경(백그라운드)을 가진 화인(중국인) 사회에 조금 전 언급한 '덕교'와 같은 극단적인 무차별주의(유니버설리즘)의 움직임이 등장했다는 것은, 역시 말레이시아 등의 화인이 처해 있던 사회적 억압 상황과 같은 최근의 특별한 요인이 있는 거겠지요. 원래 동향인 의식이 강하고, '하카客家' '푸젠福建' 등의 로컬 아이덴티티(local identity)에 얽매여온 화인들이 자신들의 서열을 뛰어넘어 중국인(차이니즈)으로서 단결하자고 하고 있으니 말입니다.

그러나 중국인의 이러한 양극단의 태도에서 본다면, 일본 사회의

---

* 여기서 지은이가 한국을 언급한 것은 한국을 왜곡하거나 오해했기 때문이라고 생각한다. 한국의 많은 기업에서는 혈연, 출신지, 연령 등의 서열화가 파괴된 지 오래되었다.

유연성은 아무래도 '유교 문화권'으로서 동등하게 취급할 수는 없겠네요. 양자養子의 관행과 같이 혈연에 얽매이는듯하면서도 얽매이지 않고, "마을에 가면 마을에 따라鄕に入らば鄕に從え……"*와 같이 그 지역[場]의 색에 물들면 바로 우치와[내부]의 사람이 되어버리고…….

와타나베 그렇죠. 나카네中根(지에千枝)의 방식으로 말하자면, '이에[家]'라고 하는 틀이 개인보다 우선시되고, 그것의 존속을 위해서는 다른 피가 섞여도 전혀 개의치 않습니다. 그러니까 일본에서 데릴사위가 처가에 '효孝'를 다한다고 하면, 중국인이나 한국인은 "웃기지 마라. 그것은 '충忠'이지 '효孝'일 수 없다."고 반발하는 것입니다. 그러나 역으로 말하면 그렇기 때문에 일본에서는 ('이에'의 유비로서의) 기업 경영이라는 것이 명확한 이념으로 등장하게 된 겁니다. 이에 비해 중국이나 NIES에서는 이것이 지금 큰 과제가 되고 있습니다.**

다케무라 그러니까 일본에 이어 NIES가 성장한다고 해서, 그 모두[일본과 NIES]를 하나로 취급하여[十把一からげ]*** '유교 문화권'이라고 파악하는 것은 명백하게 안이한 생각이군요. 하지만 그래도 일본이 어떠한 형태로든(특히 중앙집권 체제를 공고히 하려 했던 일본 역사상의 몇 차례의 계기에서) 유교의 영향을 크게 받았다는 것을 부정할 수 없는 것도 사실입니다. 그렇다면 하나의 사상이나 기술이, 그

---

* 새로운 마을에서 살기 위해서는 그 마을의 풍습을 따르라는 일본 속담.
** 지은이가 이 책을 펴낼 당시에는 일본식 경영이 전 세계적인 주목과 조명을 받았으나, 2010년 현재에는 도요타자동차 사태에서 보듯이 일본식 경영에 대한 회의적인 시각이 많다.
*** 많은 종류의 것을 그 나름의 가치를 무시하고 하나로 취급한다는 일본의 관용구.

것이 뿌리내리고 있는 토착의 문화적 컨텍스트에 의해 얼마나 크게 변질될 수 있는가 하는 비교 문화적 대상으로서 유교도('풍수'나 '나침반'과 같이) 흥미로운 소재로군요.

와타나베 그렇지요. 뭐라 해도 중국에서는 유교와 같은 차별화되고 질서화된 사상과, 도교·한방의학·풍수와 같이 나누어질 수 없는 체계가 다 같이 발달했고 그것이 서로 얽히고 변화되면서 각각 다른 문화의 지반[컨텍스트]에서 독자적인 형태를 취하기에 이르렀습니다. 저는 이러한 문화의 복잡한 다이내미즘을 앞으로 더욱더 연구하고 싶습니다.

지은이 후기

이 책은 1989년 문무성 과학연구보조금(총합연구A) 지원으로 이루어진 「풍수설의 변천·수용 과정과 근현대의 응용 실제에 관한 학제적 기초 연구」(연구 책임자: 와타나베 요시오)의 '간행 성과물' 중 하나이다. 이 공동 연구는 1989년부터 정식으로 스타트하여 '전국풍수연구자회의'라는 이름으로 이미 여러 차례 토의를 거쳐 연구 보조금을 얻게 되었고 1990년도까지 연구를 하고 있었다. 그래서 이 책에는 공동 연구 이전에 했던 나의 '풍수' 연구 성과와 함께 공동 연구 이후의 미발표된 결과가 포함되어 있다. 미발표된 연구 성과는 이 책에 소개되기 이전에 여러 연구서에 발표될 예정이었지만, 이러저러한 이유로 발표가 지체되고 있어서 부득이 이 책에 중복 게재할 수밖에 없었다. 그러므로 이 책이 공동 연구 보고서의 일부임을 밝히며, 중복된 논문의 원래 원고는 나중에 연구서로 다시 발간할 것을 약속하며 각 공동 연구자들에게 중복 게재를 허락해줄 것을 바란다.

이 책은 인문서원 고쿠 세이니谷誠二 씨의 적극적인 추천으로 발간하게 되었다. 이 책 전체 내용을 살펴보면 제목으로 오히려 『동아시아 풍수 지식론』이라 해야 맞을듯하지만, '풍수 지식'이라는 말은 아직 나만의 독자적인 용어로서, 독자에게는 친숙하지 않다. 그래서 고쿠 씨와 상의하여 지금의 제목과 같이 '풍수 사상'이라는 용어를 선택하게 되었다. '풍수 사상'은 곽박, 양균송 그리고 이후 왕급에 이르러 발전하게 된 사상을 말하며, 이 책에서는 주로 '풍수'와 관련된 체계적인 지식을 지칭하는 용어로 사용하였다. 한편 '풍수 지식'이란 통상적인 체계적 지식은 아니지만, 많은 민속 종교와 불가분의 관계에 있는 실용 지식·관용 지식을 포함하는 지식의 총칭이다. 이 책은 '풍수 사상'이라고 이름을 붙였지만 '풍수 지식' 전체를 대상으로 하고 있음을 양해해주기 바란다.

이 책은 연구비를 받아 이루어낸 결과이기 때문에 출판을 급히 하게 되었지만 나의 '풍수' 연구의 전부를 담은 것은 아니다. 나는 대개 '풍수 사상'이란 개인의 '주관'을 대상으로 한 문화지리학 연구임을 이미 10여 년 전에 발표한 적이 있다(渡邊欣雄, 1978). 이 논문은 '풍수' 연구 그 자체는 아니다. 국립민족학박물관에서 행해진 공동 연구의 성과로서 발표하려는 「한족의 풍수 지식과 거주 공간」이란 논문은 올해(1990년) 내로 간행될 것이며, 다른 연도에 확실히 간행될 논문과 신문에 게재된 기사 혹은 에세이들은 싣지 않았다. 그 논문들을 같이 참조하기 바란다.

무엇보다 이 책을 쓸 수 있었던 것은 인문서원 고쿠 세이니 씨 덕분이었다. 한창 연구 중인 과제를 한 권의 책으로 만들 수 있었던 것을 나는 무척 다행으로 생각한다. 이후에도 이 책에서 논하지 못한 부분을 발표할 예정이며, 그중에는 이 책과는 어울리지 않는 『빨리 피어버린 앵두나무』라는 책도 있다. 어쨌든 이 책의 출판을 통해 나의 '풍수' 연구의 한 단락을 맺으면서 독자들의 반응을 통해 이후 연구가 발전할 수 있다면 나로서는 정말 기쁜 일이다. 이 책을 통해 독자들이 반드시 알았으면 하는 것은 '풍수' 연구에 있어서는 오키나와를 무시할 수 없다는 점이다. 이전의 '풍수' 연구에 대해 말하자면 대부분 과거 문화의 복원으로서 현재 연구도 중국과 한국의 자료부터 시작하지만, 오히려 우리는 우리 발밑을 알고 나서 외국 자료로 눈을 돌려야 할 것이다. 이러한 의미에서도 이 책의 간행의 의미는 크다 할 수 있다. 처음에는 책을 시작하기를 주저했지간, 고쿠 씨의 사정을 뿌리치지 못하고 말았다. 마지막으로 고쿠 씨의 성의와 열의에 마음 깊이 감사드린다.

1990년 난초 향기 그윽한 봄날에
와타나베 요시오

참고 문헌

古橋信孝 編, 1989, 『ことばの古代生活誌』, 河出書房新社.
高良倉吉, 1982, 『御敎條の世界』, 那覇: ひるぎ社.
郭中端·堀込憲二, 1980, 『中國人の街づくり』, 相模書房.
關敬吾, 1962, 「琉球村落の親族組織と神人制度 ― 島尻郡兼城村を中心として」, 『民族學硏究』 27卷 1号: 26~36.
觀象學人, 1969, 『氣學の話』, 神宮館.
關華山, 1981, 「台湾伝統民宅所表現的空間觀念」, 『中央研究院民族學研究所集刊』第49期: 175~215.
球陽研究會 編, 1974, 『球陽·讀み下し編』, 角川書店.
國頭郡教育會 編, 1919, 『沖縄縣國頭郡志』, 那覇: 沖縄出版會.
國分直一, 1976, 『環シナ海民族文化考』, 慶友社.
堀込憲二, 1985, 「風水思想と中國の都市 ― 淸時代の城市を中心として」, 『建築雜誌』 100卷 1240号: 42~46.
堀田吉雄, 1983, 「風水とヤーノクシ ― 南島の墓制をめぐって」, 『伊勢民俗』 9卷 1号: 1~11.
宮城文, 1972, 『八重山生活誌』, 石垣: 自費出版.
金兩基, 1988, 「全羅道에 對する 地域差別と 風水地理說 ― 高麗王建の 訓要を 中心に

して」,辻村・金 編,『異文化との出會い』,北樹出版,pp. 30～52.

金孝敬, 1938,「日本に於ける風水信仰に就いて」,『日本宗教學會大會紀要』第4回大會: 154～159.

唐祈・彰維金 主編, 1988,『中華民族風俗辭典』,江西: 江西教育出版社.

大室幹雄, 1981,『劇場都市—古代中國の世界像』,三省堂.

島尻勝太郎, 1983,「沖縄の風水思想」,窪德忠 編,『わが國華人社會の宗教文化に關する調査研究』,科研費報告書, pp. 31～41.

渡口眞清, 1969,「系図と門中」,『沖縄文化』25号: 8～18.

渡口眞清, 1971,「門中の成立」,馬淵・小川 編,『沖縄文化論叢』3巻,平凡社, pp. 457～460.

渡辺万壽太郎, 1940,「琉球の同族団について—門中の研究」,『民族學研究』6巻 4号: 498～518.

渡辺万壽太郎, 1947,「琉球の同族団構成(門中研究)」,『沖縄文化論叢』,中央公論社, pp. 253～268.

渡邊欣雄, 1975,「宴の象徵的世界」,伊藤幹治・渡邊欣雄 著,『宴』,弘文堂, pp. 1～117.

渡邊欣雄, 1976,「中國東南部の親族組織概報」,『國際基督教大學・社會科學ジャーナル』14号: 67～94.

渡邊欣雄, 1978,「地理學の目途—文化地理學からの再構成」,『跡見學園女子大學紀要』11号: 1～35.

渡邊欣雄, 1985,『沖縄の社會組織と世界觀』,新泉社.

渡邊欣雄, 1986a,「宗教と儀礼」,戴國煇 編,『もっと知りたい台湾』,弘文堂, pp. 136～161.

渡邊欣雄, 1986b,「民俗的知識の動態的研究—沖縄の象徵的世界再考」,『國立民族學博物館研究報告』別冊3号: 1～36.

渡邊欣雄, 1986c,「書評・吉野裕子著『陰陽五行と童兒祭祀』」,『芸能』28巻 8号: 25～26.

渡邊欣雄, 1986d,「民族學的地域研究・南西諸島・社會構造」,日本民族學會 編,『日本の民族學: 1964～1983』,弘文堂, pp. 173～179.

渡邊欣雄, 1986e,「討論・『琉球民俗社會の構造と変容』をめぐって」,竹村卓二 編,『日本民俗社會の形成と發展』,山川出版社, pp. 91～95.

渡邊欣雄, 1987a,「沖縄の祭礼―祭場・祭司・祭儀に關する東村內諸村落の調査報告」,『武藏大學人文學會雜誌』18卷 3号: 1～314.

渡邊欣雄, 1987b,「宮城字誌」,『東村史』1卷 通史編, pp. 190～211.

渡邊欣雄, 1987c,『沖縄の祭礼―東村民俗誌』, 第一書房.

渡邊欣雄, 1988a,「風水思想の世界觀研究・序說―象徵空間と神秘力の測定法簡介」, 小川・渡邊・小松 編,『象徵と權力』, 弘文堂, pp. 77～101.

渡邊欣雄, 1988b,「風水の比較文化誌―東アジアのなかの沖縄風水知識考」, 窪德忠先生沖縄調查二十年記念論文集刊行委員會 編,『沖縄の宗教と民俗』第一書房, pp. 587～610.

渡邊欣雄, 1989a,「沖縄の民俗的親族体系について―知識人類學的琉中比較研究の試み」, 第二回琉中歷史關係國際學術會議實行委員會 編,『琉中歷史關係論文集』: 431～455.

渡邊欣雄, 1989b,「沖縄地方神歌(ウムイ)の伝承性をめぐって―民俗的知識の動態的研究補遺」,『法政大學沖縄文化研究所紀要・沖縄文化研究』 15号: 191～221.

渡邊欣雄, 1989c,「漢族の風水知識と世界觀―墓地風水に關する議論をめぐって」,『南島史學』33号: 20～43.

渡邊欣雄, 1989d,「序論・祖先祭祀」, 渡邊欣雄 編,『祖先祭祀』, 凱風社, 13～38.

渡邊欣雄, 1990a,「風水―宇宙創造法の研究」,『沖縄タイムス』記事 3月1日(上)・3月2日(下).

渡邊欣雄, 1990b,「南西諸島のGeomantik―對話形式による風水論の展望」,『住谷一彦先生退職記念論集』, リブロポート, 未刊.

渡邊欣雄, 1990c,「風水・祖先・出自―對話形式による東アジア風水論の展望」,『日本民俗社會論叢』, 國書刊行會, 未刊.

渡邊欣雄, 1990d,「漢族の風水知識と居住空間―とくに住宅風水と風水理解に關する知識人類學的諸問題について」,『國立民族學博物館研究報告』別冊, 未刊.

渡邊欣雄・植松明石 編, 1980,『与那國の文化―沖縄最西端与那國島における伝統文化と外來文化: 周辺諸文化との比較研究』, 与那國研究會.

都築晶子, 1986,「沖縄の'風水'試論―沖縄における中國文化受容について」,『沖縄と東アジア・東南アジア間の國際交流の歷史と展望に關する學際的研究』, 科研費報告書, pp. 31～58.

董鑒泓 主編, 1984a,『中國城市建設發展史』, 台北: 明文書局.
董鑒泓 主編, 1984b,『中國古代建築史』, 台北: 明文書局.
東小中學校 編, 1968,『東小中學校創立八〇周年記念誌』, 沖繩縣東村.
琉球大學民俗研究クラブ 編, 1966,『沖繩民俗』12号.
琉球大學民俗研究クラブ 編, 1970,『沖繩民俗』18号.
琉球大學社會人類學研究會 編, 1977,『白保―八重山白保村落調査報告』, 那覇: 根元書房.
瀨川昌久, 1989,「墓・祠堂・そして家―香港新界における祖先祭祀と宗族」, 渡邊欣雄 編,『祖先祭祀』, 凱風社, pp. 366~391.
末成道男, 1975,「韓國安東地方における眞城李氏の墓祀について」,『東京大學教養學科紀要』7号: 59~69.
名嘉眞宜勝, 1979,「沖繩縣の葬送・墓制」, 名嘉眞宜勝・惠原義盛 著,『沖繩・奄美の葬送・墓制』, 明玄書房, pp. 9~167.
目崎茂和, 1984,「風水・風土・水土」, 木崎甲子郎・目崎茂和 編,『琉球の風水土』, 築地書館, pp. 7~29.
牧尾良海, 1972,「風水思想における四神について」,『東方宗教』40号: 24~38.
牧野清, 1972,『新八重山歷史』, 石垣: 城野印刷所.
比嘉政夫, 1967,「'ヒキ'概念と'門中'」,『社』1巻 3・4号: 8~12.
比嘉政夫, 1983a,「琉球民俗社會の構造と変容」,『社會組織―イエ・ムラ・ウジ』(日本民族文化の源流の比較研究シンポジウムV・抄錄), 國立民族學博物館, pp. 15~19.
比嘉政夫, 1983b,『沖繩の門中と村落祭祀紀』, 三一書房.
比嘉春潮, 1952,「首里の門中と祭祀」,『民間伝承』16巻 5号: 194~199.
比毛修一, 1987,「新コーチ墓の新築」,『沖繩渡名喜島調査報告書』, 横浜國立大學文化人類學ゼミナール, pp. 17~24.
糸數兼治, 1989,「近世琉球における儒教倫理の確立―『教條』の分析を中心に」, 聯合報文化基金全國學文獻館 編,『第二屆中國域外漢籍國際學術會議論文集』, 聯経出版事業公司, pp. 689~708.
山入端津由, 1977,「墓・位牌・ウヤピトゥ」, 琉球大學社會人類學研究會 編,『白保―八重山白保村落調査報告』, 那覇: 根元書房, pp. 159~228.
山下欣一, 1987,「『九郎談』を讀む―南島の歷史と民俗を考えるために」, 法政大學

沖縄文化研究所 編, 『沖縄文化研究』 13号: 433~535.

三浦國雄, 1988, 「中國人のトポス―洞窟・風水・壺中天」, 平凡社.

桑江常盛, 1974, 『伊是名部落の歷史』, パンフレット.

石川榮吉, 1965, 「民族地理學の源流―F・ラッツェルの'移動論'とその影響」, 今西・姫岡・藤岡・馬淵 編, 『民族地理』 上巻, 朝倉書廣, pp. 11~17.

小川徹, 1987, 『近世沖縄の民俗史』, 弘文堂.

松尾聰, 1966, 『徒然草全釋』, 清水書院.

矢守一彦, 1974, 『都市図の歴史・日本編』, 講談社.

櫻井德太郎, 1973, 『沖縄のシャマニズム』, 弘文堂.

野口武德, 1972, 『沖縄池間島民俗誌』, 未來社.

礪波護, 1976, 「中國の都城」, 上田正昭 編, 『日本古代文化の探求・都城』, 社會思想社, pp. 303~333.

吳瀛濡, 1977, 『台湾民俗』, 台北: 衆文図書公司.

窪德忠, 1981, 『中國文化と南島』, 第一書房.

窪德忠, 1983, 「石垣島在住華人の中國的信仰―長崎市の場合と比較して」, 窪德忠 編, 『わが國華人社會の宗教文化に關する調査研究』, 科研費報告書, pp. 1~16.

窪德忠, 1986, 「沖縄の墓中符」, 『球陽論叢』, 那覇: ひるぎ社, pp. 553~573.

王麗福 (『風水屋相的鑑定』, 文山道人 譯, 台南: 世一書局, 1983).

劉敦楨 編, 1983, 「中國古代建築史」, 台北: 明文書局.

李杜鉉, 1974, 「草墳」, 中根千枝 編, 『韓國農村における家族と祭儀』, 東京大學出版會, pp. 1~11.

伊藤幹治・渡邊欣雄, 1986, 「民族學的地域研究・南西諸島・民間信仰」, 日本民族學會 編, 『日本の民族學: 1964~1983』, 弘文堂, pp. 180~185.

李亦園, 1978, 『信仰与文化』, 台北: 巨流図書公司.

李亦園, 1981, 「從中秋節論『天円地方説』」, 李亦園・喬健合 編, 『中國的民族・社會与文化―芮逸夫教授八秩壽慶論文集』, 台北: 食貨出版社, pp. 15~20.

伊波普猷・東恩納寬惇・横山重 編, 1972, 『琉球史料叢書』 第1巻, 東京美術.

臨時台湾旧慣調査會 編, 1910, 『台湾私法』 1巻下, 台北: 臨時台湾旧慣調査會.

笠原政治, 1974, 「琉球八重山の伝統的家屋―その方位と平面形式にかんする覺書」, 『民族學研究』 39巻 2号: 176~190.

長島信弘, 1987,『死と病いの民族誌―ケニア・テソ族の災因論』, 岩波書店.
長澤利明, 1989a, 「墓と編年―沖縄久米島島尻の事例から」, 『季刊人類學』20巻 1号: 156～215.
長澤利明, 1989b, 「南島の洗骨をめぐる諸問題」, 『民族學研究』53巻 4号: 410～420.
赤嶺政信, 1983, 「沖縄久高島の'門中制'―久高島村落祭祀組織理解のための予備的考察」, 『民族學研究』47巻 4号: 336～355.
赤田光男, 1975, 「朝鮮の墓地と祖先祭祀」, 森浩一 編, 『墓地』(日本古代文化の探求), 社會思想社, pp. 197～217.
赤田光男, 1985, 「沖縄における風水信仰について」, 鳥越憲三郎博士古稀記念會 編, 『村構造と世界觀』, 雄山閣出版, pp. 139～156.
赤田光男, 1986,『祖靈信仰と他界觀』, 人文書院.
田名眞之, 1988, 「琉球家譜にみる中國文化・思想の影響」, 『第一屆中琉歷史關係國際學術會議論文集』, 台北: 中琉文化經濟協會, pp. 265～288.
鄭正浩, 1984, 「台湾における風水の伝承」, 牧尾良海博士頌壽記念論集刊行會 編, 『中國の宗教・思想と科學』, 國書刊行會, pp. 317～334.
井之口章次, 1968, 「山と川と骨―葬制覺書」, 『日本民俗學會報』58号: 21～28.
住谷一彦/クライナー・ヨーゼフ, 1977, 『南西諸島の神觀念』, 未來社.
周達生, 1982, 「客家文化考―衣・食・住・山歌を中心に」, 『國立民族學博物館研究報告』7巻 1号: 58～138.
竹田旦, 1983, 『木の雁―韓國の人と家』, サイエンス社.
竹田旦, 1988, 「韓國・珍島における死靈結婚」, 『民俗學論叢』7号: 1～23.
仲松弥秀, 1968, 『神と村―沖縄の村落』, 那覇: 琉球大學沖縄文化研究所.
仲松弥秀, 1975, 『神と村』, 伝統と現代社.
仲松弥秀, 1977, 『古層の村―沖縄民俗文化論』, 那覇: 沖縄タイムス社.
曾景來, 1938, 『台湾宗教と迷信陋習』, 台北: 台湾宗教研究會.
志賀龍介, 1985, 『家相・地相・方位』, 集文館.
陳盛詔(『間俗錄―福建・台湾の民俗と社會』, 小島晋治・上田信・栗原純 譯, 平凡社, 1988).
陳運棟, 1978, 『客家人』, 台北: 聯亞出版社.
村武精一, 1984, 『祭祀空間の構造―社會人類學ノート』, 東京大學出版會.

村山智順, 1931, 『朝鮮の風水』, 朝鮮總督府(國書刊行會 覆刻, 1972).

崔吉城, 1986, 『韓國の祖上崇拝』, ソウル: イェジョン社.

樋口忠彦, 1981, 『日本の景觀―ふるさとの原型』, 春秋社.

平敷令治, 1986, 「台湾漢人の墓制」, 『沖繩國際大學文學部紀要』 14卷 1号: 1~32.

平敷令治, 1988, 「沖繩の龜甲墓」, 窪德忠先生沖繩調査二十年記念論文集刊行委員會 編, 『沖繩の宗教と民俗』, 第一書房, pp. 361~387.

平敷令治, 1989, 「台湾漢入社會の墓制」, 渡邊欣雄 編, 『祖先祭祀』, 凱風社, pp. 253~280.

下野敏見, 1989, 「東アジア葬・墓制小考―韓國の草墳と琉球の風葬, 他」, 『隼人文化』 22号: 1~24.

胡小池, 1984, 『中國葬儀風水俗伝―人死亡後的世界』, 台北: 武陵出版社.

喜舍場永珣, 1977a, 『八重山民俗誌』下卷, 那覇: 沖繩タイムス社.

喜舍場永珣, 1977b, 『八重山民俗誌』上卷, 那覇: 沖繩タイムス社.

黄家騁 編, 1985, 『図解風水本義』, 台北: 武陵出版社.

Ahern, E. M., 1973, *The Cult of the Dead in a Chinese Village*, California: Stanford University Press.

Aijmer, G., 1968, "Being Caught by a Fishnet: On Fengshui in Southeastern China", *Journal of the Hong Kong Branch of the Royal Asiatic Society* No. 8: 74~81.

Anderson, E. N. & M. L. eds., 1973, *Mountains and Water: Essays on the Cultural Ecology of South Coastal China*, Taipei: Orient Cultural Service.

Baker, H. D. R., 1965, "Burial, Geomancy, and Ancestor Worship", in M. Topley ed., *Aspects of Social Organization in the New-Territories*, Hong Kong Branch of the Royal Asiatic Society, pp. 36~39.

Baker, H. D. R., 1979a, *Ancestral Images: A Hong Kong Album*, Hong Kong: South China Morning Post.

Baker, H. D. R., 1979b, *Chinese Family and Kinship*, London: The Macmillan.

Brandt, V. S. R., 1971, *A Korean Village: Between Farm and Sea*, Massachusetts: Harvard University Press.

de Groot, J. J. M., 1892~1910(rep. 1982), *Religious System of China*, Taipei: Southern Material Center.

de Groot, J. J. M., 1897, *The Religious System of China* Vol. 3(『中國の風水思想―古代地相術のバラード』, 牧尾良海 譯, 第一書房, 1986).

de Kermadec, J-M. H., 1983, *The Way to Chinese Astrology: The Four Pillars of Destiny*, tr. by N. D. Poulsen, London: Unwin Paperbacks.

Dukes, E. J., 1885, *Every Life in China*, London.

Edkins, J., 1871~1872, "Fengshui", *Chinese Recorder Missionary Journal* No. 4: 274~277.

Eitel, E. J., 1873, *Feng-shui: Or, the Rudiments of Natural Science in China*, Hong Kong.

Emmons, C. F., 1982, *Chinese Ghost and ESP: A Study of Experiences*, Metuchen: The Scarecrow Press.

Feuchtwang, S. D. R., 1972, *An Anthropological Analysis of Chinese Geomancy*, Taipei: Southern Material Center.

Feuchtwang, S. D. R., 1974, "Domestic and Communal Worship in Taiwan", in A. P. Wolf ed., *Religion and Ritual in Chinese Society*, California: Stanford University Press, pp. 105~129.

Freedman, M., 1958, *Lineage Organization in Southeastern China*, London: Athlone.

Freedman, M., 1964, "Chinese Geomancy: Some Observations in Hong Kong", *Paper prepared for Seminor on Cognitive and Value Systems in Chinese Society*.

Freedman, M., 1966, *Chinese Lineage and Society: Fukien and Kwangtung*(『中國の宗族と社會』, 田村克巳・瀨川昌久 譯, 弘文堂, 1987).

Freedman, M., 1967, "Ancestor Worship: Two Facets of the Chinese Case", in M. Freedman ed., *Social Organization: Essays Presented to Raymond Firth*, London: Aldine, pp. 85~103.

Freedman, M., 1968, "Geomancy", *Proceedings of the Royal Anthropological Institute of Great Britain and Ireland*: 5~15.

Freedman, M., 1979, *The Study of Chinese Society: Essays by Maurice Freedman*, California: Stanford University Press.

Hayes, J., 1983, *The Rural Communities of Hong Kong: Studies & Themes*, Hong Kong: Oxford University Press.

Hsu, F. L. K., 1948[1971], *Under the Ancestor's Shadow: Kinship, Personality, & Social*

Mobility in village China, California: Stanford University Press(revised ed.).

Janelli, R. L. & D. Y. Janelli, 1982, *Ancestor Worship and Korean Society*, California: Stanford University Press.

Jeffery, F. M., 1978, "Feng-shui of the Chinese City", *History of Religions* 18-2.

Kulp, D. H., 1925, *Country Life in South China: The Sociology of Familialism*, New York: Columbia University Press.

Lebra, W. P., 1966, *Okinawan Religion: Belief, Ritual & Social Structure*(『沖縄の宗教と社會構造』, 崎原貢·崎原正子 譯, 弘文堂, 1974).

Lévi-Strauss, C., 1949, *Les structures élémentaires de la parenté*(『親族の基本構造』下, 馬淵東一·田島節夫 監修, 番町書房, 1977).

Lévi-Strauss, C., 1962, *La pensée sauvage*(『野性の思考』, 大橋保夫 譯, みすず書房, 1976).

Li, Y-Y., 1976, "Chinese Geomancy and Ancestor Worship: A Further Discussion", in W. H. Newell ed., *Ancestors*, The Hague: Mouton, pp. 329~338.

Mabuchi, T., 1968, "Toward the Reconstruction of Ryukyuan Cosmology", in N. Matsumoto & T. Mabuchi eds., *Folk Religion and the Worldview in the Southwestern Pacific*, Tokyo: The Keio Institute of Cultural and Linguistic Studies, pp. 119~140.

Malefijt, A. de W., 1974, *Images of Man*(『人間觀の歷史』, 湯本和子 譯, 思索社, 1986).

Meyer, J. F., 1978, "Feng-shui of the Chinese City", *History of Religions* 18-2: 138~155.

Ouwehand, C., 1985, *Hateruma: Socio-religious Aspects of a South-Ryukyuan Island Culture*, Leiden: E. J. Brill.

Potter, J. M., 1970, "Land and Lineage in Traditional China", in M. Freedman ed., *Family and Kinship in Chinese Society*, California: Stanford University Press, pp. 121~138.

Rossbach, S., 1983, *Feng Shui: The Chinese Art of Placement*(『風水―中國的方位芸術』, 林煥明 譯, 台北: 明文書局, 1987).

Smith, R. J., 1974, *Ancestor Worship in Japan: Contemporary Japan*, California: Stanford University Press.

Wang, S. H., 1974, "Taiwanese Architecture and the Supernatural", in A. P. Wolf ed., *Religion and Ritual in Chinese Society*, California: Stanford University Press, pp. 183~192.

Watson, R. S., 1988, "Remembering the Dead: Graves and Politics in Southeastern China", in J. L. Watson & E. S. Rawski eds., *Death Ritual in Late Imperial and Modern China*, California: University of California Press, pp. 203~227.

Weber, M., 1947, "Konfuzianismus und Taoisrnus", *Gesammelte Aufsätze zur Religionssoziologie* I(『儒教と道教』, 木全德雄 譯, 創文社, 1971).

Weller, R. P., 1987, *Unities and Diversities in Chinese Religion*, Seattle: University of Washington Press.

Winik, C., 1975, Dictionary of Anthropology, New Jersey: Littlefield, Adams.

Wright, A. F., 1977, "The Cosmology of the Chinese City", in G. W. Skinner ed., *The City in Late Imperial China*, California: Stanford University Press, pp. 33~74.

각 장의 출처

1장 原題 「風水思想の世界觀研究・序說 ― 象徵空間と神秘力の測定法簡介」(小川・渡邊・小松 編, 『象徵と權力』, 弘文堂, 1988年刊)에서 轉載.

2장 原題 「風水の比較文化誌 ― 東アジアのなかの沖繩風水知識考」(窪德忠先生沖繩調査二十年記念論文集刊行委員會 編, 『沖繩の宗教と民俗』第一書房, 1988)에서 轉載.

3장 原題 「漢族の風水知識と世界觀 ― 墓地風水に關する議論をめぐって」(『南島史學』 33号, 1989)에서 轉載.

4장 原題 「南西諸島のGeomantik ― 對話形式による風水論の展望」(『祭祀と共同體 ― 日本文化の深層』(假題) リブロポート)과 倂載.

5장 原題 「風水・祖先・出自 ― 對話形式による東アジア風水論の展望」(『日本民俗社會論叢』(假題), 國書刊行會)과 倂載.

6장 原題 「根源(ムトゥ)と風水 ― 對話形式による沖繩門中形成論覺書」(仲松彌秀先生傘壽記念論文集, 出版社未定)와 倂載.

덧붙이는 장 原題 「'風水'思想と東アジア」(『アジアフォーラム』 通卷46号, 財團法人アジアクラブ, 1987年刊)에서 轉載.

옮긴이의 말

이 책은 동아시아—주로 한·중·일 삼국—의 풍수에 관한 정보를 인류학자의 시선으로 정리한 것이다. 인류학의 관점에서 보았기에 최근에 눈에 띄는 풍수 현상을 주로 다루었다는 점이 이 책의 강점이다. 또한 지은이가 모은 풍수 현상에 대한 현지 조사 자료가 적절히 삽입된 것도 지은이가 말하는 사회인류학 혹은 문화인류학의 연구 방법이다. 그러다 보니 책 제목은 『동아시아 풍수 사상』이지만 중국의 경우 중국 대륙 전반의 이야기가 아니라 광둥 북부의 한족 일파, 타이완, 홍콩의 사례만을, 일본의 경우 일본 열도 전체가 아니라 오키나와의 풍수 이야기만이 다루어진다. 더불어 한국 및 여타 동남아시아의 사례는 논점(묘지, 조상, 문중)에 따라 삽입되어 있다. 그러나 각국의 풍수를 개괄하기에 충분할 만큼 솔직하고 구체적이다.

지은이 와타나베 요시오의 말대로 이 책은 풍수 지식을 비교의 관점으로 소개하는 개론서이다. 개론서의 목적은 대상 학문에 대한 기본적인 정보를 알리고, 기존의 잘못된 인식에 대한 비판을 통해 독자들을 계도하며, 학문의 흐름을 개괄하는 데에 있을 것이다. 내가 하고 많은 풍수 개론서 중에 이 책을 번역해야겠다고 생각한 것도 위와 같은 부분이 충족되었기 때문이다. '서구에서는 풍수가 Geomancy와 대비되었는데 풍수는 그것과는 다른 것이다. 풍수는 실용화되면서 그저 점술이며 미신이라는 인식이 강한데 그렇게 간단히 정리하고 넘어갈 문제는 아니다.'라는 것을 이 책을 통해 계도하고자 했다. 풍수는 충분히 연구의 대상이 될만하며, 특히 사상사의 관점에서는 더욱 그러하다고 지은이는 말한다. 그래서 이 책이 '풍수학'의 출발점이 되기를 지은이는 바라고 있다.

 이 책이 쓰인 1994년 이후, 중국, 일본, 한국에서 풍수는 이미 학문으로서 대접받게 되었다. 풍수 관련 학회도 만들어졌고 그에 따라 학술 논문도 수없이 창출되고 있으며 풍수학자도 상당수 늘었다. 그러므로 지은이의 바람대로 이 책은 풍수학 개론서로서 할 일을 다한 셈이다.

 사실 풍수를 처음 공부하려 할 때 서로 비슷비슷한 정보를 다룬 개론서를 섭렵하느라 시간을 낭비하기 일쑤이다. 이 책은 다소 잡다하고 산만하여 읽기 까다롭지만 꼼꼼히 읽고 정보를 정리하다 보면 다른 여러 권을 읽는 번거로움을 오히려 피할 수 있다. 그래서 나는 이 책을 굳이 번역하려 애썼다.

 최근 일본에서도 풍수서가 쏟아지는데 대부분 오키나와의 풍수에 관한 연구서이다. 지은이가 언급하고 있듯이 일본에서는 유일하게 오키나와에서만 풍수를 지금 우리가 이해하는 풍수로 인식해온 역사가 있기 때문이다. 일본의 풍수 연구자도 대부분 오키나와의 풍수를 다루고 있다. 그러기에 이 책 또한 오키나와를 중심으로 중국, 한국, 몇몇 동남아시아 국가들을 비교하는 방식으로 쓰였다. 가끔 '오키나와만의 독자적인 풍수가 있었다.' 혹은 '중국의 풍수 영향 없이 일본에 풍수가 있었다.'라는 근거 없는 주장이 간간히 있는 것도 비교의 방식이 '나열식羅列式'이 아니라 '나원식羅圓式'(비교의 중심을 한 곳에 두고 하는 것)이기 때문이다. 이 책의 또 한 가지 아쉬운 점은 풍수 문헌(혹은 풍수 경전)에 대한 이해가 다소 미약하다는 것이다. 제1장에서 간단히 다루기는 하지만, 개론서로서 높은 점수를 받으려면 풍수 사상의 근원을 설명할 수 있는 풍수 문헌의 내용과 역사가 소개되어야 할 것이다. 독자는 이 부분을 염두에 두고 읽어야 할 것이다. 하기야 지은이인 와타나베 요시오가 인류학 전공이라는 점을 상기한다면 충분히 용서가 되는 부분이기도 하다. 최근 중국에서 발행되는 풍수 개론서들은 이 책이 완벽히 다루지 못한 풍수이론을 다양한 각도(이론의 형성사, 이론의 근원적 맥락, 이론의 실용화 정도 등)에서 다루고 있으므로 풍수에 입문하려는 사람은 꼭 참고해야 할 것이다.

사실상 이 책의 번역은 1997년 내가 풍수 공부를 시작하면서 조금씩 진행되었다. 서울대 대학원 종교학과의 한국 종교 시간에 무작정 일본 자료를 던져주신 김종서 선생님의 주문으로 우리는 입시 학원의 일본어 수업을 들으러 다녔다. 우연히 수업 시간에 풍수 자료가 내 몫으로 주어졌다. 일본 자료는 버젓이 한국의 풍수를 '신앙'이라 규정하고 있었고 한참 논쟁이 벌어졌다. 그것을 시작으로 수업 이후에도 윤용복, 임현수 선배와 일본 종교학 이론서를 읽는 세미나를 한참 했고, 이용주 선배와는 기氣와 도道에 관한 여러 문헌을 읽었던 것으로 기억된다. 그들의 도움이 없었다면 이 지리한 번역은 생각지도 못했을 일이다. 본격적으로 번역을 완결 짓고자 작정한 때는 2008년에 이르러서이다. 한국 풍수학의 수준이 상당함에도 일본과 중국의 풍수서가 번역되지 않았다는 점이 용기를 주었다. 이 책을 하필 내가 번역한 것의 이점은 다만 내가 풍수를 공부했다는 것밖에는 없다. 일본학을 전공한 분이 번역했으면 더 완벽한 번역이었을 것이다. 나는 그저 한자의 힘으로 일본어 책을 읽을 뿐이다. 한번은 꿈에 와타나베 요시오 선생이 나타나 일본 말도 못하는 주제에 내 책을 어떻게 번역하느냐고 질책한 적이 있을 정도로 나는 일본어를 말하지 못한다는 것에 대한 열등감이 있다. 나는 그저 풍수 지식이 조금 있다는 것에서 이 책을 내가 번역한 정당성을 찾고자 한다. 그런데 설상가상으로 나는 요즘 중국 풍수서를 번역하고 있으니…… 무모하지만 나는 적어도 기본적인 개론서는 번역되어야 한다는, 누가 강요하지도 않은 의무감에 시달리고 있다.

부족한 일본어 실력에도 처음에는 있는 그대로 번역하려고 애썼다. 그러다 보니 글이 대단히 산만하고 읽기 힘들었다. 이후부터는 이학사 편집부의 빨간 펜이 작동되었다. 이학사의 편집자는 신화적인 인내력의 소유자이다. 도대체 몇 번이나 교정을 했는지 모르겠다. 뻔히 출판사에 이득이 되지 않을 책을 기꺼이 내주신 강동권 사장님께도 감사드린다. 이 책의 초벌 번역본을 들고 2009년 캐나다 밴쿠버에 연수차 왔다. 돌아갈 때가 되었지만 아직 책이 나오지 않아서인지, 와타나베 선생의 저주 때문인지, 아직도 나는 여기에 있다. 그나마 밴쿠버의 넓고 푸른 하늘과, 끝이 보이지 않는 숲과, 아름다운 별밤이 있었기에 끝낼 수 있었다.

그저 이 책을 읽는 풍수학도들의 공부에 조금이라도 도움이 되었으면 하는 바람뿐이다.

Say hello to everyone!
Thanks for everything!

From sopron house in UBC.

찾아보기

〔인명〕

ㄱ

가사하라 마사하루笠原政治　135~136
고쿠부 나오이치國分直一　160
곽박郭璞　53, 56, 130
관로管輅　53, 130
구보 노리타다窪德忠　50~51, 73~74
기샤바 에이준喜舍場永珣　140
김효경金孝敬　57

ㄴ

나가시마 노부히로長島信弘　118
나카네 지에中根千枝　219
나카마츠 야슈仲松弥秀　69, 71, 126~127, 132, 184~186
노구치 다케노리野口武德　197~198

ㄷ

다나 마사유키田名眞之　192
다카타 단竹田旦　161~165
다케무라 신이치竹村眞一　9, 13~14, 206~220
데이준소쿠程順則　125
도구치 신세渡口眞淸　192
둘리틀J. Doolittle　47
뒤르케임E. Durkheim　47
듀크스E. J. Dukes　115
드 그릇J. J. M. de Groot　47~48, 79, 115~116, 123

ㄹ

레비스트로스C. Lévi-Strauss　35~36
르브라W. P. Lebra　70

리이위안 Y. Y. Li   37, 97~98, 108, 153~154, 157

ㅁ

마키오 쿄카이 牧尾良海   79, 145
메자키 시게카즈 目崎茂和   122
모스 M. Mauss   47
무라야마 지준 村山智順   22, 25, 48, 78~79, 117
미야지로 후미 宮城文   170

ㅂ

베버 M. Weber   113~115, 118, 123

ㅅ

사이온 蔡溫   63, 68, 124~127
사쿠라이 도쿠타로 櫻井德太郎   175
세가와 마사히사 瀨川昌久   106
쇼토쿠 태자 聖德太子   57
슈 F.L.K. Hsu   116, 155, 162
슈코쿠 荀周國俊   60
슐레겔 G. Schlegel   47
스미야 가즈히코 住谷一彦   137
스에나리 미치오 末成道男   165
시마지리 가츠타로 島尻勝太郎   122
시모노 도시미 下野敏見   163

ㅇ

아이멜 G. Aijmer   116
아이텔 E. J. Eitel   47, 115, 120

아카미네 마사노부 赤嶺政信   175, 188
아카타 미츠오 赤田光男   122, 159~163
아헌 E. M. Ahern   98~99, 101, 107~108, 116
야나기타 구니오 柳田國男   48
양균송 楊筠松   54, 56, 130
에드킨스 J. Edkins   47, 115
오가와 도루 小川徹   169, 171, 192
왓슨 R. S. Watson   116, 155
왕급 王伋   54, 130
왕송흥 王崧興   44, 46
요시다 겐코 吉田兼好   57
웰러 R. P. Weller   77, 102, 107
이시카와 에이키츠 石川榮吉   21

ㅈ

자넬리 부부 R. L. & D. Y. Janelli   167
정정호 鄭正浩   79
조득로 曹得魯   165

ㅊ

천성사오 陳盛韶   124
최길성 崔吉城   107~108, 117, 150, 158, 168, 174, 182
츠즈키 아키코 都築晶子   62, 122

ㅋ

컬프 D. H. Kulp   116
크라이너 J. Kreiner   137

ㅌ

타일러E. B. Tylor　115

ㅍ

포이히트방S. D. R. Feuchtwang　34, 48, 79, 116~117, 154, 157~158, 168

포츠M. Fortes　153

프리드먼M. Freedman　47, 55, 76, 85~86, 91~92, 96~97, 106, 116, 121, 152~154, 157, 202

ㅎ

헤시키 요시하루平敷令治　74, 106, 122

호리고메 노리히토堀込憲二　42

호리타 요시오堀田吉雄　73

후루하시 노부요시古橋信孝　203~204

히가 마사오比嘉政夫　168~169, 175, 188~189

[사항]

ㄱ

가리마타狩俣(오키나와 현 미야코 섬)　175~177, 202

가보家譜　12, 168, 171, 191~193

가상家相　6~7, 10, 55, 59, 136, 186, 207, 209

가옥 풍수　154

가와다川田(오키나와 현 오키나와 본섬)　63~66, 68, 72, 125, 133, 172, 181, 189

가족제도　55, 159~160

가타타가에　58

감여堪輿　22, 53

감여가堪輿家　80

강서학파江西學派　54

개장제改葬制　85, 160~161, 163

건골乾骨　86

게사시慶佐次(오키나와 현 오키나와 본섬)　68, 71

게오만틱Geomantik(지상술)　114, 117~118, 121, 128, 130, 134, 142

게이즈자系図座　170

경관론　5, 145, 183

경관학파景觀學派　210

경락經絡　213

경혈經穴　213

고분古墳　145

곤륜산　80~81

찾아보기　245

교토京都 23~24, 126, 208
광둥성(중국) 55
구갑묘龜甲墓 24, 39, 73, 99, 169~172, 191~194, 199
구메 섬久米島 149
구성설九星說 32, 34~35, 53
『구양球陽』 60, 62, 66, 122, 125~126, 192
『국어國語』 32
국태민안國泰民安 35, 119
굴입묘堀込墓 194
굴취묘堀取墓 169, 194
궁성宮城 40
권위 혈통權威筋 156, 177
귀신 59, 83, 96~97, 103, 114, 148
근원 지향 151, 174
금탑金塔 86
'기氣'(신비로운 힘) 26, 187
기계론적 세계관 11, 82, 85, 92~94, 98, 100, 103~104, 106~107
기룡起龍 29, 80
기합묘寄合墓 194

ㄴ

나가마 촌仲間村(오키나와 현 이시가키 섬) 134
나경羅經 32~33, 56, 70
나경학파 211
나구라 촌名藏村(오키나와 현 이시가키 섬) 134

나니와쿄難波京 57
나침반 33~34, 38, 54, 84~85, 93, 135, 137, 211~212, 220
『낙서洛書』 32, 34~36, 40
난터우 현南投縣(타이완) 96, 103
내룡來龍 106
내명당內明堂 34
『높은 마을古層の村』 127
누루〔祝女〕 70

ㄷ

다카마츠 고분高松塚古墳 145
다카시마력高島暦(高島易) 149
당堂 42~44
당안堂案 81
당영唐榮 사람 60
대명당 71
대수분지大樹分枝의 이데올로기 79, 104, 150~151
대항주술/게겐자우버Gegenzauber 114, 119
덕교德敎 217~218
도교 13, 51, 102, 114, 213, 220
도사 74, 102, 131
『도연초徒然草』 57
동양 지리학 22~23, 25, 29, 32~33, 41, 47~49, 52~53, 210, 214
동족同族 74, 165, 200, 218
뒤성뒤(한국 경기도) 165
등족鄧族 157

ㄹ

라오스 54
란텐藍田(홍콩) 93
류큐 왕국 63, 122~125, 146, 170, 193

ㅁ

마르크란토[Mareukeuranto]제 126
마을 이전 49, 63~65, 67, 127, 129~130, 134, 191~192
마을 풍수 61~63, 67, 69
말레이시아 55~56, 208, 217~218
메라 촌宮良村(오키나와 현 이시가키 섬) 134
명당 27, 30, 34~36, 38~40, 60, 73
명당 모델 34~36, 38, 40
『명회전明會典』 79
묘상墓相 6~7, 10, 55, 57, 73, 145~146, 163, 186, 207, 209
묘중부墓中符 67, 74
묘지 풍수 11, 24, 62, 72~74, 78~79, 82, 87, 94~95, 99~100, 102, 104~105, 140, 145, 150, 152~154, 159~160, 163, 169~171, 174, 198
무투 12~13, 175~177, 187~189, 193, 196, 200, 202~203, 205
무투 지향 145, 175, 188, 191, 203
문중 12~13, 24, 63, 74, 79, 133, 142, 145, 151, 159, 165, 168~169, 171~172, 175, 188~191, 193~197, 199, 201
문중묘 72, 161~162, 168, 170~171, 175, 198~199
문추 145, 175, 177, 189~190, 193, 195, 202
문화변용 50~51, 55
미야기宮城(오키나와 현 오키나와 본섬) 63, 65~66, 68, 125
미야코/미야코 섬/미야코 제도宮古諸島 147, 175~177, 188~190, 197~198, 201~203
민속 방위 132, 135, 138
민속 종교 51, 95~96, 102~103, 105~106
민속 지식 52, 103, 210~211
민속생물학 152

ㅂ

바이족白族 155, 162
방위 판단 42, 135, 138~139
방위학파方立學派 210~211
배행輩行 181
백魄 88, 95
백주술白呪術 91
백호 34, 38, 102, 147, 164
베트남 10, 25, 54~55, 208
병풍屛風 70~71
복장제復葬制 160~161
복주법福州法 54

본가·분가 관계 55
봉분 162
부계 편중父系偏重 198
부골모혈父骨母血 152
부부별입묘제夫婦別入墓制 197~198
분룡分龍 29, 40, 80
분묘 제사 12, 153~156, 191~193
분묘 풍수 145~146
분포론 183
불교 56, 61, 122
비교민속학 143~144
뼈 11, 74, 76, 85~88, 91~93, 96~97, 100, 105~106, 152~153, 160~161, 199~200, 210

ㅅ
사상의 흐름 13
사술邪術 7, 91, 118~119
사신四神 145
사오무掃墓 154
사족문중제士族門中制 169~171, 190, 192
사타우콕沙頭角(홍콩) 84
산山 163, 184~185
산룡山龍 89~90, 94, 102
산송山訟 164
산수화山水畵 7, 48, 145
'살煞'(살殺) 26~28, 30~31, 40
생기生氣 22, 26~27, 30~32, 34, 38, 49, 69, 72, 81, 84~85, 93, 99~100, 104~105, 107, 160~161, 175, 188, 203
생식 이론生殖理論 152~153
생태인류학(문화생태학) 120
샤먼 96, 216~217
『서경書經』 32
서양 지리학 21~25
선산先山 162
성림聖森 148, 177
세골洗骨 86, 102, 139, 156, 161
셴강神岡 마을(타이완) 46
소목昭穆 154~155, 162, 182~183
수룡水龍 89~90, 94
스나가와砂川(오키나와 현 미야코 섬) 177
습골拾骨 86
시난溪南(타이완) 98~101, 103
시라호白保(오키나와 현 이시가키 섬) 136, 148, 172
시점술時占術 Chronomantik 114
식수 풍수植樹風水 62, 68, 208
신계지구新界地區(홍콩) 82~83, 157
신부神符 74
신비로운 힘神秘力 9, 14, 25~28, 30~34, 38, 40~41, 43~44, 49, 71, 90, 93, 104, 199, 201~202, 205
신인神人 70
신토불이身土不二 215
실용 지식實用知識 106

248

십간十干 54
십이지十二支 54, 135, 137, 148
싱가폴 55~56
싼샤三峽(타이완) 102
쌍계제雙系制 197~198

ㅇ

아리메有銘(오키나와 현 오키나와 본섬) 68
아만비鵞鑾鼻(타이완) 80
아모이厦門(중국 푸젠성) 116
아사기神祭場 68
안룡송호安龍送虎 102
야마토족大和族 124
야에야마 군도八重山群島 11, 125, 146, 149
야우곰타우油柑頭 92~93
양기陽基 41
양택陽宅 10, 34, 41~43, 55, 59, 90
양택풍수陽宅風水 6, 9~10, 12, 41, 55, 61, 73, 78
『어교조御教條』 191~192
『역경易經』 32, 210
연도鳶島(한국 전라남도) 163
『예기禮記』 35~36
오소이 69, 71, 185~186
오키나와 10~13, 23~25, 49~52, 54, 57, 59~62, 66~75, 79, 108~109, 113, 121~126, 128, 130~132, 134~135, 140~141, 143~146, 150~151, 156, 161~162, 168~175, 177~178, 180~183, 185~188, 190~192, 194, 196, 198, 200, 203~206, 208~209
오키나와 본섬 11, 63, 122, 129, 134~135, 146, 148, 170~171, 173, 175, 188~190, 195, 201~203
오행설五行說 32, 53, 135
외명당 34, 71
요나구니 섬与那國島 136~139, 171~172
요술妖術 7, 118~119
용뇌龍腦 29~30, 38, 40, 69, 73, 80
용맥龍脈 29~30, 38~40, 69, 73, 80~81, 89, 102
용맥설 79~81
용미龍尾 29
용신龍身 42, 44
용혈龍穴 43
우타키御嶽 68~71, 73, 176~177, 185
원리학파原理學派 54, 210
원분圓墳 161~162
원저우溫州(중국 저장성) 88
웨스트 타운(중국 윈난성) 155
위패 제사位牌祭祀 12, 74, 92, 153~154, 174, 181~182, 188, 191~193

유교儒教　13, 157, 159～160, 206, 209, 217～220
유교 예법　184, 191～192
『유구국유래기琉球國由來記』60, 122
유타〔巫女〕62, 67, 70, 131, 135
음양·오행설陰陽·五行說　114
음양도陰陽道　53
음양사陰陽師　28, 57
음양설陰陽說　32, 53
음택陰宅　10, 34, 41, 55, 58, 90, 209
음택풍수陰宅風水　6, 55, 57, 72, 74, 78, 104
의배倚背　81
이시가키 섬石垣島(오키나와 현)　134～136, 148, 172
이제나伊是名(오키나와 현 오키나와 본섬)　68, 133
이치문一門　199
이케마 섬池間島(오키나와 현)　176, 197～198, 202
인격론적 세계관　11, 94, 98, 103, 105～106, 108
인도　9, 13, 213, 215～216
일본　6～7, 10, 12, 23, 25, 40, 48～49, 54～55, 57～59, 61, 71～72, 79, 113, 116～117, 122, 143～145, 178, 180, 204, 206, 209, 215, 218～219
임업 정책(산림 정책)　68, 125, 208
입지론立地論　7, 85, 92, 145, 183～186

ㅈ

자석계磁石計　137
자손 번영　96, 170, 199, 203
자연自然　5, 26～27, 35, 38, 85, 93, 104, 120～121, 207, 214
『장경葬經』72
장남 규정 상속長男規定相續　191
장시江西　123
장안長安　40, 144
장풍득수藏風得水　40
재인론災因論　118～119, 140
적골摘骨　86
점성술占星術　114, 213
정주법　54
정청正廳　44, 71
정치 운동政治運動　157, 167
제사 집단祭祀集團　13, 177, 188～189
'제사' 모델　107～108, 150
조당祖堂　42～44
조묘 의례造墓儀禮　173
조산朝山　39～40, 139
조상　11～12, 42, 55, 58, 72, 79, 82～83, 85, 91～93, 95, 97～100, 103～108, 119, 125, 140, 146, 150, 152～163, 167～168, 171, 174, 177, 179～185, 187, 193, 196, 200～204, 209
조상 제사　12, 44, 150～151, 153, 155～156, 159～160, 162, 169, 171～172, 180

250

조상숭배　12, 72, 74, 91~92, 96, 107, 145, 150~151, 153~154, 157~158, 167~168
『조선의 풍수』　22, 48, 117
족내양취族內養取　191~192
족분族墳　160, 162, 182
종가宗家　159, 165, 186, 188~189, 193
종족宗族　74, 82, 92, 95, 100, 155~156, 169
종중宗中　155, 165
『좌전左傳』　32
좌향坐向　43
주룡注龍　29~30, 80~81
주역周易 지리학　23
『주자가례朱子家禮』　159~160
주택 풍수住宅風水　62, 70~71, 73, 78, 159
『중국 풍수의 인류학적 분석』　48, 117
『중국의 종교 시스템』　47
중국인 36개 성씨　61, 122
지관地官　56, 62, 67, 93, 131, 136
지리　22~23, 25, 53, 60, 65~66, 91
지리사　28, 41, 65~66, 80, 106
지리학　5~6, 21, 48, 52~53, 76, 85, 97, 207, 213~214
지사地師　80, 93~94, 104
지상술地相術(게오만틱)　12, 114, 117, 145
지술地術　22, 53

지식론　52, 205
지식인류학　109, 141
지역성　77, 83, 106, 182~183
Geomancy　8, 118
집골執骨　86, 99~100

ㅊ

창저우도長洲島(홍콩)　85~87
천원지방/천원지방설天圓地方說　37~38, 40, 127
청룡　34, 38, 102, 147, 164
청메이 상촌涌尾上村　95, 103
청명제淸明祭　149, 171~172, 191 192
『청오경靑烏經』　26
체계적 지식　106
초분草墳　161~163
춘만荃湾(홍콩)　92
출생出自　11, 152~153, 158, 160, 164, 168~169, 179~180, 184, 195
출생 집단出自集團　12~13, 24, 149~155, 157~159, 163, 167, 169~170, 175, 180, 187, 202
친족/친족 관계　55, 72, 92, 96, 98, 105, 153, 159, 171, 175, 181, 185, 189, 194, 196~197, 200, 202
칭이도靑衣島(홍콩)　92, 95, 103

ㅋ

쿠넌다력曆 149
쿠사티/쿠사티腰宛 68~71, 185~186

ㅌ

타이 54
타이라平良(오키나와 현 오키나와 본섬) 68
타이완 9, 11, 24~25, 41~42, 46~47, 49, 69, 71, 74, 77, 79~80, 82, 96, 98, 101~103, 105~107, 131, 143, 152, 162, 185, 206, 208
『타이완사법台灣私法』 79
탄키童乩 96~97, 103
테라피(치료술) 119, 135
토나키 섬渡名喜島(오키나와 현) 149
토지 분할제[地割制] 126~127, 132
토지용신土地龍神 43

ㅍ

파풍묘破風墓 169, 194, 199
팔괘八卦 33, 43, 92, 135, 210
팔괘설 32, 53
팔자八字 96
푸저우福州(중국 푸젠성) 80, 123
푸젠(성)福建(省) 11, 55, 60~61, 123~124, 218
풍살風煞 28
풍수 모델 40~41, 46
풍수 암투 88, 164, 174
풍수 쟁의 157
풍수 투쟁 74, 173
풍수사 7, 11, 28, 30, 35, 49, 53, 56, 58, 62, 67, 78, 81, 83~84, 87, 89~90, 93~95, 101~104, 106, 119, 123, 130~131, 135, 162~163, 166, 211
풍수설 9, 35~36, 38, 40, 51~56, 59~62, 66~72, 74, 76~77, 85, 93, 99, 101~102, 104, 108, 114~115, 122~127, 130, 132, 139, 143, 145
풍수술 61, 125
풍수지리 127
풍조우순風調雨順 26, 35
필리핀 54

ㅎ

하촌廈村(홍콩) 157
하카客家/하카인客家人 9, 11, 41, 45~46, 185, 218
하테루마 섬波照間島(오키나와 현) 134~135, 141
한국 10, 12, 25, 54~57, 61~62, 69, 72~73, 107~108, 116~117, 122, 144, 150, 158~165, 167~169, 173, 180, 182~183, 191, 200, 206, 208, 218~219
한족 9~11, 24, 26, 28, 35, 37~38, 47, 50~51, 77, 79, 82, 94, 96,

105~108, 113, 116, 119, 122, 124, 152~154, 156, 158, 182

행인론幸因論 119

'혈穴' 30~31, 34, 38~40, 43, 175, 213

헤이안쿄平安京 144

헤이조쿄平城京 57, 144

형세학파形勢學派 32, 54, 210

홍범구주洪範九疇 35

홍콩 11, 25, 47, 56, 77, 82~88, 92, 94~95, 99~101, 103, 105~106, 116, 137, 143, 155~157, 162~163, 165, 167, 175, 189, 206

환경 평가 7, 53, 66, 119, 132, 208

환경론 85, 92, 183

『황제택경黃帝宅經』 55

훈시風水 10, 58, 136, 140, 172~173

훈시미風水看 58, 60, 131, 134, 136, 138, 148

훈치風水 136, 138~139

히가시손東村(오키나와 현 오키나와 본섬) 63, 68, 71~73, 125, 129, 133, 171~173, 181, 189